유아와 교사를 위한 창의적 신체표현활동

자유롭게 움직이고 표현하기

한지혜 지음

경남대학교 출판부

유아와 교사를 위한 창의적 신체표현활동

자유롭게 움직이고 표현하기

지은이 | 한지혜
펴낸이 | 박재규
펴낸곳 | 경남대학교 출판부

초판 1쇄 인쇄 2008년 1월 15일
개정 2쇄 발행 2009년 8월 10일

출판등록 1974년3월14일 제55호
631-701 경남 마산시 월영동 449
Tel(055)243-2330 Fax(055)249-2073
ko10@kyungnam.ac.kr

값 13,000원
ISBN 978-89-8421-278-7 92370

자유롭게 움직이고 표현하기

춤과 움직임은 모든 사람들에게

표현의 자유와 소통의 가능성을 열어 준다.

발레리나가 꿈이었던 소녀가 있었다. 초등학교 일학년 때인가 텔레비전에서 발레를 보고나서부터다. 흑백텔레비전에 비친 발레리나들의 모습이 화려하면 얼마나 화려했겠는가... 분명히 어린 소녀의 마음을 끈 것은 무용수들의 날렵한 몸매와 움직임이었을 것이다. 가족 중에 춤을 전공한 사람이 없는 것으로 봐서 그 소녀가 춤에 매료된 것은 본능이었을 것 같다.

대부분의 사람들이 그러하듯 그 소녀는 어린 시절의 꿈을 이루지 못하였다. 예술중학교에서 음악을 전공했을 만큼 부모님이 예술에 열려 있었으니 조금만 더 설득했다면 그 소녀는 지금쯤 멋진 무용수가 되어있을지도 모르겠다. 유아교육과 교수가 된 그 소녀는 아직도 춤이라는 단어를 들으면 가슴이 설렌다. 춤이 유아교육의 한 영역이 될 수 있다는 걸 알았을 때 무척 기뻤다. 무의식 속에서 잠자고 있던 꿈이 다시 되살아나는 것 같았다.

비록 지금은 전문 무용수가 되기에는 너무 늦었지만 춤과 움직임을 소박하게나마 유아들과 학생들과 교사들과 나눌 수 있다는 점에 감사한다. 춤과 움직임은 모든 사람들에게 표현의 자유와 소통의 가능성을 열어 준다고 믿는다. 모든 사람이 자유와 소통의 기쁨을 누릴 수 있길 바란다.

이 책이 쓰여질 수 있도록 도와주었던 많은 분들께 감사드린다. 본문에 언급된 모든 분들이 나의 생각을 발전시키고 아이디어를 제공해 주었던 스승이다. 무엇보다도 전문 워크숍을 통해서 만났던 모든 분들에게 감사 인사를 드린다. 그리고 기꺼이 자신을 표현하고 즐겁게 활동에 참여해 준 학생들에게 고마움을 느낀다.

존경스러울 만큼 자신에 대하여 철저하신 아버지와 언제나 든든한 후원자이며 유아교육자의 길을 함께 가는 동반자요 선배인 어머니께 감사의 말을 전하고 싶다. 또한 넉넉한 마음과 따뜻한 이해심을 가진 남편과 바쁜 엄마를 이해해주고 사랑해주는 속 깊고 밝은 유현이와 호성이에게 사랑의 마음을 전한다.

월영동 연구실에서

교사로서의 역량강화 및 개인적 성장을 위한

신체표현의 내용과 방법 선정

본서는 신체표현활동에 관한 이론과 실제를 다룬 것으로 저자가 유아교육과 학부 및 대학원 강의를 통하여 실제로 적용한 사례를 비중 있게 다루고 있다. 본서에서 신체 표현이라 함은 자유롭고 창의적인 움직임과 표현을 포괄한다.

유아 교사들에게 신체표현에 관한 체계적인 이론과 전문적이고 다양한 신체 표현의 기회를 제공함으로써 신체표현활동에 관한 역량을 강화하고 교사 자신의 전인적 성장을 돕는 것을 본서의 목적으로 삼았으며, 구체적인 내용은 다음과 같다.

첫째, 신체표현에 관한 이론을 통하여 신체표현에 대한 이해와 전문성을 높인다.

둘째, 다양한 신체표현의 기회를 통하여 교사로서 신체 표현에 대한 자신감과 전문성을 기른다.

셋째, 다양한 신체 표현의 기회를 통하여 교사 자신의 전인적 성장을 도모한다. 특히 본서에서는 교사의 창의성 개발에 중점을 둔다.

- 건강하고 운동적이며 표현적인 신체를 육성 한다 : 신체와 움직임 자각을 통한 동작의 지각력 조절, 신체적 자신감과 기능성 습득, 신체표현력 발달이 그 것이다.
- 자아인식, 자아표현, 자기존중의 기회를 제공하며, 정서적 안정, 자신감 회복, 사회성, 협동심을 기른다.
- 의사소통능력, 언어표현력을 기른다.
- 창조적 사고와 창조적 표현력, 비평적 사고와 분석적 기술, 시·공간 감각을 기른다.

본서는 총 3부로 구성 되어 있다. 1부 “신체표현에 대한 이해”에서는 신체표현의 개념과 신체표현의 목적 및 가치를 다루고 있으며, 2부 “교육활동으로서의 신체표현”에서는 신체표현의 내용과 교수방법을 다루고 있다. 본서의 목적이 교사로서의 역량강화 및 개인적 성장에 있으므로 신체표현의 내용과 방법을 선정하는데 있어서 유아뿐만 아니라 교사의 입장을 고려하였으며, 유아교육 및 보육뿐만 아니라 신체표현관련 전문분야의 지식을 반영하고자 하였다.

3부 “신체표현의 실제”편에서는 저자가 유아교육과 학생 및 대학원생(교사, 원장)들에게 적용했던 활동을 몸 풀기, 기본 움직임 및 움직임의 기본 요소 익히고 활용하기, 자유롭게 움직이기, 창작 및 표현하기로 나누어 소개하고 있다.

3부에 소개된 활동은 저자가 관련 문헌 및 워크숍을 통하여 접하게 된 활동 중에서 선정하거나 응용·개발한 것이다. 모든 활동은 근거와 출처를 제시하였으며 2부에서 정리한 이론을 기초로 하여 유형화하였다. 3부에 제시된 활동들은 연령 및 수업 상황에 맞게 수정하여 활용할 수 있으며, 교사 자신이 창의성을 발휘하여 새로운 활동을 개발할 수도 있다.

01

신체표현에 대한 이해

신체표현의 개념 | 신체표현의 목적 및 가치

section

01 신체표현에 대한 이해

1 신체표현의 개념

신체표현이란 개인 혹은 단체가 자신의 몸을 움직여 생각과 느낌을 표현하는 것을 의미한다. 따라서 움직임과 표현은 신체표현의 개념을 이해하는 중요한 열쇠가 된다.

1] 몸의 움직임

신체표현에 있어서 가장 기본적인 사실은 몸을 움직인다는 것이다. 몸을 움직인다는 것은 내적 운동의 결과다.

박대근과 이철수(2005)에 의하면 몸의 움직임은 내적 운동과 외적 움직임으로 구분된다. 내적 운동은 외적 움직임을 가능하게 하는 '발동기(motor)'로서 [표 1]에서 보듯이 사용된 근육의 크기에 따라서는 대근육 운동(gross motor skill), 소근육 운동(fine motor skill)으로, 정보처리방식에 따라서는 감각운동(sensory motor), 지각-운동(perceptual-motor), 심리운동(psycho motor)으로 분류된다.

외적 움직임(movement)은 내적 운동이 가시화 된 것으로 동작과 같은 의미를 갖는다. 여러 학자들은 외적 움직임을 다양한 방식으로 분류하였다. 예를 들어 Smith와 Smith (1962), Gallahue(1982)는 움직임을 이동, 안정, 조작적 기능으로 분류하였으며, Gallahue (1982)와 Gabbard(2000) 등은 움직임을 발달단계에 따라서 반사운동(reflective movement phase), 초보운동, (rudimentary movement phase), 기본운동(fundamental movement phase), 전문운동단계(specialized movement phase)로 구분하였다. 연령별로 볼 때 반사운동단계는 만 1세 정도에 해당하며, 초보운동단계는 약 2세까지를 의미한다. 기본운동단계는 만2세에서 7세에 이르는 시기를 말하며 전문운동단계는 만7세 이후에 발달하게 된다. Gallahue와 Ozmun(2002)은 움직임의 기능과 발달단계를 조합하여 움직임을 보다 세분화하였으며, Gentile(2000)은 움직임의 환경적 맥락과 기능적 조건을 조합하여 움직임을 구분하였다(박대근, 이철수, 2005).

박대근과 이철수(2005)는 상기한 학자들을 비롯한 여러 학자들의 외적 움직임을 [표 1]과 같이 기능에 따라서 안정 움직임(stability movement), 이동 움직임(locomotor movement), 조작 움직임(manipulative movement)으로, 발달단계에 따라서는 반사적 움직임(reflective movement), 초보적 움직임(rudimentary movement), 기본적 움직임(fundamental movement), 전문적 움직임(specialized movement)으로 구분하였다.

이러한 분류는 [표 2]에서 보듯이 유아교육 및 보육과정의 움직임 분류와 맥을 같이하고 있다는 점에서 의미가 있다. 다만 만3~5세를 기준으로 볼 때 기본적 움직임이 기본운동능력 또는 기본 운동으로 표기된 점과 안정움직임, 이동움직임, 조작 움직임이 비이동 운동, 이동 운동, 조작 운동으로 표기된 점이 차이라 하겠다.

[표 1] 운동과 움직임의 분류

운동(motor)		움직임(movement)	
사용된 근육	정보처리방식	움직임 기능	발달단계
			반사적 움직임 (reflective movement)
대근육 운동 (gross motor skill)	감각운동 (sensory motor)	안정 움직임 (stability movement)	초보적 움직임 (rudimentary movement)
소근육 운동 (fine motor skill)	지각-운동 (perceptual-motor)	이동 움직임 (locomotor movement)	기본적 움직임 (fundamental movement)
	심리운동 (psycho motor)	조작 움직임 (manipulative movement)	전문적 움직임 (specialized movement)

출처 : 박대근, 이철수(2005), 187쪽

[표 2] 유아교육과정 및 표준보육과정에 나타난 움직임 분류

움직임 (박대근, 이철수의 분류)	유아교육과정(건강생활영역)		표준보육과정 (신체운동영역)
	6차	7차(2007년 개정)	
기본적 움직임	기본 운동 능력		기본 운동
이동 움직임	이동 운동	이동하며 움직이기	이동 운동
안정 움직임	비이동 운동	제자리에서 움직이기	비이동 운동
조작 움직임	조작 운동	도구 및 놀이 시설을 활용하기	조작 운동

본서에서 중점을 두고 있는 움직임은 외적인 움직임이며 발달단계로 볼 때 만2~5세에 해당하는 기본적 움직임이다. 내적 운동과 외적 움직임의 차이를 분명히 하는 것은

물론 유아교육 및 보육과정의 표현을 존중하기 위하여 본서에서는 움직임을 발달단계에 따라서는 기본 움직임으로, 기능에 따라서는 이동 움직임, 비이동 움직임, 조작 움직임으로 분류하고자 한다.

2] 몸을 통한 표현

가. 몸짓과 표현

국어사전에 의하면 몸짓은 어떤 뜻을 나타내기 위한 몸의 움직임이나 놀림으로 풀이되며, 표현은 의견이나 감정 따위를 드러내어 나타냄 또는 정신적·주체적인 대상을 예술로서 형상화하거나 형상화된 것으로 풀이된다. 여기서 알 수 있는 것은 몸짓과 신체표현 모두 무엇인가를 나타내는 행위이라는 것이다. 즉, 언어와 마찬가지로 신체를 의사표시의 수단으로 삼는 것이다. 그런데, 몸짓이 일상적인 움직임이라고 한다면 신체표현은 좀 더 적극적이고 예술적인 움직임이다. 즉, 신체표현을 통해서 나타나는 움직임은 몸짓에 비해 의도적이고 시각적이며 일상성을 넘어서게 된다. 그렇다면 신체표현의 내용은 무엇인가? 일상적이거나 구체적인 것은 신체표현의 내용이 될 수 없는가?

나. 표현의 내용과 방법

몸으로 표현될 수 있다면 이떠한 것도 신체표현의 내용이 될 수 있다. 대상(objet)에 대한 이미지와 느낌, 신념과 사상은 물론 움직임 자체도 신체표현의 주제가 될 수 있다. 여기서 대상이라 함은 자기 자신은 물론 외부세계에 존재하는 모든 것을 의미한다. 즉, 인간, 동물, 식물, 기타 자연물, 인공물, 사건, 상황 등이다. 이러한 주제는 다양한 방법을 통하여 표현될 수 있다. 예를 들어 걷기, 달리기와 같은 기본적인 움직임으로 표현될 수 있으며, 빠르게 또는 느리게, 부드럽게 또는 날카롭게 등으로 움직임의 요소를 변화시킴으로서 움직임의 표현을 섬세하게 표현할 수 있다. 표현 방법이 사전에 계획될 수도 있고, 즉흥적으로 이루어질 수 도 있으며, 표현이 구체적이거나 추상적으로 이루어질 수 있다. 또한, 마임과 같이 극적으로 표현될 수 도 있으며 춤의 형태로 나타날 수 도 있다. 소도구를 활용할 경우 움직임은 또 다른 느낌을 줄 수 있다.

다. 표현의 주체

신체표현은 객관적인 대상을 묘사하는 것에서부터 대상에 대한 이미지, 느낌, 사상과 생각에 이르기까지 다양한 메시지를 몸을 통해서 드러내는 것이므로 표현의 주체가 반드시 개인일 필요가 없다. 따라서 표현의 주체는 개인이 될 수도 있고 집단이 될 수 도 있다. 집단의 크기도 적게는 두 명에서부터 많게는 수십 명, 수백 명 그 이상도 가능하다.

결론적으로 신체표현이라 함은 외부세계 혹은 자기 자신에 관계된 모든 유형의 메시지를 몸의 움직임 통하여 드러내는 개인적, 집단적 행위라고 정의할 수 있다.

2 신체표현의 목적 및 가치

신체표현을 통하여 전인발달을 이룰 수 있다는 점이 가치라 하겠다. 우선 신체에 대한 인식 및 조절 능력이 향상될 수 있다. 기본 움직임과 움직임의 기본 요소를 익히고 활용하는 가운데 자연스럽게 자신의 신체 각 부분의 기능과 움직임을 인식할 수 있으며, 신체 조절력과 균형감각을 기를 수 있다. 신체에 대한 인식과 조절력의 향상은 긍정적인 자아개념을 형성하도록 하며 타인과의 원만한 관계를 유지할 수 있도록 도와준다. 무엇보다도 다른 사람과 함께 움직여 보고 협동하는 기회를 가짐으로써 개인정서조절능력과 사회적 기술을 발달시킬 수 있다.

예를 들어 거울놀이나 그림자놀이의 경우 표현을 하는 사람이나 모방자 모두 상대방을 배려하지 않고는 활동을 진행할 수 없다. 표현자는 모방자의 능력을 고려하여 움직임을 만들어야하며 모방자는 개인적인 생각을 잠시 접어두고 표현하는 사람을 따라해야하기 때문이다. 여러 명이 함께 동물을 표현하는 경우도 마찬가지다. 동물을 정하는 일에서부터 각 부분을 어떻게 분담할 것인지 어떤 모습을 표현할지 등을 결정하는 과정에서 상호협력적인 토의는 필수적인 요소이다. 이 외에도 다양한 신체활동은 개개인의 표현이 좀 더 객관화되도록 함으로써 신체활동이 의사소통 도구가 될 수 있게 해준다.

신체표현의 가치로 간과할 수 없는 것이 표현력의 향상이다. 신체표현활동은 신체활동과는 달리 신체를 표현의 도구로 사용한다. 따라서 걷기 동작 하나라도 어떠한 생각과 느낌이 담겨있는가에 따라서 무수히 많은 움직임으로 탄생할 수 있다. 이 때 교사가 유아(학생)들로 하여금 내면의 생각과 느낌을 구체화하도록 하고 마음껏 표현하도록 도와준다면 표현력이 더욱 향상될 수 있을 것이다.

신체표현을 통하여 향상되는 것은 신체에 국한되지 않는다. 연상력, 상상력과 같은 창의적 사고는 물론 논리·수학적인 사고력도 발달할 수 있다. 예를 들어 훌라후프를 보고 떠오르는 이미지를 표현해보거나 그림 속의 등장인물 변형하기 등과 같은 활동을 통하여 연상과 상상하기가 일어날 수 있으며 빠르게, 느리게 다녀보기, 몸을 낮추거나 발을 들어 몸을 높이기 등의 활동을 통하여 시간, 공간, 모양 등의 수학적 개념을 습득할 수 있다. 사진을 보고 줄거리를 만들어 극놀이를 하는 경우 사건의 구조와 이야기 순서를 결정하는 과정을 통하여 논리적인 사고가 형성될 수 있다.

움직임과 표현의 과정 및 결과를 타인에게 설명함으로써, 협동 과제를 해결하기 위하여 모둠원과 의견을 교환함으로써 어휘력은 물론 언어표현력이 향상될 수 있다. 마찬가지로 극놀이의 줄거리를 만들고 대사를 정하는 과정에서도 언어능력이 발달할 수 있다.

표현할 주제에 대하여 과학적인 방법으로 탐색해봄으로써 과학적인 사고력은 물론 탐구능력도 향상될 수 있다. 이와 같이 신체표현활동은 전인적인 발달을 이룰 수 있는 기회를 제공해준다. 이러한 의미에서 신체표현의 목적이 전인발달을 이루는 데 있음은 자명한 일이라고 생각된다.

02

교육활동으로서의 신체표현

신체표현의 내용 | 신체표현을 위한 교수 원리 | 신체표현활동의 개발

section

02 교육활동으로서의 신체표현

우리들이 자신의 몸과 움직임에 대하여 이해하면 할수록, 그리고 표현할 메시지를 구체화시키고 다양한 표현방법과 활용법을 숙지하면 할수록 신체를 통한 의사표현은 보다 충실이 이뤄질 것이다. 또한, 신체표현을 통하여 얻게 되는 다양한 가치도 극대화 될 수 있을 것이다. 따라서 신체표현능력이 길러질 수 있도록 교육적으로 접근하는 것은 매우 중요하다. 이는 영유아 뿐만 아니라 교사에게도 해당된다. 이에 본 장에서는 신체표현을 교육활동의 측면에서 다뤄보고자 하며, 신체표현을 위한 교육의 내용과 교수방법을 중심으로 전개하고자 한다.

1 신체표현의 내용

1] 신체표현의 내용 요소

신체표현을 교육활동으로 간주할 경우 신체표현이 교육의 목적이 되는 경우와 수단이 되는 경우로 나눠진다. 즉, 신체표현을 위한 교육과 신체표현을 통한 교육이다. 유아교육 및 보육과정의 통합적인 성격에 근거할 때 신체표현을 통한 교육이 간과될 수 없을 것이다. 특히, 미술, 수학, 음악교육의 경우는 주요 개념에 있어서 움직임 교육과 상당부분을 공유하고 있어서 움직임 교육과 통합하여 교육하는 것은 매우 효율적이라고 생각된다. 그러나, 신체표현 자체를 위한 전문적이고 체계적인 교육이 뒷받침되지 않는다면 신체표현을 통한 교육은 상식적인 수준에 머물게 될 것이므로 본서에서는 신체표현을 위한 교육에 초점을 맞추고자 한다. 신체표현을 통한 교육은 차후에 심도 있게 다룰 예정이다.

가 움직임, 신체표현력, 생각과 느낌의 구체화

신체표현에 대한 정의로 볼 때 움직임과 표현교육은 "신체표현교육"의 주요 내용이 된다. 몸의 각 부분의 명칭과 기능을 이해하고 신체부분이 서로 유기적으로 연결되어 만들어내는 다양한 움직임을 탐색하고 경험하는 것은 물론 움직임을 통하여 내면의 생각과 느낌을 적절하게 표현하는 것 등이 신체표현교육의 내용으로 포함될 수 있다. 그런데, 생각과 느낌을 적절하게 표현하기 위해서는 이 또한 교육이 필요하다. 예를 들어 표현하고자 하는 대상을 관찰하고 탐색하여 그 특징을 파악하고 이를 구체화 시키는 생각 키우기, 느낌 드러내기의 과정이 그 것이다. 이는 유아는 물론 신체표현을 충분히 접하지 못했던 교사에게도 해당된다.

결론적으로 신체표현교육의 내용은 움직임 자체와 신체표현력 자체를 기를 수 있는 것 뿐만 아니라 느낌과 생각을 키울 수 있는 내용이 포함되어야 한다.

나 신체표현의 기초영역과 응용영역

여러 학자들의 연구는 신체표현교육의 내용을 구성하는데 많은 시사점을 주고 있다. 예를 들어 Gabbard(1988)는 움직임 교육의 내용을 움직임의 기초영역과 응용영역으로 대별하여 기본적 움직임과 움직임의 기본요소를 다루는 영역과 이를 신체표현, 게임, 체조의 형태로 응용하는 영역으로 나누고 있는데(김은심, 1994), 이러한 분류는 움직임 교육을 단계적으로 이해하기에 적합하다. 이에 본서에서는 Gabbard의 분류에 따라서 신체표현교육의 내용을 기초영역과 응용영역으로 구분하고자 한다. 이러한 분류는 이미 김은심(1994)에 의해서도 지지된바 있다. 다만 본서에서는 움직임과 표현의 통합성을 강조하고 신체운동과 표현활동을 구분하기 위하여 움직임의 기초영역과 응용영역 대신에 신체표현의 기초영역과 응용영역이라는 용어를 사용하며, 신체표현교육의 내용으로 생각 키우기와 느낌 드러내기를 추가하고자 한다.

2] 신체표현의 기초영역과 응용영역 내용구성의 토대

유아교육현장에 적용 가능하고 교사의 신체표현 전문성을 강화하기 위한 내용을 추출하기 위하여 본서에서는 유아교육 및 보육, 공연예술분야에 관한 연구물과 문헌을 참고하였다. 우선, 움직임의 기초영역과 응용영역에 대한 학자들의 견해를 살펴보고 유치원 교육과정 및 표준보육과정의 신체표현관련 내용과 공연예술분야(교육무용, 교육연극)관련 연구물을 검토하여 이를 토대로 신체표현의 기초영역과 응용영역의 내용을 선정하고자 한다.

가. 움직임의 기초영역과 응용영역에 대한 학자들의 견해

김은심(1994)에 의하면, 유아움직임의 기초영역은 움직임의 기본 요소에 대한 인식(movement awareness)과 기본 움직임(fundamental movement skills)으로 나눌 수 있으며, 응용영역은 신체표현활동, 게임활동 및 체조활동으로 나누어진다. 기초영역이 움직임의 기본적인 내용을 다룬다고 한다면 응용영역은 이를 활용하고 응용하는 것에 초점이 맞춰진다.

■ 기초영역 : 기본 요소

모든 움직임은 움직임의 요소가 다양하게 결합되어 이루어지는 것이므로 움직임을 이해하고 다양한 움직임을 창조하기 위해서는 움직임의 요소를 올바로 이해할 필요가 있다. 움직임의 기본 요소는 학자들마다 다르게 정의되는데 가장 널리 알려진 것은 Laban(1987)의 것으로 무게(weight), 공간(space), 시간(time), 흐름(flow)이며, 대체로 학자들은 신체(body), 공간(space), 노력(effort), 관계(relationships)를 움직임의 기본 요소로 보고 있다(김은심, 1994, 2004; Purcell, 2001). 여기서는 Purcell(2001)을 중심으로 소개하되 다른 학자들의 견해를 추가하고자 한다.

□ 신체인지(Body Awareness)

신체인지란 신체 각 부분의 명칭과 위치를 알고 신체의 일부 혹은 전체를 움직여서 다양하게 움직이는 방법을 알며 의도적으로 신체를 움직일 수 있는 것을 말한다. 신체인지는 전신으로 움직이기, 신체 일부분으로 움직이기, 신체로 모양 만들기로 나뉜다(그림 1 참조).

• 전신의 움직임

전신의 움직임이란 신체의 모든 부분을 움직이는 것을 말하며 신체 위치가 바뀌는가 그렇지 않은가에 따라서 이동 움직임과 비이동 움직임으로 나뉜다. 전신의 움직임은 기본 움직임의 주요 내용이 되므로 구체적인 내용은 기본 움직임에서 다루고자 한다.

• 신체 일부를 이용한 움직임

신체 일부를 이용한 움직임은 신체의 한 부분만을 독립적으로 움직이거나 한 부분으로만 움직임을 이끌거나 무게 중심을 이동하는 것을 말하며 전신 움직임과 마찬가지로 신체의 위치를 바꿔가며 이동 움직임을 하거나 위치를 고정시켜 비이동 움직임을 할 수 있다. 신체 일부를 독립적으로 움직일 때는 다른 부위는 고정시켜야 하며, 신체 일부로 움직임을 리드할 때는 다른 부위는 수동적으로 따라가기만 한다. 예를 들어, 오른팔로 이끌기를 할 때는 팔이 움직이는 방향에 따라서 다른 부위가 함께 따라 이동해야 한다.

신체의 부위별로 무게 중심을 이동할 때는 일반적인 무게중심축인 발 이외에 머리, 등, 손, 엉덩이, 무릎 등으로 전신을 지탱하도록 해야 한다.

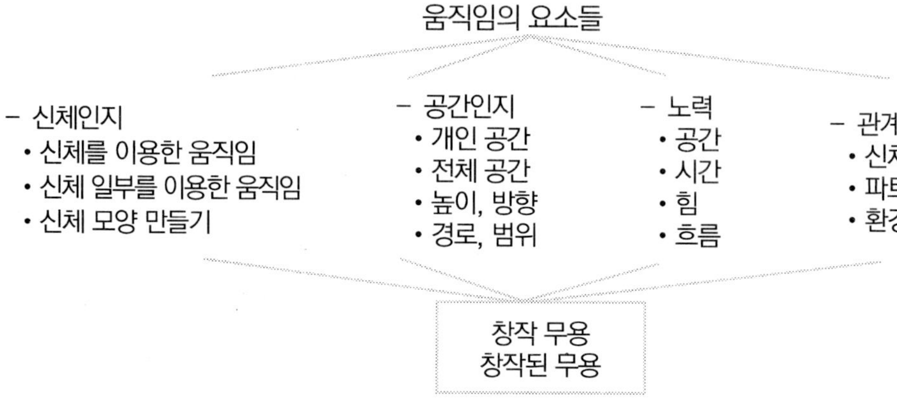

[그림 1] Purcell의 움직임의 요소(Purcell, 2001, 45쪽)

• 신체 모양 만들기

신체 모양 만들기는 신체로 직선, 곡선, 각지거나 꼬인 모양을 표현하거나 대칭, 비대칭의 형태를 나타내거나 이동 또는 정지된 모양을 만드는 것을 말한다. 뻗기, 구부리기, 비틀기는 신체의 움직임을 직선, 곡선, 각지게, 둥글게, 비틀어지게 보이도록 만든다. 예를 들어, 신체의 각 부위를 뻗거나 혹은 관절 부위를 접을 경우 신체의 모양은 직선, 각진 모양을 만들어 낼 수 있으며, 신체의 모든 관절 부위를 완만하게 구부릴 경우 신체의 모양은 곡선, 둥근 모양을 만들어 낸다. 상체와 하체, 머리와 몸통 등과 같이 신체의 두 부분이 서로 반대 방향으로 향할 경우 신체는 비틀어진 모양을 나타내게 된다.

신체의 좌우 모양을 동일하게 만들 경우 신체의 모양은 대칭형이 되며 좌우를 다르게 할 경우 비대칭이 된다. 대칭과 비대칭 모양은 신체의 한 부위를 변화시키는 것으로도 쉽게 만들 수 있다. 예를 들어 바르게 선 자세에서 오른팔을 들어 올림으로써 신체의 모양을 대칭에서 비대칭으로 만들 수 있다.

형태를 만들어 신체의 위치를 고정할 경우 정지된 모양을 만들어 낼 수 있으며 공간을 이동할 경우 이동하는 모양을 만들 수 있다.

Gilbert(1992)는 신체 요소로서 신체 부분, 신체 형태, 관계, 균형을 포함시키고 있어 Purcell과 약간의 차이를 보인다. 관계라 함은 신체 부위 간의 관계, 다른 사람이나 소도구와의 관계를 의미하는 것으로 Purcell의 관계요소와 같은 의미를 지니므로 구체적인 설명을 하지 않도록 한다. 균형이란 신체의 상태가 안정된 상태에 있는가 그렇지 않은가를 의미하며 균형상태와 불균형 상태로 나눠진다. 일반적으로 두 발로 지탱하고 있을 경우 신체의 상태는 균형을 이루지만 무게 중심을 다른 부위로 이동시킬 경우에도 균형상태가 가능하다. Gilbert의 균형은 Purcell의 무게 이동하면서 움직이기와 같은 맥락에서 이해될 수 있으나 Gilbert의 경우 균형과 불균형의 차이를 밝히고 있다는 점에서 Purcell과 차이가 있다.

ㅁ 공간인지(Space Awareness)

공간인지는 개인 공간, 전체 공간, 높이, 방향, 경로, 범위로 구성된다.

• 개인 공간, 전체 공간

개인 공간은 한 개인의 신체를 둘러싼 공간으로 어디에서 움직이건 개인의 주변에 존재하는 공간이다. 보통 한 개인이 손과 발을 전, 후, 좌, 우로 뻗어서 최대한으로 확보할 수 있는 공간으로 다른 사람이나 물체와 닿지 않는 사적인 공간이다.

전체 공간이란 개인과 개인들이 서로 공유하는 공적인 공간으로 일반적으로 이동 움직임을 할 때에 사용하는 공간이다.

• 높이

높이는 수준이라고도 불리며 공간을 수직적인 측면에서 구분할 때 사용되는 개념이다. 신체의 움직임을 통하여 나타낼 수 있는 공간의 높이는 높은, 중간, 낮은 수준이 있으며, 낮은 수준의 움직임은 바닥이나 바닥에 가깝게, 무릎 아래에서 이루어지는 기어가기, 구르기 등이다. 높은 수준의 움직임은 신체가 바닥보다 위로 혹은 바닥에서 떨어진 움직임으로 멀리 뛰기, 높이 뛰기, 외발 뛰기 등이다. Gilbert(1992)는 신체를 기준으로 발끝에서 엉덩이까지를 낮은 높이의 공간, 엉덩이로부터 어깨까지의 공간을 중간 높이, 어깨 위의 공간을 높은 높이의 공간으로 구분하였다.

• 방향

방향은 신체를 기준으로 앞, 뒤, 오른쪽, 왼쪽, 위, 아래의 여섯 가지 방향으로 구분된다. 앞으로 움직일 경우에는 신체의 앞면이 움직임을 이끌고, 뒤로 움직일 경우는 뒷면, 옆으로 움직일 경우는 신체의 옆(좌, 우)면이, 위 또는 아래로 움직일 경우는 신체의 위(정수리) 또는 아래면이 움직임을 이끈다.

Gilbert(1992)에 의하면 신체의 방향은 공간의 방향과는 구별되는데 유아들의 경우 혼동하기 쉬우므로 정확한 설명과 안내가 필요하다. 예를 들어 앞으로 걷기를 할 경우 신체의 방향은 앞으로 향하더라도 공간은 앞, 뒤, 좌, 우 어느 쪽으로도 전환이 가능하다. 우리가 목적지를 향해 갈 때 방향은 계속적으로 변화되지만 신체의 방향은 변하지 않는 앞으로 걷기를 하고 있는 것과 같다. 반면에 앞쪽으로 걷기를 할 경우 방향을 전환

한다면 더 이상 앞쪽으로 걷기가 이루어지지 않는다.

공간과 신체의 여섯 개 기본 방향은 세분화 될 수 있다. 예를 들어 전후, 좌우 방향을 조합한 여덟 개의 45도 측면 방향을 생각할 수 있다. 신체를 오른쪽으로 45도씩 회전하면 공간의 방향은 앞, 앞과 오른쪽 사이, 오른쪽, 오른쪽과 뒤쪽 사이, 뒤쪽, 뒤쪽과 왼쪽 사이, 왼쪽, 왼쪽과 앞쪽 사이가 된다. 또한 상하, 좌우를 조합한 여덟 개의 45도 측면 방향을 생각할 수 있다(그림 2). 위쪽에 두었던 시선을 45도씩 오른쪽과 아래쪽으로 이동시키면, 그림 3과 같이 섬세한 시선처리를 할 수 있다. 이외에도 정육면체 꼭짓점 바라보기를 비롯하여 다양한 방법으로 방향을 세분화시킬 수 있는데 방향을 세분화시킬수록 신체의 움직임은 입체적으로 보이게 된다.

앞쪽으로 0° 혹은 360°
뒤쪽으로 180°
오른쪽 90°
왼쪽 270°
비스듬히 아래 오른쪽 45°
비스듬히 위로 왼쪽 225°
비스듬히 아래 왼쪽 315°
비스듬히 위로 오른쪽 135°

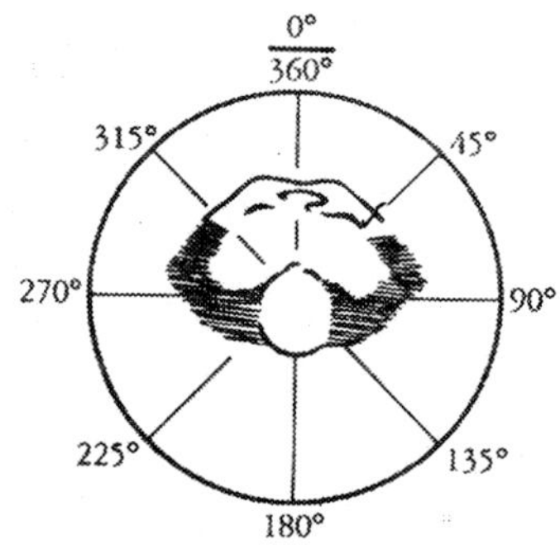

Circle Axial Design

[그림 2] 8개의 측면 방향(출처 : Paulette, S., 1998, 52쪽)

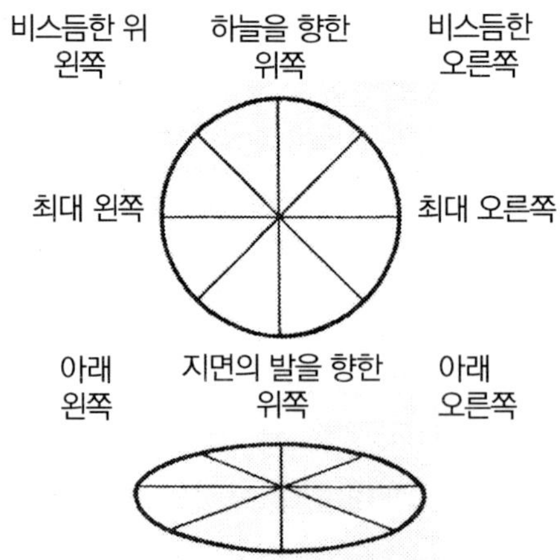

[그림 3] 8개의 시선 방향(출처:Paulette, S., 1998, 54쪽)

• 경로

경로는 신체가 이동하는 길 또는 지나온 길로서 바닥에 만들어지는 이동경로와 공중에 그려지는 공중의 경로가 있다. 이동 경로는 이동 움직임에 의해서 바닥에 만들어지는 경로이며 공중의 경로는 신체의 일부나 소도구를 사용하여 신체 주변의 공간에서 만들어 내는 경로이다. 경로는 직선과 곡선처럼 단순한 것에서부터 직선과 곡선이 변형되고 조합되어 만들어지는 복잡한 것에 이르기까지 다양하다. 예를 들어 지그재그, 달팽이 모양, 물결 모양, 직선 곡선이 불규칙하게 결합된 선 등이다. 또한 삼각형, 사각형, 원과 같이 기본 도형의 경로가 있는가 하면 이를 변형하고 연결시킨 경로가 있다.

• 범위

범위는 움직임의 크기를 말하는 것으로 움직임의 넓이, 길이, 크기가 범위에 해당한다. 범위를 정하는 것은 신체의 각 부분들이 얼마나 가까이 혹은 멀게 떨어져 있는지와 관련된다. 즉, 신체 부분들이 서로 가까이 모여 있을 경우 움직임의 범위는 좁아지므로 좁거나 짧거나 작은 움직임을 만들게 되고 팔과 다리를 최대한 뻗는 것과 같이 각 부위가 서로 멀리 떨어져 있을 경우 움직임의 범위는 넓어지므로 넓거나 길거나 큰 움직임을 만들게 된다.

• 초점

Gilbert(1992)는 공간적인 요소로서 개인공간과 전체공간, 높이, 크기, 방향, 경로 외에 초점을 포함시키고 있다. 초점은 움직이는 사람이 바라보는 곳으로 초점을 어디에 두는가에 따라 관객들이 공간의 크기, 방향을 다르게 느끼게 된다. 예를 들어 앉아 있는 사람이 시선을 아래로 향할 때는 바닥의 공간만 느껴지지만 시선을 위쪽으로 둘 때는 훨씬 넓고 높은 공간(하늘)을 느낄 수 있게 된다. 신체방향과 초점을 어떻게 결합하는가에 따라서 움직임의 분위기가 다르게 연출될 수 있다. Paulette(1998)는 초점에 따른 분위기의 변화를 탐색하기 위하여 앞쪽으로 걸으면서 아래쪽을 주시, 뒤로 걸으면서 위쪽을 주시, 오른쪽으로 걸으면서 오른쪽을 주시, 왼쪽으로 걸으면서 오른쪽을 주시 등과 같은 움직임을 제안하였다.

□ 노력(Effort)

노력 혹은 활동성(dynamics)은 움직임의 에너지가 공간, 시간, 힘과 흐름에 따라서 어떻게 변하는지를 보여주는 것으로 노력의 요소를 통하여 신체의 움직임은 매우 섬세하게 표현될 수 있다.

• 공간

노력의 요소로서 공간은 개방적인 공간과 폐쇄적인 공간으로 나뉜다. 개방적인 공간은 직선 경로와 같이 방해를 받거나 벗어남이 없이 곧게 뻗어 있는 공간으로 시작과 끝이 분명하다. 반면에 폐쇄적인 공간은 마치 종이 위에 목적없이 마구 갈겨서 그린 선과 같이 시작과 끝이 분명하지 않고 불규칙적으로 접히고 구부러지고 교차함으로 인해서 공간이 닫히는 것을 말한다.

• 시간

노력의 요소로서 시간은 움직임의 길이와 속도와 관계가 있다. 움직임이 지속적으로 오랫동안 유지될 수도 있고 짧게 끝날 수도 있으며 빠르게, 보통으로 혹은 느리게 이루어 질 수 있다. 또한 움직임 에너지가 변화됨에 따라서 움직임 속도가 빨라질 수도 있고 느려질 수도 있다.

Gilbert(1992)는 시간의 요소로서 속도와 리듬을 포함시키고 있다. 리듬이란 움직임의 패턴을 의미하는 것으로 맥박과 같이 규칙적일수도 있고 호흡과 같이 불규칙할 수도 있다. 움직임의 속도를 다양하게 결합하거나 박자를 변화시키거나 특정한 박자를 강조하게 될 경우 움직임은 일정한 패턴을 만들게 된다. 예를 들어 움직임을 빠르게-느리게-느리게 결합한 패턴이 있을 수 있고, 1박자, 2박자, 4박자, 8박자의 움직임이 있을 수 있으며 매 박자마다 움직임을 다르게 하는 것이 있을 수 있고 첫 박자에 하나의 움직임을 나머지 박자를 묶어서 하나의 움직임을 만드는 경우가 있을 수 있다. 또한 첫 박자에 강하게 움직이는 패턴이 있을 수 있다.

• 힘

노력의 요소로서 힘은 강하거나 약한 움직임과 관계가 있다. 신체 부위에 힘을 주게 될 경우 근육이 긴장되어 수축함으로써 강한 움직임이 표현되며, 반대로 힘을 빼게 되면 근육이 이완되어 약한 움직임이 나타나게 된다. Gilbert(1992)에 의하면 날카롭거나 부드러운 움직임, 무겁거나 가벼운 움직임, 자유롭거나 얽매인 듯한 움직임도 힘과 관련된다. 특히, 날카롭거나 부드러운 움직임은 힘이 지속되는 정도에 따라서 달라진다. 힘을 지속적으로 주게 될 경우 움직임은 부드럽게 되고 갑자기 힘을 주게 될 경우 움직임은 날카롭고 갑작스럽게 된다.

• 흐름

흐름은 움직일 때 힘을 통제하는 정도를 의미하는 것으로 자유로운 흐름과 통제된 흐름이 있다. 자유로운 흐름은 마치 수돗물이 끊임없이 흘러나오는 것처럼 끊임없이 움직이는 것을 말하며, 통제된 흐름은 수도꼭지를 열었다 닫았다 하면서 수돗물의 흐름을 통제하는 것과 같이 움직임의 에너지를 통제하는 것이다. 따라서 자유로운 움직임은 마치 술이 취한 사람처럼 움직임이 풀어지게 되고 통제된 움직임은 언제라도 멈출 수 있게 된다.

원을 따라 돌다가 방향을 바꾸기 위하여 움직임을 잠시 멈추는 것과 같다. Gilbert(1992)는 흐름을 자유롭고 얽매인 듯한 흐름으로 나누었으며 힘의 요소에 포함시키고 있다.

□ 관계(Relations)

관계란 다른 사람이나 사물과의 어울림을 의미하는 것으로 신체 부분과 부분과의 관계, 파트너나 집단 간의 관계, 신체와 주변환경이나 물체와의 관계를 포함한다.

• 신체 부위 간의 관계

신체 부분과 부분간의 관계는 모으거나 벌리기, 위와 아래, 바로 위와 바로 아래, 앞과 뒤, 옆으로 멀리 또는 가까이로 정리된다.

• 파트너 및 집단 간의 관계

사람과 사람간의 관계는 크게 세 가지 원리에 따라 만들어 진다. 첫째, 개인 공간에서 이루어지는 관계로서 마주보기, 등 마주대기, 앞뒤로 서기 또는 옆으로 서기 등이 있다. 둘째, 움직임 형태의 동질성, 이질성에 의한 관계로서 같은 움직임과 다른 움직임이 있다. 셋째, 움직임이 일어나는 시간에 의해서 만들어지는 관계로서 동시에 움직이기, 바로 뒤따라 움직이기, 시간차를 두고 움직이기 등이 있다. 구체적인 예는 다음과 같다.

- 똑같이 하기 : 파트너나 다른 사람들과 똑같이 움직인다.
- 거울 되기 : 파트너와 마주 서서 반대 방향으로 움직인다.
- 메아리 되기 : 앞사람과 시간 간격을 두고 움직임을 따라한다.
- 다 같이 하기 : 모든 사람이 같은 움직임을 동시에 한다.
- 이어서 하기 : 도미노처럼 앞사람의 움직임을 바로 이어서 따라한다.
- 그림자 되기 : 앞 사람 뒤에 서서 움직임을 똑같이 따라한다.
- 부르고 응답하기 : 마치 대화하듯이 움직임을 주고 받는다.
- 반대로 하기 : 파트너와 대조적으로 움직인다.
  예) 신체의 형태, 빠르기 등을 반대로 하기.
- 연결하기 : 2인 이상이 서로 신체를 이어서 형태를 만들거나 움직인다.
- 지탱하기 : 다른 사람에게 기대기, 다른 사람 들어올리기 등과 같이 다른 사람의 몸무게의 전체나 일부를 지지해 준다.
- 만남과 헤어지기 : 서로를 향하여 움직이거나 멀어진다.

• 환경이나 물체와의 관계

신체가 물체와 어떤 관계를 형성하는가에 따라서 움직임이 다르게 나타나게 된다. 물체가 공간의 일부로 존재하는가 사람이 물체를 소유하는가에 따라서 관계는 달라질 수 있으며, 보통 신체와 물체와의 관계는 다음과 같이 정리된다. 가까이, 밀접하게, 멀리,

떨어져서, 위로, 아래로, 통과해서, 앞으로, 뒤로, 옆으로, 주변에서, 사이로, 안으로, 바깥으로, 바로 위와 바로 아래로가 그 것이다.

[표 3] Purcell과 Gilbert의 움직임의 기본요소 비교표

요소	Purcell(2001)		Gilbert(1992)		
신체 인지	전신의 움직임	이동 움직임 비이동 움직임	움직임	이동 움직임 비이동 움직임	
	신체 일부를 이용한 움직임	신체 한 부분만 독립적으로 움직이기 한 부분으로 움직임 이끌기 무게 중심 이동하기	신체	신체 부분	머리, 목, 팔, 손목, 팔꿈치, 손, 손가락, 골반, 척추, 몸통, 다리, 무릎, 발, 발가락, 발목, 뒤꿈치, 어깨
	신체 모양 만들기	직선/곡선, 각지게, 꼬인 모양 대칭/비대칭 형태 이동 또는 정지된 모양		신체 형태	곡선/직선, 각진, 꼬인 대칭적/비대칭적
				관계	(아래)
				균형	균형상태/불균형 상태
공간 인지	개인공간 전체 공간		공간	장소	개인공간/전체공간
	높이	높은, 중간, 낮은		높이	높은, 중간, 낮은
	방향	전/후, 좌/우, 상/하		방향	전/후, 좌/우, 상/하
	경로	이동경로, 공중경로 직선경로/곡선 경로, 직선과 곡선의 조합		경로	직선, 곡선, 지그재그
	범위	신체 부분들을 가까이, 멀리(넓게/좁게, 길게/짧게, 크게/작게)		크기	크게, 중간, 작게, 가깝게, 멀게
				초점	한개/여러 개의 초점
노력	공간	개방적 공간/폐쇄적 공간	시간	속도	느리게, 보통, 빠르게
	시간	움직임의 속도(빠르게/느리게, 점점 빠르게/점점 느리게) 움직임의 길이(오랫동안/잠깐)		리듬(움직임의 패턴)	규칙적/불규칙적, 패턴, 액센트
	힘	강한 움직임/약한 움직임	힘	에너지	부드럽게(지속적으로)/ 날카롭게(갑자기)
	흐름	자유로운 흐름/통제된 흐름		무게	무겁게/가볍게
				흐름	자유롭게/매인듯이
관계	신체 부분과 부분과의 관계	모으기/벌리기, 위/아래, 바로 위/바로 아래, 앞/뒤/옆으로 멀리 또는 가까이	관계: 신체 요소에 포함됨	신체부분에서 신체부분으로	가까이/멀리, 만남/헤어짐, 혼자서/연결된-이어진, 거울 비추기/그림자 지기, 조화/대조, 바로 위에/밑에, 위에/아래에, 둘러싸고/통과하여, 옆/사이, ~에 붙어서/~에 떨어져서, 모이기/흩어지기, 안/밖
	파트너나 집단간의 관계	개인공간에서 이루어지는 관계 움직임 형태의 동질성, 이질성에 따른 관계 움직임이 일어나는 시간에 따른 관계		개인에서 그룹으로	
	신체와 주변 환경이나 물체와의 관계	가까이, 밀접하게, 멀리, 떨어져서, 위로/아래로, 통과해서, 앞으로/뒤로/옆으로, 주변에서/사이로, 안으로/바깥으로, 바로 위와 바로 아래로		신체부분에서 대상(물체)으로 개인과 그룹에서 대상으로	

움직임에 사용할 수 있는 물체 혹은 용구는 크기에 따라서 큰 것과 작은 것으로 나눌 수 있다. 큰 용구로는 뜀틀, 의자, 벤치, 타이어, 매트, 우유 상자 등이 있으며, 작은 용구로는 스카프, 지팡이, 모자, 후프, 고무풍선, 리본, 줄넘기, 줄 등이 있다. Gilbert(1992)는 이 외에도 종이상자, 리본 막대, 공, 악기, 헝겊, 비닐, 튜브, 처컴(스티로폼으로 된 길고 가는 튜브), 신문지, 탄력밴드 등을 사용할 수 있다고 하였다. 탄력밴드는 신축성이 좋아서 움직임의 변화를 쉽게 표현해 낼 수 있다는 점에서 유용하다.

이상의 내용을 정리하면 [표 3]과 같다.

이외에도 Logsdon(1997)은 움직임의 요소로서 신체, 공간, 노력, 관계를 제시하고 있으며 구체적인 내용은 [표 4]와 같다. Purcell(2001)과 거의 같은 맥락이라고 할 수 있으나 신체 요소인 전신 움직임을 기본적인 신체 동작과 신체활동으로 구분하고 있고, 노력 요소에 동작 요인을, 관계 요소에 다른 관계들을 추가한 점에서 차이를 보이고 있다. 또한 하위 요소에 대한 설명에서도 다소 차이를 보인다.

[표 4] Logsdon의 움직임 요소

요소		
신체	기본적인 신체 동작	구부리기/펴기, 구부리기/꼬기, 흔들기
	신체활동	이동 움직임, 비이동 움직임, 조작적 움직임
	신체 부분의 움직임	신체 무게 지지하기, 움직임을 이끌기, 힘을 적용하기, 무게 혹은 힘을 받아들이기
	신체 모양	좁게, 넓게, 둥글게, 꼬이게, 각지게, 대칭으로, 비대칭으로
공간	영역	일반/개인
	수준	낮게/깊게, 중간, 높게
	방향	앞쪽/뒤쪽, 옆쪽, 위/아래
	경로	공중, 바닥, 직선, 곡선으로, 지그재그로, 각지게, 꼬인 선, 여러 가지 도형
	확장, 범위	크게/멀리, 작게/가까이
노력	공간	직접적/간접적, 똑바로/유연하게
	시간	빠르게/느리게, 가속/감속, 갑작스럽게/지속적으로
	흐름	탄력있는/유연한, 멈출 수 있는/지속적인
	동작요인	시간, 무게, 공간 · 한 가지 요인 탐색(조사) · 두 가지 요인 결합(연합) : 시간과 무게, 시간과 공간, 시간과 흐름, 무게와 공간, 무게와 흐름, 공간과 흐름 · 세 가지 요인(시간, 무게, 공간)의 결합(연합) · 8가지 기본 동작(비틀기, 누르기, 미끄러지기, 뜨기, 가볍게 치기, 밀어내기, 내려 베기, 토닥거리기)
관계	신체 부분	위/아래, 떨어진/모인, 뒤/앞, 가까운/먼, 위쪽에/아래쪽에
	개인과 그룹	위/아래, 떨어져서/함께, 뒤/앞/옆, 만나기/헤어지기, 가까운/먼, 위쪽에/아래쪽에, 뒤따르기/모방하기/이끌기, 거울/일치/반대, 연속적으로, 묻기/대답하기, 혼자/함께, 지지하기/지지받기

	기구 및 소도구	바로 위에/아래/옆/접속하여 위에, 가까이/멀리, ~위에/~아래에, 뒤/앞, 오르기/내려오기
	다른 관계들	리듬(음률)/소리, 음악/진동, 시/줄거리/단어, 삽화/소도구

출처 : Logsdon, B 등(1997), 김은심(2004), 139~140쪽 재인용

지금까지 움직임의 기본 요소에 대한 학자들의 견해를 살펴보았다. 내용을 종합해보면 움직임의 기본 요소는 [표 5]와 같다.

[표 5] 움직임의 기본 요소(종합) : Purcell, Gilbert, Logsdon

기본 요소	하위 요소	
신체	전신움직임	이동 움직임
		비이동 움직임
	신체 부분 움직임	신체 한 부분 만 독립적으로 움직이기
		한 부분으로 움직임 이끌기
		무게 중심 이동하기, 신체 무게 지지하기
		힘을 적용하기
		무게 혹은 힘을 받아 들이기
	신체 형태	직선, 곡선, 각지게, 꼬인, 대칭, 비대칭, 이동 또는 정지된 모양, 좁게, 넓게
	균형	균형 상태/불균형 상태
공간	장소, 영역	개인 공간/전체 공간
	높이, 수준	높은, 중간, 낮은
	방향	전/후, 좌/우, 상/하, 45도측면 8방향
	경로	이동경로, 공중경로, 직선, 곡선, 직선과 곡선의 조합, 지그재그, 각지게, 꼬인선, 여러 가지 도형
	범위, 크기	신체 부분들을 가까이, 멀리(넓게/좁게,길게/짧게, 크게/작게)
	초점	한 개의 초점/여러 개의 초점
노력	공간	개방적 공간/폐쇄적 공간, 직접적/간접적, 똑바로/유연하게
	시간	속도(빠르게, 보통, 느리게, 점점 빠르게/점점 느리게)
		길이(오랫동안/잠깐)
		리듬, 움직임 패턴(규칙적/불규칙적, 패턴, 액센트)
	힘	강한/약한
		에너지(부드럽게, 지속적으로, 날카롭게, 갑자기)
		무게(무겁게/가볍게)
	흐름	자유로운/통제된
관계	신체 부분과 부분의 관계	모으기/벌리기(떨어진/모인), 위/아래, 위쪽에/아래쪽에, 바로 위/바로 아래, 앞/뒤, 앞/뒤/옆으로 멀리 또는 가까이, 가까운/먼,
	파트너나 집단간의 관계	똑같이 하기, 거울되기, 메아리 되기, 다같이 하기, 이어서 하기, 그림자 되기, 부르고 응답하기, 반대로 하기, 연결하기, 지탱하기, 지지받기, 만남과 헤어지기 위/아래, 떨어져서/함께, 뒤/앞/옆, 가까운/먼, 위쪽에/아래쪽에, 혼자/함께
	물체와의 관계	가까이, 밀접하게, 멀리, 떨어져서, 위로/아래로, 바로 위와 바로 아래로, ~위에/아래에, 접속하여 위에, 통과해서, 앞으로/뒤로, 뒤에/앞에, 바로 옆에, 옆으로, 주변에서/사이로, 안으로/바깥으로, 오르기/내려오기

■ 기초영역 : 기본 움직임

기본 움직임이란 기본이 되는 신체적 움직임으로 Gallahue(1982)의 운동 발달 단계의 세 번째에 해당하며 제2 단계인 초보적인 움직임 단계에 기초를 두고 훈련 없이 나타나는 운동 유형이다(김은심, 2004). 기본 움직임은 이동 움직임, 비이동 움직임, 조작적 움직임으로 구분할 수 있다. 이동 움직임은 걷기, 달리기 등과 같이 신체의 위치를 변화시키는 움직임이고 비이동 움직임은 꼬기, 펴기 등과 같이 공간상의 이동이 발생하지 않는 움직임이다. 조작적 움직임은 던지기, 차기 등과 같이 물체와의 관계에서 이루어지는 움직임이다.

Purcell(2001)과 Gilbert(1992)와 같은 무용교육학자들은 기본적인 신체의 움직임을 이동 움직임과 비이동 움직임으로 분류하고 조작적 움직임을 두 유형의 움직임 안에 통합시키고 있다는 점에서 신체표현에 초점을 두고 있는 본서에서는 기본 움직임을 이동 움직임과 비이동 움직임으로 분류하고자 한다.

□ 이동 움직임

Purcell(2001)에 의하면 이동 움직임은 다음과 같다 : 걷기, 달리기, 뛰어 오르기, 외발뛰기, 건너뛰기, 멀리뛰기, 미끄러지기, 갤럽, 조합된 동작들(두 발로 뛰어 한발로 착지하기), 구르기, 네발로 기어가기, 몸으로 기어가기, 미끄러져 내리기, 조합된 신체 부위가 그것이다. 이외에도 가볍게 뛰기(Gilbert, 1992), 스킵, 옆으로 걷기(Logsdon, B 등, 1997), 날기(한국무용교육학회, 2006)가 이동 움직임에 포함된다. 이를 정리하면 [표 6]과 같다.

[표 6] 학자들에 따른 이동 움직임 비교표

학자	Purcell(2001, 46쪽)	Gilbert(1992, 30쪽)	Logsdon, B 등(1997) 김은심(2004), 139 쪽 재인용	한국무용교육학회 (2006, 145쪽)
움직임	걷기 달리기 뛰어 오르기 외발뛰기 건너뛰기 멀리뛰기 미끄러지기 갤럽 조합된 동작들(두 발로 뛰어 한발로 착지하기) 구르기 네발로 기어가기 몸으로 기어가기 미끄러져 내리기 조합된 신체 부위	걷기 달리기 뛰어오르기 한발로 뛰기 건너뛰기 갤럽 미끄러지기 가볍게 뛰기 기어가기 구르기	걷기-달리기 점프-홉핑-립핑 갤럽핑-스킵 구르기 미끄러지기-옆으로 걷기	걷기 달리기 뛰기 건너뛰기 구르기 날기 기어가기

이상의 내용을 종합하면 이동 움직임은 아래와 같다.

발을 이용하여 지지하기

❶ 걷기
❷ 달리기
❸ 뛰어 오르기
❹ 외발뛰기
❺ 스킵
❻ 건너뛰기
❼ 멀리뛰기
❽ 날기
❾ 미끄러지기/옆으로 걷기
❿ 갤럽
⓫ 조합된 동작들(두발로 뛰어 한발로 착지하기)

다른 신체 부위로 지지하기

⓬ 구르기
⓭ 네발로 기어가기/몸으로 기어가기
⓮ 미끄러져 내리기
⓯ 조합된 신체 부위

ㅁ 비이동 움직임

Purcell(2001)은 비이동 움직임을 몸짓으로 표현하고 있으며 다음과 같다 : 떨기, 돌기, 휘돌기, 진동하기, 비틀기, 뻗기(펴기)/구부리기, 허물어지기, 멈추기, 흔들리기, 흔들기, 밀기, 당기기가 그 것이다.

Gilbert(1992)는 이외에도 떨어지기(나뭇잎, 빗방울), 제자리 돌기, 날쌔게 피하기, 차기, 찌르기, 들어올리기, 파기, 말기, 내리치기, 가볍게 두드리기, 주먹으로 치기(복싱하듯이), 가볍게 치기, 뜨기, 누르기, 짜기, 떠오르기, 가라앉기, 터지기를 비이동 움직임에 포함시켰다. 이외에도 균형 잡기(김은심, 2004), 돌리기, 꼬기, 빙글빙글 돌기, 열기, 닫기, 제스처(Logsdon, B 등, 1997), 움츠리기(한국무용교육학회, 2006)가 비이동 움직임에 포함된다. 이를 정리하면 [표 7]과 같다.

[표 7] 학자들에 따른 비이동 움직임 비교표

학자	Purcell(2001, 46쪽)	Gilbert(1992, 30쪽)	Logsdon, B 등(1997) 김은심(2004), 139 쪽 재인용	한국무용교육학회 (2006, 145쪽)
움직임	떨기 돌기 휘돌기 진동하기 비틀기 뻗기(펴기) 구부리기 허물어지기 멈추기 흔들리기 흔들기 밀기 당기기	굽히기 꼬기 흔들기 밀기 당기기 떨어지기(나뭇잎, 빗방울) 녹아내리기 돌기 제자리 돌기 날쌔게 피하기 차기 찌르기 들어올리기 치기(복싱하듯이) 가볍게 치기 뜨기 미끄러지기 누르기 짜기 떨기(추위나 공포로) 떠오르기 가라앉기 터지기	균형적-비균형적 돌리기-흔들기 꼬기-뻗기-빙글빙글 돌기 떠오르기-가라앉기 열기-닫기 구부리기 제스처	흔들기 떨어지기 균형잡기 내려앉기 차기 스트레치 떨기 움츠리기 멈추기 돌기 펴기 꼬기 밀기 당기기 찌르기 누르기 비틀기 가라앉기 내리치기

이상의 내용을 종합하면 비이동 움직임은 아래와 같이 범주화 될 수 있다.

❶진동, 흔들림과 관련된 것

떨기
진동하기
흔들리기
흔들기
가볍게 두드리기

❷회전과 관련된 것

돌기
제자리 돌기
빙글빙글 돌기
휘돌기
돌리기

❸비틀기와 관련된 것

비틀기
꼬기
짜기

❹신체 부위간의 멀고 가까움에 관련된 것

뻗기(펴기)/구부리기
터지기
말기
열기
닫기

❺신체 높이 변화와 관련된 것

뜨기
떠오르기
가라앉기
들어올리기
허물어지기
떨어지기(나뭇잎, 빗방울)
파기
내리치기
누르기

❻신체의 전후 움직임과 관련된 것

밀기
당기기
차기
찌르기
주먹으로 치기(복싱하듯이)
가볍게 치기

❼기타

날쌔게 피하기
멈추기
균형잡기
제스쳐

■ 응용영역

움직임의 응용영역은 움직임의 기본 요소와 기본 움직임을 다양한 활동으로 응용하는 영역으로 신체표현활동과 신체활동(신체운동)으로 구분된다. 신체표현활동과 신체활동 모두 움직임의 기본 요소와 기본 움직임을 응용, 결합한다는 점에서 공통점이 있으나 신체표현활동은 게임이나 체조 등의 신체활동에 비하여 활동 주체의 생각과 느낌을 표현하는데 더 큰 비중을 둔다는 점에서 다르다. 신체활동에서는 정확한 움직임이 요구되지만 신체표현활동에서는 개성 있고 다양한 움직임이 허용된다. 따라서, 신체표현활동으로서의 걷기는 개인에 따라서 그리고, 표현하고자 하는 내용에 따라서 보폭, 팔의 높이, 상체의 자세 등이 다르게 표현될 수 있다. 예를 들어 즐거움을 표현하기 위하여 가볍고 빠르게 걸을 수 있으며 두려움을 표현하기 위하여 천천히 무겁게 뒤로 걷기를 할 수 있다.

움직임의 응용영역으로서 신체활동과 신체표현활동을 모두 다루는 것이 마땅하지만 본서는 신체표현활동에 초점을 맞추고 있으므로 여기서는 신체표현활동을 중심으로 설명하고자 한다. 신체표현활동은 무용과 연극으로 구분할 수 있으며, 목표에 따라서 무용을 전문무용, 교육무용, 창의적 움직임으로, 연극을 전문연극, 교육연극, 마임, 교육마임 혹은 몸짓놀이로 세분화 할 수 있다. 본서에서 마임을 연극과 함께 다룬 이유는 무용과 극을 구분 짓기 위함이며 마임과 연극은 독립된 장르임을 밝혀둔다.

□ 무용 : 전문무용, 교육무용, 창의적 움직임

무용은 인간의 내재적 갈망을 육체적 활동을 통해 표현하는 것에서 비롯되었다. 그래서 무용을 미적으로 율동화, 형식화된 운동으로써 사상이나 감정을 표현하는 예술이라고 부르게 되었다. 무용의 의미는 시대에 따라서 변화되어 왔는데 김운미(2003)는 그 과정을 다음과 같이 설명하고 있다(한국무용교육학회, 2003, 45쪽).

> 처음에는 거의 모든 육체적 활동을 포괄하면서 상당히 넓은 의미 영역을 지녔던 무용이었지만, 고대로부터 점차 고도의 문명시대로 접어들면서 보다 좁은 의미의 예술로 변모해 왔다. 구체적으로 놀이와 신체운동은 리듬을 포기하면서 무용에서 분리되어 나갔다. 또한, 체육으로 규정된 스포츠 및 신체활동 가운데 놀이는 레크레이션으로, 신체운동은 체조로 발전되었다.

일반적으로 무용은 전문적인 훈련을 받은 무용수에 의하여 공연을 목적으로 행해진다. 그러나 무용은 교육적인 목적, 즉 인격의 발달과 통합에 목적을 두고 이루어 질 수도 있다. 전자를 전문무용이라고 한다면 후자는 교육무용에 해당한다. 무용을 인간의 내면을 표현하는 육체적 활동이라고 할 때 모든 사람은 무용을 통하여 자신의 생각과 느낌을 표현할 자유와 권리를 가지게 되며 무용을 통해서 [표 8]과 같은 다양한 교육적 효과를 얻을 수 있다.

즉, 무용의 교육적 가치는 인간의 전인적 발달과 성장을 돕는다는 데 있다. 만약 무용하는 사람이 무용의 창작과 감상의 모든 과정에 주체적으로 참여할 수 있다면 무용의 교육적 가치는 더욱 커질 것이다. 창작무용이 필요한 이유도 여기에 있다.

창작무용은 자기가 갖고 있는 사상이나 사고, 감정 등을 신체 움직임을 통해 표현하는 일종의 자기 표현의 한 방법이다(김화숙, 2003). 창작무용은 사람들에게 내면을 표출할 수 있는 기회와 자신의 방법으로 표현할 수 있는 자유를 제공한다. 이로써 사람들은 창작무용을 통해서 안무가인 동시에 무용수가 된다. 또한 서로의 무용을 감상하는 관객이 되기도 한다. 이처럼, 창작무용은 사람들에게 무용의 창작, 공연, 감상의 전 과정을 주체적으로 이끌 수 있도록 해준다.

창작무용이 공식화된 움직임보다는 자연스러운 움직임에 기초를 두고 있는데, 이러한 이유로 창작무용은 초보자는 물론 유아들도 편하게 접근할 수 있다. 그런데, 교육무용으로서의 창작무용은 무조건 몸을 움직이는 것 이상의 의미를 가진다. 창작무용을 통하여 사람들이 자신의 내면을 보다 잘 이해하고 보다 표출할 수 있도록 돕는 것이 중요하다. 자신의 신체를 자각하고 움직임의 원리를 이해하며 다양한 움직임을 탐색하고 만들어

보는 작업이 필요한 것이다.

이러한 작업은 연령에 상관없이 이루어 질 필요가 있으나 유아기에는 반드시 다뤄져야 한다고 본다. 특히, 기본 운동 능력이 발달되는 유아기에는 기본 움직임과 함께 움직임의 기본 요소에 대한 활용과 탐색을 통하여 움직임을 만들어보는 실험의 과정이 필요하다. 이러한 과정을 통하여 유아들이 신체표현어휘를 습득해 나갈 때 무용구성력과 창작능력이 향상될 것이다. 그러므로, 유아기의 창작무용은 창의적 움직임으로 접근하는 것이 바람직하다고 본다.

[표 8] 무용의 교육적 가치

항 목	내 용
예술적 · 미적교육	지각적 기술 개발 창조적 사고와 행동, 그리고 창조적 표현능력 개발 비평적 사고와 분석적 기술 개발 예술형식을 창조하고 감상할 기회 제공 삶을 관조하는 태도 양성
문화적 교육	문화유산의 가치와 보존에 대한 인식 다양한 문화형태의 접근을 통한 문화의 다양성 이해 문화의 전승과 변화과정 소개 문화적 능력(literacy) 현재의 가치관과 역사적 힘의 관련을 통한 문화적 시각의 확대
개인적·사회적 교육	자아인식, 자아표현, 자기존중의 기회제공 활동적이고 적극적인 자세 육성 개인과 집단작업을 통한 자신감과 자긍심 함양 협동과 팀웍 개발 공동사회의 이해 증진
신체적·움직임 교육	신체와 움직임 자각을 통한 동작의 지각력 조절 신체적 자신감과 가능성 습득 움직임을 통한 감정 전달 문제해결력 향상 자신의 생활과 체력을 통제하는 능력 개발
통합교육과정 학습	움직임과 시각이미지를 통한 의사소통의 기술 개발 협동적 교수와 학습전략의 장려 활동적이고 독립적인 학습발달 언어발달을 강화 사회적 태도와 가치 고려를 위한 내용 제공
취업전 교육	평생활동으로서의 가능성 제시 지역사회에서의 무용의 방법을 제시 무용과 공연예술, 오락과 여가산업에 있어서 전문훈련의 방법을 제시 학교교육을 통한 창조적 충동을 실생활에 활용하고 유지하는 방법 제시 바람직한 사회적 관계 개발

출처 : 김화숙 in 한국무용교육학회, 2006, 60쪽

응용영역으로서의 창의적 움직임은 두 가지로 접근할 수 있다. 신체적 접근과 극적 접근 모두 움직임의 기본 요소와 기본 움직임의 활용에 초점을 두고 있지만 극적인 접근에서는 ~처럼 되어보기와 같은 가상의 상황을 제시한다는 점(김경신, 김미자, 김주자, 배소심, 이숙재, 1987, 31쪽)에서 차이가 있다. 예를 들어, 걷기를 신체적으로 접근할 경우 기본 요소를 다양하게 결합하여 앞으로 걷기, 뒤로 걷기, 오른쪽으로 걷기, 왼쪽으로 걷기, 힘차게 걷기, 무겁게 걷기, 가볍게 걷기 등을 할 수 있다. 반면, 걷기를 극적으로 접근할 경우에는 게처럼 옆으로 걷기, 군인처럼 힘차게 걷기, 코끼리처럼 무겁게 걷기와 같은 상황을 제공함으로써 기본 요소와 걷기의 결합이 보다 구체적으로 일어날 수 있도록 한다.

따라서, 극적인 접근에서는 가상적 상황 혹은 주제의 선택이 중요하다. 극적인 접근을 위한 주제는 대상에 따라 달라질 수 있다. Andrews(1954)에 의하면 유아에게는 자연, 사람, 동물, 교통 수단, 기계, 운동, 이야기와 시, 일상 생활과 관련된 주제가 적합하며 [표 9]와 같다. 이외에도 기쁨, 슬픔, 화남, 즐거움, 부끄러움, 놀람 등과 같은 감정과 정서 및 자유, 사랑, 정의 등과 같은 사상도 주제가 될 수 있다.

[표 9] 유아를 위한 창의적 움직임의 주제

자연	사람	동물	교통 수단	기계	운동	이야기와 시	일상 생활
바람 바다 눈 비 천둥 번개 낙엽 물 얼음 폭풍우 파도	소방관 군인 농부 의사 우주인 난장이 순경 선녀 집배원 간호원	코끼리 오리 개구리 원숭이 곰 거북이 뱀 물고기 새 토끼 강아지 고양이	자전거 자동차 버스 기차 배 비행기 병원차 소방차(떠있는 경주용) 잠수함 트럭	피아노 신호등 텔레비전 엘리베이터 시계 회전목마 온도계	수영 등산 낚시 사냥 야구 축구 배젓기 (계절에 따른 스포츠 활동)	(동화의 주인공) 백설공주 요술할머니 곰사냥 동물원 견학 엄마찾기 대청소 벌집 작은 오리	청소 목욕 생일선물 식사 치약 거울놀이

출처 : Andrews, 1954, 133쪽, 김은심, 1994, 22쪽 재인용

김화숙(2003)은 창작무용을 위한 내용요소를 신체적인 요인과 심리적인 요인으로 구분하고 있는데 이는 유아를 위한 창의적 움직임에서도 적용가능하다. 신체적 요인은 신체디자인과 움직임의 응용으로 세분화되는데 신체, 공간, 노력에 관한 요소를 다루고 있다는 점에서 신체적 접근과 유사하다고 볼 수 있다.

심리적 요인은 즉흥표현법과 상상표현법으로 세분화되며 이 중에서 상상표현법은 극적인 접근과 맥을 같이 한다. 상상표현법은 자연, 동물, 기계, 인간의 생활 모습, 감정

적 상태, 주제에 대한 상상을 신체를 통해서 표현함으로써 창조적인 움직임이 일어날 수 있도록 한다. 즉흥표현법은 다양한 자극에 대한 감정과 느낌을 신체를 통하여 즉각적이고 자발적으로 표현해 내는 것으로 자극이 일어났을 때 복잡한 사고과정을 거치지 않고 반사적으로 일어나는 반응 즉 직관적으로 표출된 순간적인 착상을 움직임으로 표현하도록 하는 방법이다.

김화숙은 운동자극, 청각적 자극, 시각적 자극, 촉각적 자극에 의한 즉흥과 도구에 의한 즉흥이 교육적으로 효과적이라고 하였다. 이 중에서 운동자극을 제외한 내용을 설명하면 아래와 같다.

❶ 청각적 자극에 의한 즉흥 : 소리나 음악을 듣고 떠오르는 이미지와 느낌을 표현하는 방법이다.
❷ 시각적 자극에 의한 즉흥 : 연상된 이미지보다는 시각적인 느낌을 즉흥적으로 표현하는 방법이다.
❸ 문학적 자극에 의한 즉흥 : 문학 작품에 대한 이미지와 느낌을 즉흥적으로 표현하는 방법이다.
❹ 촉각적 자극에 의한 즉흥 : 대상을 만져봄으로써 느껴지는 것들을 즉흥적으로 표현하는 방법이다.
❺ 도구에 의한 즉흥 : 도구로부터 떠오르는 이미지와 느낌, 도구를 활용할 수 있는 방법을 즉흥적으로 표현하는 방법이다.

무용이 인간의 내면과 외부세계를 주관적이고 추상적으로 표현하는 몸의 예술이라고 한다면 연극은 실제 세계에 대한 허구와 모방을 구체적인 말이나 행동으로 표현하는 예술이라고 할 수 있다. 연극에서의 행동은 무용에서의 움직임 못지않게 표현성을 지니고 있으므로 본서에서는 연극을 움직임 영역으로 포함시켰다. 특히, 마임은 언어적인 요소를 배제하고 있다는 점에서 연극보다도 신체표현성이 강조되는바 본서에서 함께 다루고자 한다.

□ 연극 : 전문연극, 교육연극, 연극놀이/마임, 교육마임, 몸짓놀이

무용과 마찬가지로 연극은 전문 연극배우에 의해서 공연을 목적으로 행해지는 것과 교육적인 목적을 두고 행해지는 교육연극으로 나눌 수 있으며 본서에서는 교육연극을 중심으로 다루고자 한다.

• 교육연극의 개념 및 유형

교육연극의 개념은 학자들마다 다소 다르게 정의되어지지만 대체로 교육적인 목적을

지니는, 연극놀이의 한 형식(이정순, 2000)으로 보고 있다. 교육연극은 크게 연극에서 활용되는 여러 가지 기법이나 연극적 상상력을 학교수업에 활용하여 수업의 효과를 제고하는데 목적을 두는 것과 계몽적, 교육적 내용을 지닌 공연물을 만드는데 목적을 둔 것(민병욱, 심상교, 2000)으로 나눠질 수 있으며, 학자들에 따라서 Dramatic Play, Creative Drama, Educational Drama, DIE(Drama in Education), TIE(Theatre in Education), Children's Theatre, YPT(Young People's Theatre)로 분류되기도 하고(최윤정, 1995), TIE, DIE, Youth Theatre, Children's Theatre, YPT, Community Theatre, Puppetre(인형극)(박은희, 1993)으로 분류되기도 한다(이정순, 2000, 143쪽 재인용). 또한, 조병진(1992)은 TIE, DIE, Creative Drama, Children's Theatre, Dramatic Play, Role Playing, Play Making, Participation Theatre, Development Drama로, 황정현(1997)은 TIE, DIE, YPT, Children's Theatre, Youth Theatre, EIT(Education in Theatre), 고정연극 워크숍(The set play workshops or play days), 모의실험놀이(Simulation Game)로 교육연극을 분류하고 있다(이정순, 2000, 144쪽 재인용).

이상에서 보듯이 교육연극의 유형은 매우 다양하다고 할 수 있는데 이 중에서 본서에서는 민병욱(2000)이 교육연극의 공식적인 기본 유형으로 소개하고 있는 DIE, TIE, Creative Drama를 중심으로 설명하고자 한다. 아래는 박은희(2000, 34~37쪽), 민병욱(2000, 63~66쪽)의 내용을 재구성한 것이다.

DIE는 Drama in Education의 약자로서 공연을 목적으로 삼지 않는, 교육현장에서의 교사와 학생간의 연극작업이다. DIE에서는 드라마틱게임, 타블로(tableau) 만들기, 즉흥, 역할놀이, 이야기 꾸미기(story telling), 신체표현(movement) 등의 다양한 기법을 활용하여 마치 놀이와 같이 비형식적으로 작업이 이루어진다. DIE에서 중요한 것은 교사보다 학생이며 연극 공연이 아니라 그 것에 이르는 과정이다. 따라서 교사는 학생들이 연극의 소재를 정하고 이야기를 만들며 이를 극화하는 과정에 주체적으로 참여할 수 있도록 안내하며, 이를 통하여 말하기, 쓰기, 듣기, 사고하기, 판단하고 결정하기, 의사표현하기, 자신에 대하여 파악하기, 주어진 환경에 적응하기와 같은 사회적인 기술과 독창력, 상상력, 집중력, 표현력을 기를 수 있도록 도와주어야 한다.

TIE는 Theatre in Education의 약자로서 감수성, 관찰력, 사회적 신뢰감, 역할 능력, 인간과 사회에 대한 인식의 향상 등과 같은 교육적인 목적을 가진다는 점에서는 DIE와 같다고 할 수 있으나 개인적, 사회적 문제를 소재로 삼아 이에 대한 해결책을 모색함으로써 학생들의 사고력을 증진시키려 한다는 점, 교사(actor-teacher)의 전문성이 보다 요구된다는 점과 공연을 목적으로 한다는 점에서 DIE와 차이가 있다. 낸시 스와첼에 의하면 TIE의 특성은 아래와 같다(박은희, 2000, 35~36쪽 재인용).

❶ TIE는 교수법의 방법론과 연극기술을 모두 훈련 받은 대학생들이나 전문가들에 의해 제시된 연극형식들을 총괄하는 명칭이다.

❷ TIE는 극장, 지역사회, 대학, 공원뿐만 아니라 거의 모든 학교에서 공연된다.

❸ 관객은 대부분 5~19세에 이르는 특정 연령층을 대상으로 한다. 그러나 TIE는 모든 연령층, 모든 교육계층을 대상으로 효과적으로 기능할 수 있다.

❹ TIE는 오락 이상의 무엇을 제공하는 것을 목표로 하며 연극감상과 연극기술을 넘어선 주제들을 가르치는 것을 목표로 한다.

❺ TIE 주제는 매우 다양하다. 인종차별주의, 편견, 핵에너지, 언어발달, 마약, 에이즈 등 폭넓은 개념이나 이슈, 최근 관심사 등을 탐구할 수 있다.

❻ 그 내용은 과거사나 최근의 사건 등(미국 10세기 노예문제, 카렌실크우드 문제 등) 실제 세계의 문제를 다룬다. 가끔 청소년을 위한 연극의 내용을 다루기도 하지만 그 초점과 태도에 있어 근본적으로 교육을 목적으로 해야하며 선정적이지는 않다.

❼ 모든 프로그램이 후속작업을 요하는 것은 아니나 보통 TIE극단은 교실에서의 준비작업과 후속작업을 위한 Teacher Resource Packets을 준비한다.

❽ 프로그램은 교육적 목표에 따라 모양새가 만들어진다. 때로는 삼사십 명의 한 반 학생들을 위한 프로그램도 있고, 극의 길이도 보통극보다는 길거나 짧을 수도 있다(필요하다면 주제나 교육적 목표에 따라 하루나 그 이상을 지속할 수도 있다).

❾ TIE는 항상 관객 참여를 유도한다. 관객은 관람자로서 뿐만 아니라 가상(Simulation) 게임, 역할놀이, 극중인물과의 즉흥대화(hot seating), 극중 직접적인 개입, 가능한 해결책과 성과에 대한 아이디어 토의에 참여자로서 유도되어 진다.

❿ TIE 형식과 내용의 이면에 깔려있는 기본적인 신념은 인간행위와 제도가 사회행위에 의해 형성되는 것이며, 이것은 변화시킬 수 있다는 것이다.

Creative Drama는 즉흥적, 비공연적, 과정중심의 연극형식이며, 지도자가 참여자들에게 인간 경험을 상상하고 반응하고 반영하도록 안내하는 예술활동이다. 따라서 Creative Drama는 학생들이 자신 혹은 타인의 경험에 대해 반성하고 상상하며, 이를 즉흥적이고 자유롭게 표현하는 과정을 통하여 창의성, 직관적 사고와 논리적 사고를 발달시켜나갈 수 있도록 도와준다.

DIE, TIE, Creative Drama는 모두 교육적인 도구로 수업현장에 활용할 수 있으며, DIE와 Creative Drama는 비형식적이고 즉흥적이며 과정적인 놀이의 형식을 취한다는 점에서 유아들에게 적용하기에 적절하다고 생각된다. 이에 DIE와 Creative Drama에서 사용되는 기법을 간략하게 소개하고자 한다. 앞으로는 두 유형을 아우를 수 있는 연극놀이라는 용어를 사용하고자 한다.

• 교육연극(연극놀이)의 기법

DIE의 기법으로는 준비단계, 음향의 표현, 정지된 장면, 즉흥표현, 역할놀이, 역할바꾸기, 역할 굴리기, 보여주고 설명하기, 벽에 걸린 역할, 삶의 지난 날, 기념식, 이성의 소리, 이중자아, 빈의자 기법, 몽타주, 전문인 의상, 의상꾸미기, 공간꾸미기(정봉석, 2000)가 있으며 Creative Drama 기법으로는 리듬과 움직임, 정지그림, 판토마임, 간단한 즉흥, 연극만들기 혹은 이야기 극화가 있다(이정순, 2000).

위에 언급된 기법들은 준비단계, 비언어적 표현, 언어적 표현, 소품 및 공간꾸미기로 범주화 할 수 있다. 이 중에서 비언어적 표현은 움직임 활동이 주가 된다는 점에서 마임으로 따로 분류할 수 있다고 본다.

❶ 준비단계(warming up) : 정신적, 육체적 긴장을 푸는 단계로 간단한 게임, 노래, 율동 등의 활동을 한다.

❷ 비언어적 표현
- 음향의 표현(soundtracking)은 소리나 음악을 듣고 이에 대한 생각, 느낌, 이미지 등을 표현하는 것이다.
- 정지된 장면(tableau, still picture)은 이미지나 행위의 단면을 정지 동작과 표정으로 표현하는 것이다.
- 역할 굴리기(rolling game) : B가 행동 취하면 A가 이에 응답의 행동을 취하고, C가 행동을 취하면 B가 응답을 하는 식으로 교대로 마임을 하는 것이다.
- 리듬과 움직임 : 다양한 리듬에 따라서 몸을 움직여 보는 것이다.
- 판토마임 : 언어를 사용하지 않고 극적인 동작을 연기하는 것이다.

❸ 언어적 표현
- 즉흥표현(improvisation)은 제시된 상황에 대한 생각과 느낌을 즉흥적으로 연기하는 것이다.
- 역할놀이(role play)는 역할을 정하여 즉흥적으로 연기하는 것이다.
- 역할바꾸기(role reversal)는 역할을 바꾸어 연기하는 것이다.
- 보여주고 설명하기(show and tell)는 가상의 상자에서 물건을 꺼내어 물건에 얽힌 추억 등을 연기하는 것이다.
- 벽에 걸린 역할(role on the wall)은 사진이나 그림을 벽에 걸어 놓고 이에 관

해 토론하거나 재구성한 뒤 연기하는 것이다.

- 삶의 지난 날(a day in the life)은 현재의 상황을 초래했던 과거의 사건을 찾아보고 이를 연기하는 것이다.
- 기념식(ceremony)은 문화적, 역사적으로 특별한 의미를 갖는 행사를 재현해 보는 것이다.
- 이중 자아(double ego)는 내면에 존재하는 두 가지의 마음을 표현해 보는 것이다.
- 빈의자 기법(empty chair)은 의자에 가상의 인물을 앉혀 놓고 대화함으로써 자신의 내면을 표현해 보는 것이다.
- 몽타주(montage) : 현실에서 일어나기 어려운 요소들을 소재로 드라마를 꾸며 보는 것이다.
- 전문인의 외투(mantle of the expert)는 전문인의 역할을 연기해 보는 것이다.
- 이야기극화 : 이야기를 극으로 만들어 보는 것이다.

❹ 소품 및 공간꾸미기 : 다양한 오브제를 사용하여 의상, 공간을 꾸며보는 것이다.

• 마임, 교육마임, 몸짓놀이

마임은 어원적으로 모방의 의미를 가지는데 언어를 사용하지 않고 동작을 연기하는 팬터마임은 극적인 움직임 활동의 기본이 된다(황정현, 2007). 학자들에 따라서 마임을 교육연극의 한 기법으로 포함시키는 경우도 있지만 마임은 무용과 마찬가지로 움직임을 가장 중요한 표현의 수단으로 삼는다는 점에서 본서에서는 마임을 독립된 장르로 구분하고자 한다. 이는 우리나라의 마임 발달사를 연구한 양미숙(2002)의 견해와도 일치한다.

연극과 마찬가지로 마임도 전문 배우에 의하여 공연을 목적으로 행해지는 것과 교육적인 것으로 나눌 수 있다. 전자를 전문적인 마임이라고 한다면 후자는 교육마임이라고 할 수 있다. 물론 아직까지 교육마임이라는 용어가 사용되고 있지는 않지만 마임을 통하여 학생들이 자신과 타인의 삶을 반성해볼 수 있고 이를 몸짓과 움직임을 통하여 자유롭게 표현해 낼 수 있다면 마임은 학생들의 신체표현력, 창의성의 발달을 도울 수 있는 교육수단이 될 수 있을 것이다.

교육으로서의 마임은 교육연극과 마찬가지로 비형식적이며 과정중심적인 놀이의 형태를 취하는 것이 적절하다고 생각한다. 특히 유아들에게는 더욱 그러하다. 이런 의미에서 임효재(2005)의 몸짓놀이는 교육마임의 성격을 잘 설명하고 있는 듯하다. 몸짓놀이는 아이들이 자신의 생각과 느낌, 자신과 타인의 경험을 표정, 손짓, 발짓, 크고 작은 몸짓을 통하여 표현해내는 몸으로 하는 모든 놀이다. 이에 본서에서는 교육마임을 몸짓놀이로 표현하고자 한다.

지금까지 움직임의 기초영역과 응용영역에 대한 학자들의 견해를 살펴보았다. 이 작업은 신체표현의 내용을 구체화하기 위한 기초작업 중에 한 가지다. Purcell(2001), Gilbert(1992)와 같은 학자들의 견해를 종합할 때 움직임의 기초영역은 움직임의 기본요소인 신체, 공간, 노력, 관계와 기본 움직임인 이동과 비이동 움직임을 내용으로 삼을 수 있을 것이다. 움직임의 응용영역은 기초영역의 활용에 초점을 맞춘다고 할 때에 무용, 연극, 마임을 그 내용으로 삼을 수 있으며 교육적인 가치와 유아의 연령적인 특성을 고려할 때 창의적 움직임, 교육연극(연극놀이), 교육마임(몸짓놀이)을 내용으로 삼을 수 있을 것이다.

다음 절에서는 신체표현의 내용을 구체화하기 위한 두 번째 작업으로서 표준 보육과정 및 유치원 교육과정에 명시된 신체 표현 관련 내용을 살펴보기로 하겠다.

나. 영유아 보육 및 교육에서 다루고 있는 신체표현의 내용

■ 표준보육과정

표준보육과정의 기본생활, 신체운동, 사회관계, 의사소통, 자연탐구, 예술경험의 6개 영역 중에서 신체표현과 관련 있는 것은 신체운동과 예술경험영역이다.

[표 10]에서 보듯이 신체운동영역의 연령별 내용 중에서 Gallahue(1982)의 기본운동단계에 속하는 만2세~5세를 살펴보면 "감각과 신체인식(감각 능력 기르기, 감각기관 활용하기, 신체를 인식하고 움직이기)"과, "신체조절과 기본 운동(신체조절력과 균형감 기르기, 이동운동하기, 비이동 운동하기, 조작 운동하기, 움직임의 요소를 인식하고 움직이기)"가 신체표현과 관련이 있음을 알 수 있다. 이를 수준별로 구체화시키면 [표 11], [표 12]와 같다.

[표 10] 신체운동영역의 연령별 내용

내용범주	만2세 미만	만2세	만3~5세
감각과 신체 인식	•감각적 자극에 반응하기 •감각기관으로 탐색하기 •신체 탐색하기	•감각 능력 기르기 •감각기관 활용하기 •신체를 인식하고 움직이기	•감각 능력 기르기 •감각기관 활용하기 •신체를 인식하고 움직이기
신체조절과 기본 운동	•대근육 조절하기 •소근육 조절하기 •협응력 기르기 •균형감 기르기 •이동 운동 시도하기 •비이동 운동 시도하기	•신체조절력 기르기 •신체균형감 기르기 •이동 운동하기 •비이동 운동하기 •조작 운동하기	•신체 조절력과 균형감 기르기 •이동 운동하기 •비이동 운동하기 •조작 운동하기 •움직임의 요소를 인식하고 움직이기
신체활동 참여	•몸 움직임 즐기기 •기구를 이용하여 신체활동 시도하기	•신체활동에 참여하기 •기구를 이용하여 신체활동 하기 •안전하게 신체활동 하기	•자발적으로 신체활동에 참여하기 •여러 기구를 이용하여 신체활동하기 •안전하게 신체활동 하기

[표 11] 만2세의 신체운동영역 수준별 내용(신체표현관련)

내용 범주	내용	1수준	2수준
감각과 신체인식	감각능력 기르기	감각적 차이에 반응한다.	다양한 감각적 차이에 반응한다.
	감각 기관 활용하기	감각 기관으로 주변 환경을 탐색한다.	
	신체를 인식하고 움직이기	손, 발, 얼굴 등 기본적인 신체 명칭을 안다.	신체 각 부분의 명칭을 안다.
		신체 각 부분의 움직임을 탐색한다.	
신체조절과 기본운동	신체 조절력 기르기	팔, 다리의 움직임을 조절한다.	팔, 다리, 목, 허리 등의 움직임을 조절한다.
	신체 균형감 기르기	안정된 자세를 시도한다.	
	이동 운동하기	안정된 걷기 등 이동 운동을 한다.	
	비이동 운동하기	몸을 펴고 굽히는 등 간단한 비이동 운동을 시도한다.	팔과 몸통을 움직여 보는 등 간단한 비이동 운동을 시도한다.
	조작운동하기	간단한 사물을 조작한다.	
		공 던지기 등 간단한 조작 운동을 한다.	공차기 등 간단한 조작 운동을 한다.

[표 12] 만3~5세의 신체운동영역 수준별 내용(신체표현관련)

내용 범주	내용	1수준	2수준	3수준
감각과 신체인식	감각 능력 기르기	감각적 차이를 구분한다.		미세한 감각적 차이를 구분한다.
	감각기관 활용하기	여러 감각기관을 활용한다.		
		두 가지 이상의 감각기관을 동시에 활용한다.		감각으로 대상이나 사물의 특성과 차이를 인식한다.
	신체를 인식하고 움직이기	신체 각 부분의 명칭을 안다.		신체 각 부분의 구조와 기능을 이해한다.
		신체 각 부분의 움직임을 인식한다.	신체 각 부분의 특징을 알고 움직인다.	신체 각 부분의 특징을 활용하여 움직인다.
		자신의 신체 능력을 긍정적으로 인식한다.		
신체조절과 기본운동	신체조절력과 균형감 기르기	안정된 자세를 취한다.	신체균형을 유지하면서 다양한 자세를 취한다.	
		신체 각 부분의 움직임을 조절한다.		
		바른 자세로 앉고 선다.		바른 자세로 걷는다.
	이동 운동하기	빨리 걷기, 달리기 등 다양한 이동 운동을 시도한다.	안정된 자세로 달리기 등 다양한 이동 운동을 한다.	두 발로 뛰기, 빠르게 달리기 등 이동 운동을 능숙하게 한다.
	비이동 운동하기	팔과 몸통을 움직여 보는 등 비이동 운동을 한다.	몸을 흔들거나 꼬기 등 여러 가지 비이동 운동을 한다.	한발로 균형 잡기 등 숙련된 자세의 비이동 운동을 한다.
	조작 운동하기	공을 던지거나 잡기 등 조작 운동을 한다.		도구를 활용하여 여러 가지 조작 운동을 한다.
	움직임의 요소를 인식하고 움직이기		동작의 크기나 빠르기 등 동작의 요소(공간, 시간, 흐름, 힘)를 인식한다.	동작의 크기나 빠르기 등 동작의 요소(공간, 시간, 흐름, 힘)를 활용하여 움직인다.

예술경험영역은 [표 13]에서 보듯이 음악, 춤, 극놀이, 미술 영역을 포함하고 있는데 이 중에서 신체표현과 직접적으로 관련되는 내용은 춤과 극놀이라고 하겠다. 신체운동영역이 기본 움직임과 움직임의 기본 요소와 같이 기초영역을 다루고 있다면 예술경험영역은 기본 움직임과 요소의 활용과 응용에 초점을 맞춘다. 그리고, 심미적 탐색, 예술적 표현, 예술감상으로 내용을 체계화하고 있다. 이 중에서 만2세~5세의 내용을 수준별로 제시하면 [표 14], [표 15]와 같다.

[표 13] 예술경험영역의 연령별 내용

내용범주	만2세 미만	만2세	만3~5세
심미적 탐색	•소리, 움직임, 시각적 자료에 호기심 가지기	•주변 환경의 예술적 요소 탐색 하기	•음악적 요소 탐색하기 •움직임과 춤 탐색하기 •가작화 요소 탐색하기 •미술적 요소 탐색하기
예술적 표현	•리듬 있는 소리로 반응하기 •몸동작으로 반응하기 •모방행동 즐기기 •단순한 미술 경험 시도하기	•리듬 있는 소리, 노래, 춤으로 표현하기 •모방과 단순한 가작놀이하기 •단순한 미술활동 즐기기	•리듬 만들기 •노래부르기 •춤으로 표현하기 •극놀이로 표현하기 •미술활동 즐기기 •다양한 미술재료 사용하기 •통합적으로 표현하기
예술 감상	•소리나 노래 즐겨듣기 •주변의 아름다움 경험하기	•주변 환경의 예술적 요소에 관심 갖고 즐기기	•음악 감상하기 •춤 감상하기 •극놀이 감상하기 •미술작품 감상하기

[표 14] 만2세의 예술경험영역 수준별 내용(신체표현관련)

내용 범주	내용	1수준	2수준
심미적 탐색	주변 환경의 예술적 요소 탐색하기	주변 환경에서 나는 다양한 소리와 움직임을 탐색한다.	
예술적 표현	리듬 있는 소리, 노래, 춤으로 표현하기	노래나 리듬에 맞춰 춤추기를 즐긴다.	간단한 도구를 이용하여 몸 움직이기를 한다.
	모방과 단순한 가작놀이하기	모방행동을 놀이처럼 즐긴다.	일상생활에서 경험한 단순한 가작화 놀이를 즐긴다.
예술감상	주변 환경의 예술적 요소에 관심갖고 즐기기	자연과 생활의 소리나 움직임, 친근한 음악과 춤을 관심 있게 보고 듣는다 .	

[표 15] 만3~5세의 예술경험영역 수준별 내용(신체표현관련)

내용 범주	내용	1수준	2수준	3수준
심미적 탐색	움직임과 춤 탐색하기	움직임과 춤에 관심을 가지고 탐색한다.		움직임과 춤의 요소를 탐색한다.
	가작화 요소 탐색하기	가상적 움직임과 목소리를 탐색한다.	역할, 사물, 행동이나 상황 등 가작화 요소를 탐색한다.	관객, 배우, 무대 등 극놀이의 기본적인 요소를 탐색한다.
예술적 표현	춤으로 표현하기	다양한 자극에 대해 느낀 것을 춤이나 움직임으로 자유롭게 표현한다.		간단한 춤을 만들어서 표현한다.
		도구를 활용하여 움직임을 창의적으로 표현한다.		
	극놀이로 표현하기	일상생활에서 경험한 내용의 역할놀이에 참여한다.	다양한 역할, 사물, 행동, 상황이 설정된 극놀이에 참여한다.	사전계획을 세워 협동적으로 극놀이를 한다.
		간단한 이야기나 상상한 것을 극화해 본다.	소품, 배경, 의상 등을 사용하여 극놀이를 한다.	음악, 미술, 춤을 극놀이에 활용한다.
	통합적으로 표현하기	다양한 소재에 대해 음악, 움직임, 미술, 극놀이를 통합하여 표현한다.		
예술감상	춤 감상하기	친근한 여러 종류의 춤을 보고 즐긴다.		
				여러 종류의 춤을 보고 생각과 느낌을 서로 이야기 한다.
	극 놀이 감상하기	극놀이를 보고 즐긴다.		극 놀이를 보고 생각과 느낌을 서로 나눈다.

결론적으로 표준보육과정의 내용 중 신체표현과 관련된 내용(만2세~5세)은 다음과 같이 정리된다.

❶ 감각 능력 기르기 : 감각적 차이에 반응하기, 감각적 차이를 구분하기
❷ 감각기관 활용하기 : 감각 기관으로 주변 환경을 탐색하기, 여러 감각 기관을 활용하기, 감각으로 대상이나 사물의 특성과 차이 인식하기
❸ 신체를 인식하고 움직이기 : 신체 각 부분의 명칭을 알기, 신체 각 부분의 구조와 기능을 이해하기, 신체 각 부분의 움직임을 탐색하고 인식하기, 신체 각 부분의 특징을 알고 이를 활용하여 움직이기
❹ 신체조절력과 균형감 기르기 : 안정된 자세 취하기, 균형을 유지하며 다양한 자세 취하기, 신체 각 부분의 움직임을 조절하기, 바른자세로 앉고 걷기
❺ 이동운동하기 : 다양한 수준으로 이동 운동 하기
❻ 비이동 운동하기 : 다양한 수준으로 비이동 운동 하기
❼ 조작 운동하기 : 다양한 수준으로 그리기나 만들기 도구를 활용하기, 다양한 수준으로 조작운동하기, 도구를 활용하여 여러 가지 조작 운동하기

❽ 움직임의 요소를 인식하고 움직이기 : 동작의 요소를 인식하고 이를 활용하여 움직이기

❾ 움직임과 춤, 가작화 요소 탐색하기 : 주변 환경에서 나는 다양한 소리와 움직임을 탐색하기, 움직임과 춤의 요소 탐색하기, 가상적 움직임과 목소리, 가작화 요소 및 극놀이의 기본 요소 탐색하기

❿ 리듬 있는 소리, 노래, 춤으로 표현하기, 모방과 단순한 가작놀이 하기 : 노래나 리듬에 맞춰 춤추기를 즐기기, 간단한 도구를 이용하여 몸 움직이기, 모방행동과 일상생활에 관한 단순한 가작놀이 즐기기

⓫ 춤, 극놀이, 통합적으로 표현하기 : 자유롭게 움직이거나 춤추기, 간단한 춤 만들기, 도구를 활용하여 창의적으로 움직이기, 역할놀이, 극놀이에 참여하기, 계획을 세워 협동적 극놀이 하기, 이야기 상상하여 극화하기, 소품, 배경, 의상, 음악, 미술, 춤을 극놀이에 활용하기, 음악, 움직임, 미술, 극놀이를 통합적으로 표현하기

⓬ 움직임, 춤, 극놀이 감상하기 : 자연과 생활의 소리나 움직임, 친근한 음악과 춤을 관심있게 보고 듣기, 여러 종류의 춤과 극놀이 즐기기, 여러 종류의 춤과 극놀이를 보고 생각과 느낌 나누기

■ 유치원 교육과정

제 7차 유치원 교육과정(2007년 개정 유치원 교육과정, 부록1)의 5개 영역인 건강생활, 사회생활, 표현생활, 언어생활, 탐구생활 중에서 신체표현과 직접적인 관련이 있는 것은 건강생활과 표현생활이다.

[표 16] 건강생활영역의 수준별 내용(신체표현관련)

내용 범주	내용	I수준	II수준
나의 몸 인식하기	감각 기관을 활용하기	감각 기관을 활용해 본다.	감각 기관을 협응하여 활동한다.
	나의 몸을 인식하고 움직이기	몸의 각 부분에 관심을 가지고 움직인다.	몸의 각 부분의 특성을 활용하여 움직인다.
		자신의 신체 능력을 긍정적으로 인식하고 움직인다.	
나의 몸 움직이기	이동하며 움직이기	걷기, 달리기, 뛰기 등을 하면서 몸을 움직인다.	걷기, 달리기, 뛰기 등을 하면서 제시된 조건에 따라 몸을 움직인다.
	제자리에서 움직이기	제자리에서 몸을 다양하게 움직인다.	제자리에서 제시된 조건에 따라 몸을 균형감 있게 움직인다.
	도구 및 놀이 시설을 활용하기	공, 리본, 후프, 평균대, 매트 등 도구와 놀이 시설을 활용하여 신체활동을 한다.	

[표 16]에서 보듯이 건강생활의 내용 중 신체표현과 관련이 있는 것은 "나의 몸 인식하기", "나의 몸 움직이기"며 구체적으로는 감각기관을 활용하기, 나의 몸을 인식하고 움직이기, 이동하며 움직이기, 제자리에서 움직이기, 도구 및 놀이 시설을 활용하기다.

표현생활의 내용 중 신체표현과 관련이 있는 것은 [표 17]에서 보듯이 소리·움직임·조형물에 관심 가지기, 예술적 요소 찾아보기, 움직임과 춤으로 표현하기, 극놀이로 표현하기, 통합적으로 표현하기, 창의적인 표현 과정 즐기기, 아름다움 느끼기, 예술적 표현 존중하기, 우리 전통 예술 감상하기이다.

[표 17] **표현생활영역의 수준별 내용(신체표현관련)**

<table>
<tr><th>내용 범주</th><th>내용</th><th>Ⅰ수준</th><th>Ⅱ수준</th></tr>
<tr><td rowspan="2">자연과 생활에서 아름다움 찾아보기</td><td>소리·움직임·조형물에 관심 가지기</td><td colspan="2">자연과 주변 환경의 소리, 음악, 움직임, 조형물에 관심을 가진다.</td></tr>
<tr><td>예술적 요소 찾아보기</td><td colspan="2">자연과 주변 환경에서 움직임의 모양·힘의 세기·빠르기·흐름 등을 찾아본다.</td></tr>
<tr><td rowspan="6">예술적 표현 즐기기</td><td rowspan="3">움직임과 춤으로 표현하기</td><td>신체를 이용하여 친숙한 대상의 움직임을 표현한다.</td><td>신체를 이용하여 주변의 움직임을 다양하게 표현한다.</td></tr>
<tr><td colspan="2">도구를 활용하여 창의적으로 움직인다.</td></tr>
<tr><td colspan="2">움직임과 춤을 통해 생각과 느낌을 자유롭게 표현한다.</td></tr>
<tr><td>극놀이로 표현하기</td><td>경험이나 간단한 이야기를 극놀이로 표현한다.</td><td>소품, 배경, 의상 등을 계획하여 협동적으로 극놀이를 한다.</td></tr>
<tr><td>통합적으로 표현하기</td><td colspan="2">주제에 대한 자신의 생각과 느낌을 음악, 춤, 조형 활동, 극놀이 등을 통합하여 표현한다.</td></tr>
<tr><td>창의적인 표현 과정 즐기기</td><td>예술 활동에 참여하여 표현 과정을 즐긴다.</td><td>다양한 예술 활동을 스스로 선택하여 시도한다.</td></tr>
<tr><td rowspan="4">감상하기</td><td rowspan="2">아름다움 느끼기</td><td colspan="2">자연과 다양한 음악, 춤, 조형물, 극놀이 등을 듣거나 보고 즐긴다.</td></tr>
<tr><td></td><td>자연과 다양한 음악, 춤, 조형물, 극놀이 등을 감상하고 생각과 느낌을 나눈다.</td></tr>
<tr><td>예술적 표현 존중하기</td><td>나와 다른 사람의 예술 표현을 소중히 여긴다.</td><td>나와 다른 사람의 예술 표현의 차이를 느낀다.</td></tr>
<tr><td>우리 전통 예술 감상하기</td><td>전통 예술에 관심을 갖고 친숙해진다.</td><td>전통 예술을 즐긴다.</td></tr>
</table>

결론적으로 유치원 교육과정에서 신체표현과 관련된 내용은 다음과 같이 정리된다.

❶ 감각기관 활용하기 : 여러 감각 기관을 활용하기

❷ 나의 몸을 인식하고 움직이기 : 몸의 각 부분에 관심을 가지고 움직여 보기, 몸의 각 부분의 특성을 활용하여 움직이기

❸ 이동하며 움직이기 : 공간을 이동하면서 (제시된 조건에 따라) 다양하게 움직이기

❹ 제자리에서 움직이기 : 제자리에서 (제시된 조건에 따라) 다양하게, 균형감 있게 움

직이기

❺ 도구 활용하기 : 도구를 활용하여 신체활동하기

❻ 움직임에 관심 가지기, 예술적 요소 찾아보기 : 자연과 주변 환경의 움직임에 관심 가지기, 움직임의 요소를 찾아보기

❼ 움직임과 춤, 극놀이, 통합적으로 표현하기 : 신체를 이용하여 친숙한 대상, 주변의 움직임을 표현하기, 창의적으로 움직이기, 움직임과 춤으로 생각과 느낌을 자유롭게 표현하기, 간단한 극놀이 하기, 협동적 극놀이 하기, 음악, 춤, 조형활동, 극놀이를 통합하여 표현하기

❽ 창의적 표현과정 즐기기

❾ 아름다움 느끼기, 예술적 표현 존중하기, 전통 예술 감상하기 : 여러 종류의 춤과 극놀이 즐기기, 여러 종류의 춤과 극놀이를 보고 생각과 느낌 나누기, 다른 사람의 표현을 소중히 여기고 차이를 느끼기, 전통예술에 관심갖고 즐기기

지금까지 표준보육과정과 유치원 교육과정의 신체표현과 관련된 내용을 살펴보았다. 이를 정리하면 [표 18]과 같다.

[표 18] 표준보육과정과 유치원 교육과정의 신체표현관련 내용

	내용 범주	만2세	만3~5세
기초영역	감각과 신체 인식 (나의 몸 인식하기)	•감각 능력 기르기 •감각기관 활용하기 •신체를 인식하고 움직이기	•감각 능력 기르기 •감각기관 활용하기 •신체를 인식하고 움직이기
	신체조절과 기본 운동 (나의 몸 움직이기)	•신체조절력 기르기 •신체균형감 기르기 •이동 운동하기 •비이동 운동하기 •조작 운동하기	•신체 조절력과 균형감 기르기 •이동 운동하기 •비이동 운동하기 •조작 운동하기 •움직임의 요소를 인식하고 움직이기
응용영역	탐색	•주변 환경의 예술적 요소 탐색 하기	•움직임에 관심 가지기 •움직임과 춤 탐색하기 •가작화 요소 탐색하기
	표현	•리듬 있는 소리, 노래, 춤으로 표현하기 •모방과 단순한 가작놀이하기	•움직임과 춤으로 표현하기 •극놀이로 표현하기 •통합적으로 표현하기 •창의적 표현과정 즐기기
	감상	•주변 환경의 예술적 요소에 관심 갖고 즐기기	•아름다움 느끼기 •춤 감상하기 •극놀이 감상하기 •예술적 표현 존중하기 •전통 예술 감상하기

저자는 앞서 신체표현교육의 내용으로 움직임과 (신체)표현, 느낌 드러내기와 생각 키우기가 필요함을 이야기하였다. 이번 절에서는 움직임과 (신체)표현에 관한 내용을 다루었다면 다음 절에서는 느낌과 생각 키우기에 관한 것을 다루고자 한다. 두 절에 걸친 내용은 마지막 절에서 신체표현교육의 내용으로 종합, 정리하고자 한다.

3] 느낌과 생각의 구체화, 확장 : 교육내용 구성의 토대

생각과 느낌이 구체화되고 풍부해질수록 신체표현은 다양해지고 섬세해질 수 있다. 예를 들어 평소의 생각과 이미지를 가지고 나무를 표현하는 경우와 나무의 모습을 직접 관찰하고 이에 관하여 생각과 느낌을 나눈 후의 표현은 나무의 형태와 움직임에 있어서 질과 양적으로 차이가 있을 것이다. 전자의 경우 일반적인 나무의 이미지 즉 양팔을 올리고 서 있는 모습이 표현될 가능성이 큰 반면, 후자의 경우는 바람에 가지가 흔들리는 모습, 어린 나무의 모습, 가지가 뻗어가는 모습, 늙은 느티나무의 안정감있는 모습 등 다양한 움직임이 표현될 수 있다.

그러므로, 표현할 주제에 관한 생각과 느낌을 구체화시키고 확장시키는 과정은 신체표현을 위해 매우 중요하다. 주제에 따라서 다소 차이가 있겠지만 대체로 느낌과 생각을 키우기 위해서는 주제에 대한 탐색과 상상이 필요하다. 탐색이 주제에 관련된 객관적이고 사실적인 정보를 수집할 수 있도록 한다면 상상은 허구와 변형을 가능하게 한다. 다음에서는 학자들의 견해를 바탕으로 탐색과 상상하기에 적절한 방법을 모색해보고자 한다.

가 철학놀이와 관련된 사고기술

조선희(2004)에 의해 개발된 철학놀이는 철학함의 방법을 활용하여 유아들이 스스로 올바르게 사고할 수 있는 능력을 기르는 것을 목표로 하고 있다. 그녀가 제시한 12가지의 사고기술은 주제에 대해 호기심을 갖게 하고 주제의 특성을 구체적이고 객관적으로 파악할 수 있게 해주며, 이로부터 의미를 구성, 확장할 수 있게 해 준다는 점에서 생각 키우기에 유용하다. 이 기술들은 신체표현을 위한 모든 주제 탐색과 상상활동에 사용이 가능하지만 특히 정서, 사상과 같이 철학적인 개념에 적절하다.

❶ 궁금증과 의문 가지기
❷ 궁금증과 의문을 질문으로 표현하기
❸ 자기의 생각에 대한 이유 말하기
❹ 사물들을 서로 비교하기

❺ 사물들의 관계를 파악하기
❻ 개념을 파악하기
❼ 구체적인 것에서 일반적인 것으로 개념을 확대하기
❽ 추론하기
❾ 다른 대상의 입장이 되어 보기
❿ 새로운 관점을 가지기
⓫ 자신의 사고에 대해 생각하기
⓬ 상상하기

나 과학적 탐구 방법

관찰하기, 분류하기, 측정하기, 추론하기, 실험하기, 의사소통하기(전경희, 2006)와 같은 과학적 탐구 방법은 탐구 대상에 대한 물리적, 논리·수학적, 사회적 지식을 획득하는데 도움을 준다는 점에서 생각 키우기에 유용하다. 오감을 활용하여 대상을 살펴보는 관찰하기와 대상의 길이, 크기, 무게, 부피를 재어보는 측정하기, 대상의 상태 변화 실험하기를 비롯해 다양한 문제해결을 위하여 적극적인 탐색활동을 펼치는 실험하기는 대상의 특징과 속성을 이해할 수 있다는 점에서 유용하다. 그리고 관찰, 측정, 실험을 통해서 얻어진 지식에 대하여 다른 사람과 생각을 교환하는 의사소통하기는 대상에 대한 지식을 명료화할 수 있다는 점에서 유용하다. 관찰, 측정, 실험하기는 모든 주제의 탐색에 적용가능하나 자연, 사람, 동식물, 사물 등과 같은 실제 대상의 탐색에 보다 적절하다.

다 미술감상과 비평기법

Arenas의 대화중심 감상법과 Feldman의 비평 단계는 미술작품에 대한 감상, 분석, 비평의 기회를 체계적으로 제공함으로써 미술작품에 대한 이해를 높인다는 점에서 생각 키우기에 유용하다. Arenas의 대화중심 감상법에서는 교사가 작품에 대해 일방적으로 설명하지 않고 학생과의 대화를 통해서 학생 스스로 작품을 관찰, 분석, 평가하도록 하며 평가의 근거를 제시하도록 하는데 다음의 두 가지 질문(박휘락, 2006, 148쪽)은 학생들이 미술작품을 관찰하고 작품의 주제와 조형적 특성을 파악하도록 하는데 유용하다.

첫째, 이것은 무엇일까? 혹은 무엇이 일어나고 있을까?
둘째, 무엇을 보고 그렇게 생각했니? 또한 어떻게 해서 그렇게 생각했니?

Feldman의 비평단계는 기술, 분석, 해석, 판단으로 이루어지는데 작품으로부터 관찰

되어지는 모든 것을 묘사하는 기술, 작품의 형식적인 특징을 살펴보는 분석, 작품의 의미를 고려하는 해석, 작품에 대한 평가를 내리는 판단의 단계를 통하여 학생들이 작품에 나타난 조형요소와 원리는 물론 작품의 의미와 작가의 의도를 파악할 수 있다는 점에서 유용하다.

아래에서 보는 바와 같이 학자들은 Feldman의 비평 단계에 따라 기본적 질문을 제시하기도 하고 단계를 간단하게 정리하기도 하였다.

- 무엇을 보고 있니?(기술)
- 물건들은(화면에) 어떻게 구성되어 있지? (형식분석)
- 미술가가 말하려고 하는 것은 무엇이니? (해석)
- 작품에 대하여 어떻게 생각하니? 그리고 왜? (좋아함–가치의 선택과 평가)

대강 살펴보는 단계 →	잘 살펴보는 단계 →	다시 잘 살펴보는 단계 →	작품의 좋고 나쁨의 선택 단계
↓	↓	↓	↓
• 처음 본 인상을 서술하기 • 작품에 나타난 내용을 모두 찾아 서술하기	• 색, 형, 표현방법, 내용 등을 따져보기 • 조형요소들이 어떤 조형원리들로 짜여 있는가를 살피고 이야기하기	• 제작된 시대의 상황, 작가의 생애, 작품에 관한 에피소드를 듣거나 조사해보기 • 자기 나름으로 어떤 작품인지 이야기 해보기	• 작품의 좋고 나쁨 등에 관한 선택과 그 이유를 창의적으로 서술하기

[그림 4] Feldman의 비평 단계(출처 : 박휘락, 2006, 214~215쪽 재인용)

Arenas와 Feldman의 감상법 및 비평단계는 작품에 대한 첫인상을 서술하는 것에서부터 작품의 내용, 조형요소와 원리, 작가의 의도, 작품의 의미를 파악하고 이를 언어로 명료화한다는 점에서 신체표현을 위한 주제 탐색의 방법으로 활용가능하다. 모든 주제에 적용이 가능하나 사진, 그림과 같은 시각적 자료를 탐색할 때 더욱 적절하다.

라. 창의적 발상법

창의성 연구자들에 의하여 개발된 발상법들은 발산적 사고를 도와준다는 점에서 생각키우기에 용이하다. 본서에서는 한국에서 가장 널리 사용되고 있는 10가지 기법(전경원, 2005)에 관하여 설명하고자 한다. 이 기법들은 자유롭게 아이디어를 떠올리는 자유연상법, 강제로 결합하거나 연상하여 아이디어를 떠올리는 강제연상법, 유추와 비유를 사용하여 문제의 해결을 위한 아이디어를 떠올리는 유추발상법으로 나누어진다. 아래의 내용은 전경원(2005, 441~476쪽)을 토대로 구성하였다.

■ 자유연상법

브레인스토밍은 문제나 주제에 대해 생각나는 모든 아이디어를 자유롭게 내놓는 것이다.

■ 강제연상법

❶ 색다른 용도법 : 주어진 사물의 원래 용도 이외의 다른 용도를 생각해보는 것이다. 예를 들어 책받침은 쟁반, 부채, 자, 햇빛가리개, 서표 등으로 사용할 수 있다.

❷ 강제결합법 : 문제에 대한 해결책을 찾거나 주제에 대하여 새로운 아이디어를 얻기 위하여 문제와 item들을 임의적으로 결합해보는 것이다. 문제와 결합할 item들이 어떠한 형태로 주어지는가에 따라서 목록표 작성법, 카탈로그 기법, 집중된 관계, 임의의 강제결합법 등의 유형이 있다. 목록표 작성법은 item을 목록화한 것이고 카탈로그 기법은 item이 카탈로그 형태로 제시되며, 집중된 관계는 문제와 관련된 item만을 카탈로그 형태로 제시한 것이다. 임의의 강제결합법은 item들이 들어있는 임의의 상자 두개를 마련하여 각각의 상자로부터 item을 하나씩 뽑아서 결합해 보는 것이다.

❸ 괴상한 해결법 : 문제나 주제에 관련하여 평범하지 않으며 재미있는 아이디어를 내어 놓는 것이다.

❹ 스캠퍼 기법 : 문제나 주제에 관하여 아래의 7가지 유형의 질문을 사용하여 아이디어를 내어 놓도록 하는 것이다.

S : 대체하기(Substitute)－이것을 무엇으로 대체할 것인가? 이것 대신에 무엇을 사용할 수 있을까?

C : 결합하기(Combine)－이것을 무엇과 결합할 수 있는가? 이것에 무엇을 더할 수 있을까?

A : 순응하기(Adapt)－이것과 비슷한 것은 무엇인가?

M : 수정하기(Modify)－이것을 어떻게 수정할 수 있을까? 이것의 색, 모양 등을 어떻게 바꿀 수 있을까?

M : 확대하기(Magnify)－이것을 확대해보면 어떨까? 이것을 어떻게 확대할 수 있을까?

M : 축소하기(Minify)－이것을 작게, 보다 가볍게, 짧게 만들 수 있는 방법은 무엇인가? 이것을 가볍게 하면? 속도를 늦추면? 분할하면? 횟수를 줄이면?

P : 다른 용도(Put to other uses?)－이것을 다른 용도로 사용할 수 있을까?

E : 제거하기(Eliminate)－이것으로부터 어떤 것을 제거한다면 어떨까?

R : 다시 정리하기(Rearrange)－이것을 어떻게 다시 정리할 수 있을까? 어떻게 하면 형식, 순서, 구성을 바꿀 수 있을까?

R : 반대로 하기 또는 순서 바꾸기(Reverse) : 이것을 어떻게 하면 반대로 할 수 있을까? 어떻게 하면 순서를 바꿀 수 있을까? 어떻게 하면 방향을 돌리거나 원래의 위치와 반대되는 곳에 놓을 수 있을까?

❺ 결점 열거법 : 주어진 사물, 대상의 결점을 열거해 보는 것이다.

❻ 희망열거법 : 주어진 사물, 대상에 대한 희망사항을 열거해 보는 것이다.

❼ 특성 목록법 : 문제에 관련된 구성 요소와 특성 요소를 세분화하고 개선 가능한 아이디어를 내어보는 것이다. 예를 들어 극장을 개선하는 방법에 관하여 특성목록법을 활용하면 [표 19]와 같다.

[표 19] 특성목록법 예시

문제 : 극장을 개선하는 방법의 모색		
구성요소	특성요소	개선하기 위한 아이디어
1. 매표소	• 작은 구멍이 나 있다. • 사람이 보이지 않는다. • 안에 있는 사람과 이야기하려면 몸을 구부린다. • 불투명 유리로 되어 있다. • 수동으로 되어 있다.	• 말소리가 잘 들릴 수 있도록 입높이 정도에 작은 구멍을 뚫어준다. • 안에 있는 사람을 볼 수 있게 투명 유리로 한다. • 자동표 판매기(자동기)를 설치한다.
2. 의자	• 등받이가 고정되어 있다. • 앞, 뒤 간격이 좁다. • 천으로 되어 있다. • 장애인 좌석이 없다.	• 등받이를 움직일 수 있도록 한다. • 앞 뒤 간격을 넓게 한다. • 오물이 배어들지 않도록 가죽시트로 바꾼다. • 어깨받이를 의자 가각에 설치하여 팔을 걸치기 편리하게 한다. • 음료수 등을 올릴 수 있는 받침대를 설치한다. • 앞사람 머리에 화면이 가리지 않도록 의자의 높이를 충분히 조정하여 설치한다.
3. 스크린	• 하나만 있다. • 고정되어 있다. • 스크린의 크기가 일정하다.	• 스크린을 앞 뒤 2개 또는 그 이상 설치한다. • 스크린의 크기를 더 크게 한다.
4. 바닥	• 지저분하다. • 콘크리트로 되어 있다. • 액체가 있으면 미끄럽다.	• 쓰레기를 바닥에 버리지 않도록 휴지통을 앞사람 좌석 뒤에 설치한다. • 미끄럼을 방지할 수 있는 바닥재질을 사용하거나 카펫을 깐다.
5. 매점	• 물건의 종류가 적다. • 바깥보다 가격이 비싸다.	• 종류를 다양하게 한다. • 가격을 비싸게 받지 않는다.
6. 조명 및 소리	• 영화가 시작하면 꺼진다. • 극장 자체에서 조정한다. • 소리가 일률적이다.	• 좌석에 아주 작은 개별 조명을 설치해 준다. • 소리를 개별적으로 조절할 수 있는 시설을 설치한다.

출처 : 전경원, 2005, 466~467쪽

❽ 형태학적 분석법 : 문제에 관련된 매개변수의 구성요소와 특성 요소들을 세분화하고 이를 가능한 모든 경우의 수로 조합해 보는 것이다. 매개변수는 보통 2~5개 정도가 편리하다. 폐품을 이용하여 시내버스 환경을 개선하는 방법을 형태학적 분

석법에 의하여 찾아보면 [표 20]과 같다.

[표 20] 형태학적 분석법 예시

문제 : 폐품을 이용하여 시내버스 환경을 개선할 수 있는 방법					
폐품변수 / 시내버스 환경변수	신문	병뚜껑	우유곽	헌 스타킹	다 쓴 볼펜
좌석	각 좌석에 신문을 두어 볼 수 있도록 한다.	의자 바닥 또는 등받이에 병뚜껑을 붙여 지압 효과가 있도록 한다.	우유곽을 이용하여 좌석에 개별 휴지통을 부착한다.		경로석에 앉는 사람에게 경고를 할 수 있도록 사용한다.
운전석	신문을 이용하여 햇볕 가리개를 만들어 부착한다.	운전석 핸들에 작은 병뚜껑을 붙여 핸들을 돌리기 쉽도록 한다.			
벨		벨 주변에 병뚜껑을 붙여 나이 드신 분들이 벨 위치를 쉽게 찾을 수 있도록 한다.			벨 옆에 끈으로 볼펜을 부착하여 벨을 쉽게 누르는데 사용한다.
손잡이				손잡이가 너무 높이 잡지 못하는 사람들을 위하여 스타킹을 길게 늘여 뜨려 준다.	손잡이에 줄을 달아 끝에 볼텐을 매달아 잡기 편하게 한다.
요금함		병뚜껑을 예쁘게 꾸며 요금함에 장식한다.		요금함을 열어 금액 분류할 때 주머니로 사용한다.	지폐를 넣었을 때 잘 들어가지 않을 경우에 쓸 수 있도록 매달아 둔다.
유리창	신문에서 예쁜 그림을 오려 장식한다.		우유곽을 펴서 햇빛 가리개로 설치한다.	유리창 손잡이에 스타킹을 달아 창문을 쉽게 열 수 있도록 한다.	
바닥	비오는날 신문을 깔아 미끄러지지 않도록 한다.		바닥에 우유곽으로 번호를 써서 붙여둔다. 탄 차례대로 번호에 서 있을 수 있도록 하고 자리가 나면 번호 차례대로 좌석에 앉는다.		

출처 : 전경원, 2005, 470쪽

■ 유추발상법

시네틱스는 유추와 비유를 활용하여 문제해결책을 상상해보는 것으로 환상유추, 직접유추, 개인유추가 있다. 환상유추는 가상으로부터 문제의 해결책을 유추해보는 것이며 직접유추는 실제 생활로부터 문제의 해결책을 유추해보는 것이다. 개인유추는 자신이 문제와 동일시되어 해결책을 유추해 보는 것이다. 예를 들어 멀리 있는 사람에게 물건을 전달하는 방법에 대해 커다란 지렛대를 사용하여 물건을 날려보낸다(환상유추)거나 말에게 짐을 실어 보낸다(직접유추)고 해결책을 제시할 수 있으며 직접 물건이 된다면 보내는 곳의 향취를 느낄 수 있는 포장지로 포장되어 전달되고 싶다(개인유추)는 제안을 할 수 있다.

창의적 발상은 자유연상, 강제연상, 유추와 비유를 통하여 주제에 관한 새롭고 다양한 아이디어를 산출하게 한다는 점에서 생각 키우기에 유용하다. 창의적 발상법들은 신체표현을 위한 모든 주제의 탐색에 적용가능하다.

지금까지 네 가지 유형의 방법들 즉, 철학놀이와 관련된 사고기술, 과학적 탐구 방법, 미술감상과 비평기법, 창의적 발상법을 소개하였다. 이 방법들은 신체표현주제에 대한 관찰, 분석, 의미구성 및 확장을 도와준다는 점에서 느낌 및 생각키우기에 유용하다고 생각된다. 앞서 언급했듯이 신체표현주제의 성격에 따라서 적용하기에 더욱 적절한 유형이 있다. 그렇지만 네 가지 유형의 모든 방법들을 종합적으로 적용할 때 주제에 대한 탐구가 더욱 체계적으로 이루어질 수 있을 것이다. 결과적으로 표현할 내용이 보다 명료해지고 풍부해질 것이다. 지금까지 소개한 방법을 종합하여 보면 크게 여섯 가지 유형으로 구분된다. 이를 본서에서는 신체표현주제 탐구를 위한 방법이라고 명명하도록 한다.

마. 신체표현주제 탐구방법

신체표현주제 탐구 방법은 주제에 대한 호기심 갖기, 주제에 대한 정보 수집하기, 주제에 대한 정보를 분석하고 의미 파악하기, 주제에 대한 의미 구성하기, 주제에 대한 의미 확장하기, 주제에 대하여 의사소통하기로 구분되며 구체적인 내용은 [표 21]과 같다.

지금까지의 내용을 종합하여 신체표현교육의 내용을 정리하면 다음과 같다. 신체표현교육의 내용은 신체표현의 기초영역, 응용영역 그리고 생각 키우기와 느낌 드러내기로 구분된다. 신체표현의 기초영역은 움직임의 기본요소 및 기본 움직임을 다루며 응용영역은 기본 요소와 기본 움직임의 활용성에 초점을 맞춘 것으로 창의적 움직임, 연극놀이, 몸짓놀이를 포함한다. 이 내용은 유아를 위한 신체표현교육의 내용이 됨은 물론 교사를 위한 교육의 내용으로도 활용가능하다. 또한 신체표현교육의 내용은 표현주제에 대한 느낌과 생각키우기를 포함한다.

4] 영유아를 위한 신체표현의 내용 : 신체표현의 기초, 응용/느낌 드러내기와 생각 키우기

가. 신체표현의 기초영역

움직임의 기초영역에 대한 학자들의 견해와 표준보육과정과 유치원 교육과정의 내용

(표 22)을 종합해 볼 때 보육과정 및 교육과정의 감각과 신체 인식(나의 몸 인식하기), 신체조절력 및 균형감 기르기가 신체요소에 포함되고 이동, 비이동 운동이 이동 움직임과 비이동 움직임에 해당되며, 조작 운동이 관계 요소에서 다뤄질 수 있으므로 신체표현의 기초 영역은 움직임의 기본 요소와 기본 움직임으로 나눌 수 있다. 움직임의 기본 요소에는 신체, 공간, 노력, 관계가, 기본 움직임에는 이동 움직임과 비이동 움직임이 포함된다. 구체적인 내용은 [표 23]과 [표 24]와 같다.

[표 21] 신체표현 주제 탐구 방법

내용	예시1(나무)	예시2(마티스의 춤:그림)
❶주제에 대한 호기심 갖기 -궁금증과 의문 가지기 -궁금증과 의문을 질문으로 표현하기	-나무는 어떻게 자랄까? -바람이 불면 나무는 어떻게 될까?	-그림의 제목을 춤이라고 한 이유는? -그림에서 특정한 선, 색, 모양 등을 사용한 이유는?
❷주제에 대한 정보 수집하기 -관찰, 측정, 실험 및 기술하기 -대상에 대한 첫인상, 첫 느낌 기술하기 -오감각을 활용하여 대상을 관찰하고 결과를 기술하기 -대상에 대하여 측정, 실험하고 결과를 기술하기	-오감을 활용하여 나무(실물)를 관찰하고 결과 기술하기 -나무의 둘레, 길이 등을 측정하기 -나무에 대한 첫인상, 첫 느낌을 이야기하기 -실물, 사진 동영상 자료를 통하여 나무의 성장과정 및 바람이 불 때의 나무 모습 알아보기	-그림의 첫 느낌에 대해 이야기하기 -그림에서 보이는 것을 기술하기
❸주제에 대한 정보를 분석하고 의미 파악하기 -분석, 비교하기 -사물들의 관계를 파악하기 -개념을 파악하기 -구체적인 것에서 일반적인 것으로 개념을 확대하기	-어린나무와 큰나무에 대한 관찰, 측정 결과 비교하기(형태의 특징, 둘레, 높이의 차이 등) -평상시와 바람 부는 날의 나무의 모습의 차이를 비교하기, 바람의 세기와 방향에 따른 차이 비교하기	-그림에 사용된 조형요소와 원리를 살펴보기
❹주제에 대한 의미 구성하기 -추론하기 -해석 -가치판단	-어린 나무는 큰 나무에 비하여 가늘고 키가 작다. -바람의 세기와 방향에 따라서 나무의 움직임과 형태가 다르다.	-그림이 제작된 상황, 작가의 생애, 작품세계, 작가의 의도 등에 관하여 알아보기
❺주제에 대한 의미 확장하기 -다른 대상의 입장이 되어 보기 -새로운 관점을 가지기 -상상하기 -연상하기(자유연상, 강제연상) -유추하기(유추발상)	-바람이 불 때 나무의 몸과 마음은 어떨까? 무거울까? 가벼울까? 기쁠까? 슬플까? -만약에 비가 온다면 나무는 어떻게 될까? -나무하면 떠오르는 것은? -바람으로부터 나무를 보호할 수 있는 방법은?	-옛날 사람들이 이 그림을 보았다면? -그림 속에 그려 넣고 싶은 것은? -그림 속의 인물들이 살아있다면? 어떤 말을 했을까? 어떤 움직임, 어떤 기분을 느꼈을까? -만약 먹물로 그렸다면? -내가 그림 속으로 들어간다면?
❻주제에 대하여 의사소통하기 -자기의 생각에 대한 이유 말하기 -자신의 사고에 대해 생각하기	-말한 것에 대한 이유를 말하기	-말한 것에 대한 이유를 말하기

[표 22] 표준보육과정과 유치원 교육과정의 신체표현관련 내용종합(신체운동, 건강생활영역)

연령	내용 범주	내용	
만2세	감각과 신체 인식	• 감각 능력 기르기	• 감각적 차이에 반응한다.→다양한 감각적 차이에 반응한다.
		• 감각기관 활용하기	• 감각 기관으로 주변 환경을 탐색한다.
		• 신체를 인식하고 움직이기	• 손, 발, 얼굴 등 기본적인 신체 명칭을 안다.→신체 각 부분의 명칭을 안다. • 신체 각 부분의 움직임을 탐색한다.
	신체조절과 기본 운동	• 신체조절력 기르기	• 팔, 다리의 움직임을 조절한다.→팔, 다리, 목, 허리 등의 움직임을 조절한다.
		• 신체균형감 기르기	• 안정된 자세를 시도한다.
		• 이동 운동하기	• 안정된 걷기 등 이동 운동을 한다.
		• 비이동 운동하기	• 몸을 펴고 굽히는 등 간단한 비이동 운동을 시도한다.→팔과 몸통을 움직여 보는 등 간단한 비이동 운동을 시도한다.
		• 조작 운동하기	• 간단한 사물을 조작한다. • 공던지기 등 간단한 조작 운동을 한다.→공차기 등 간단한 조작 운동을 한다.
만 3~5세	감각과 신체 인식 (나의 몸 인식하기)	• 감각 능력 기르기	• 감각적 차이를 구분한다.→미세한 감각적 차이를 구분한다.
		• 감각기관 활용하기	• 여러 감각기관을 활용한다.→여러 가지 감각 기관을 협응하여 활용한다. • 감각으로 대상이나 사물의 특징과 차이를 인식한다.
		• 신체를 인식하고 움직이기	• 신체 각 부분의 명칭을 안다.→신체 각 부분의 구조와 기능을 이해한다. • 신체 각 부분의 움직임을 인식한다.→신체 각부분의 특징을 알고 움직인다.→신체 각 부분의 특징을 활용하여 움직인다. • 자신의 신체 능력을 긍정적으로 인식한다.
	신체조절과 기본 운동 (나의 몸 움직이기)	• 신체 조절력과 균형감 기르기	• 안정된 자세를 취한다.→신체균형을 유지하면서 다양한 자세를 취한다. • 신체 각 부분의 움직임을 조절한다. • 바른 자세로 앉고 선다.→바른 자세로 걷는다.
		• 이동 운동하기	• 빨리 걷기, 달리기 등 다양한 이동 운동을 시도한다.→안정된 자세로 달리기 등 다양한 이동 운동을 한다.→두 발로 뛰기, 빠르게 달리기 등 이동 운동을 능숙하게 한다.
		• 비이동 운동하기	• 팔과 몸통을 움직여 보는 등 비이동 운동을 한다.→몸을 흔들거나 꼬기 등 여러 가지 비이동 운동을 한다.→한 발로 균형 잡기 등 숙련된 자세의 비이동 운동을 한다.
		• 조작 운동하기	• 가위나 크레파스 등 간단한 도구를 사용해 본다.→그리기나 만들기 도구 등을 활용한다.→그리기나 만들기 도구 등을 능숙하게 활용한다. • 공을 던지거나 잡기 등 조작 운동을 한다.→도구를 활용하여 여러 가지 조작 운동을 한다.
		• 움직임의 요소를 인식하고 움직이기	• 동작의 크기나 빠르기 등 동작의 요소(공간, 시간, 흐름, 힘)를 인식한다.→동작의 크기나 빠르기 등 동작의 요소(공간, 시간, 흐름, 힘)을 활용하여 움직인다.

[표 23] 신체표현의 기초영역 : 움직임의 기본 요소

기본 요소	하위 요소	
신체	전신움직임	이동 움직임
		비이동 움직임
	신체 부분 움직임	신체 한 부분 만 독립적으로 움직이기
		한 부분으로 움직임 이끌기
		무게 중심 이동하기, 신체 무게 지지하기
		힘을 적용하기
		무게 혹은 힘을 받아 들이기
	신체 형태	직선, 곡선, 각지게, 꼬인, 대칭, 비대칭, 이동 또는 정지된 모양, 좁게, 넓게
	균형	균형 상태/불균형 상태
	조절	신체 조절력 기르기
	감각	감각능력기르기, 감각 기관 활용하기
공간	장소, 영역	개인 공간/전체 공간
	높이, 수준	높은, 중간, 낮은
	방향	전/후, 좌/우, 상/하, 45도측면 8방향
	경로	이동경로, 공중경로, 직선, 곡선, 직선과 곡선의 조합, 지그재그, 각지게, 꼬인선, 여러 가지 도형
	범위, 크기	신체 부분들을 가까이, 멀리(넓게/좁게, 길게/짧게, 크게/작게)
	초점	한 개의 초점/여러 개의 초점
노력	공간	개방적 공간/폐쇄적 공간, 직접적/간접적, 똑바로/유연하게
	시간	속도(빠르게, 보통, 느리게, 점점 빠르게/점점 느리게)
		길이(오랫동안/잠깐)
		리듬, 움직임 패턴(규칙적/불규칙적, 패턴, 액센트)
	힘	강한/약한
		에너지(부드럽게, 지속적으로, 날카롭게, 갑자기)
		무게(무겁게/가볍게)
	흐름	자유로운/통제된
관계	신체 부분과 부분의 관계	모으기/벌리기(떨어진/모인), 위/아래, 위쪽에/아래쪽에, 바로 위/바로 아래, 앞/뒤, 앞/뒤/옆으로 멀리 또는 가까이, 가까운/먼,
	파트너나 집단간의 관계	똑같이 하기, 거울되기, 메아리 되기, 다 같이 하기, 이어서 하기, 그림자 되기, 부르고 응답하기, 반대로 하기, 연결하기, 지탱하기, 지지받기, 만남과 헤어지기 위/아래, 떨어져서/함께, 뒤/앞/옆, 가까운/먼, 위쪽에/아래쪽에, 혼자/함께
	물체와의 관계	가까이, 밀접하게, 멀리, 떨어져서, 위로/아래로, 바로 위와 바로 아래로, ~위에/아래에, 접속하여 위에, 통과해서, 앞으로/뒤로, 뒤에/앞에, 바로 옆에, 옆으로, 주변에서/사이로, 안으로/바깥으로, 오르기/내려오기

[표 24] 신체표현의 기초영역 : 기본 움직임

이동 움직임	비이동 움직임		
발을 이용하여 지지하기 ❶걷기 ❷달리기 ❸뛰어 오르기 ❹외발뛰기 ❺스킵 ❻건너뛰기 ❼멀리뛰기 ❽날기 ❾미끄러지기/옆으로 걷기 ❿갤럽 ⓫조합된 동작들(두발로 뛰어 한발로 착지하기)	❶진동, 흔들림과 관련된 것 떨기 진동하기 흔들리기 흔들기 가볍게 두드리기	❷회전과 관련된 것 돌기 제자리 돌기 빙글빙글 돌기 휘돌기 돌리기	❸비틀기와 관련된 것 비틀기 꼬기 짜기
다른 신체 부위로 지지하기 ⓬구르기 ⓭네발로 기어가기/몸으로 기어가기 ⓮미끄러져 내리기 ⓯조합된 신체 부위	❹신체 부위간의 멀고 가까움에 관련된 것 뻗기(펴기)/구부리기 터지기 말기 열기 닫기	❺신체 높이 변화와 관련된 것 뜨기 떠오르기 가라앉기 들어올리기 허물어지기 떨어지기(나뭇잎, 빗방울) 파기 내리치기 누르기	❻신체의 전후 움직임과 관련된 것 밀기 당기기 차기 찌르기 주먹으로 치기 (복싱하듯이) 가볍게 치기
	❼기타 날쌔게 피하기 멈추기 균형잡기 제스쳐		

나 신체표현의 응용영역

학자들의 견해와 표준보육과정 및 유치원 교육과정의 내용을 종합(표25)해 볼 때, 신체표현교육의 응용영역은 창의적 움직임(춤), 연극놀이(극놀이), 몸짓놀이(마임)으로 구분되며, 각 활동영역은 탐색, 표현, 감상으로 세분화된다. 구체적인 내용은 [표 26]과 같다.

[표 25] 표준보육과정과 유치원 교육과정의 신체표현관련 내용종합(예술경험, 표현생활영역)

연령	내용 범주	내 용	
만2세	탐색	• 주변 환경의 예술적 요소 탐색 하기	• 주변 환경에서 나는 다양한 소리와 움직임을 탐색한다.
	표현	• 리듬 있는 소리, 노래, 춤으로 표현하기 • 모방과 단순한 가작놀이하기	• 노래나 리듬에 맞춰 춤추기를 즐긴다.→간단한 도구를 이용하여 몸 움직이기를 한다. • 모방행동을 놀이처럼 즐긴다.→일상생활에서 경험한 단순한 가작화 놀이를 즐긴다.
	감상	• 주변 환경의 예술적 요소에 관심 갖고 즐기기	• 자연과 생활의 소리나 움직임, 친근한 음악과 춤을 관심 있게 보고 듣는다.
만 3~5세	탐색	• 움직임에 관심 가지기 • 움직임과 춤 탐색하기 • 가작화 요소 탐색하기	• 자연과 주위 환경에서 볼 수 있는 움직임과 춤에 관심을 가지고 탐색한다.→자연과 주위 환경에서 볼 수 있는 움직임을 보고 구별한다, 움직임과 춤의 요소를 탐색한다. • 가상적 움직임과 목소리를 탐색한다.→역할, 사물, 행동이나 상황 등 가작화 요소를 탐색한다.→관객, 배우, 무대 등 극놀이의 기본적인 요소를 탐색한다.
	표현	• 움직임과 춤으로 표현하기 • 극놀이로 표현하기 • 통합적으로 표현하기 • 창의적으로 표현과정 즐기기	• 신체를 이용하여 친숙한 대상의 움직임을 표현한다.→신체를 이용하여 주변의 움직임을 다양하게 표현한다. • 다양한 자극에 대해 느낀 것을 춤이나 움직임으로 자유롭게 표현한다.→간단한 춤을 만들어서 표현한다. • 도구를 활용하여 움직임을 창의적으로 표현한다. • 움직임과 춤을 통해 생각과 느낌을 자유롭게 표현한다. • 일상생활에서 경험한 내용의 역할놀이에 참여한다.→다양한 역할, 사물, 행동, 상황이 설정된 극놀이에 참여한다.→사전계획을 세워 협동적으로 극놀이를 한다. • 간단한 이야기나 상상한 것을 극화해 본다.→소품, 배경, 의상 등을 사용하여 극놀이를 한다.→음악, 미술, 춤을 극놀이에 활용한다. • 다양한 소재에 대해 음악, 움직임, 미술, 극놀이를 통합하여 표현한다. • 예술 활동에 참여하여 표현과정을 즐긴다.→다양한 예술 활동을 스스로 선택하여 시도한다.
	감상	• 아름다움 느끼기 • 춤 감상하기 • 극놀이 감상하기 • 예술적 표현 존중하기	• 친근한 여러 종류의 춤을 보고 즐긴다.→여러 종류의 춤을 보고 생각과 느낌을 서로 이야기 한다. • 극놀이를 보고 즐긴다.→극 놀이를 보고 생각과 느낌을 서로 나눈다. • 나와 다른 사람의 예술 표현을 소중히 여긴다.→나와 다른 사람의 예술 표현의 차이를 느낀다. • 전통 예술에 관심을 갖고 친숙해진다.→전통 예술을 즐긴다.

신체 표현의 주제는 자연, 사람, 동물, 교통 수단, 기계, 운동, 예술작품, 일상생활, 감정과 정서, 사상 등 다양한 주제를 선택할 수 있으며, 자극에 의한 즉흥표현인 경우는 청각적 자극, 시각적 자극, 문학적 자극, 촉각적 자극 및 도구에 의한 자극을 사용할 수 있다.

극놀이를 위해서는 워밍업, 비언어적 표현(음향의 표현, 정지된 장면, 역할 굴리기,

리듬과 움직임, 판토마임), 언어적 표현(즉흥표현, 역할놀이, 보여주고 설명하기, 기념식, 몽타주, 이야기 극화넣기), 소품 및 공간꾸미기 등을 기법을 사용할 수 있다.

[표 26] 신체표현의 응용영역

	탐 색	표 현	감 상
창의적 움직임(춤)	• 움직임과 춤 탐색하기: 다양한 움직임과 춤 탐색하기 움직임을 보고 구별하기 움직임과 춤의 요소 탐색하기	• 창의적 움직임, 춤으로 표현하기 : 춤추기를 즐기기 움직임의 기본 요소와 기본 움직임을 결합하여 창의적 움직임, 춤으로 표현하기 움직임의 기본 요소와 기본 움직임을 결합하여 다양한 자극에 대해 느낀 것을 춤이나 움직임으로 자유롭게 표현하기	• 움직임, 춤 감상하기: 여러 종류의 춤을 즐기기 • 감상을 이야기 나누기 나와 다른 사람의 표현을 소중히 여기고 차이를 느끼기 • 전통 예술에 관심 갖고 즐기기
연극놀이(연극)	• 가작화 요소 탐색하기 : 가상적 움직임과 목소리 탐색하기 가작화 요소 탐색하기 극놀이의 기본적 요소 탐색하기	• 모방과 단순한 가작놀이하기 : 모방행동 즐기기 일상생활의 경험을 가지고 단순한 가작화 놀이 즐기기 • 극놀이로 표현하기 다양한 연극놀이의 기법을 활용하여 극놀이로 표현하기(역할놀이, 극놀이, 협동적 극놀이하기)	• 극놀이 감상하기: 극놀이를 즐기기 감상을 이야기 나누기 • 나와 다른 사람의 표현을 소중히 여기고 차이를 느끼기 • 전통 예술에 관심 갖고 즐기기
몸짓놀이(마임)	• 가작화 요소 탐색하기	• 모방과 단순한 가작놀이하기: 모방행동 즐기기 • 마임으로 표현하기	• 마임 감상하기: 마임을 즐기기 감상을 이야기 나누기 • 나와 다른 사람의 표현을 소중히 여기고 차이를 느끼기 • 전통 예술에 관심 갖고 즐기기
통합적으로 표현하기		• 창의적 움직임(춤), 극놀이, 몸짓놀이(마임)를 통합하여 표현하기	

다 생각키우기, 느낌 드러내기

신체표현주제에 대한 탐구를 통하여 주제에 대한 느낌과 생각을 키우는 것은 신체표현교육의 중요한 내용 중에 하나다. 표현주제의 탐구를 위하여 다음의 방법을 사용할 수 있다.

❶ 주제에 대한 호기심 갖기

- 궁금증과 의문 가지기
- 궁금증과 의문을 질문으로 표현하기

❷ 주제에 대한 정보 수집하기

- 관찰, 측정, 실험 및 기술하기

- 대상에 대한 첫인상, 첫 느낌 기술하기
- 오감각을 활용하여 대상을 관찰하고 결과를 기술하기
- 대상에 대하여 측정, 실험하고 결과를 기술하기

❸ 주제에 대한 정보를 분석하고 의미 파악 하기

- 분석, 비교하기
- 사물들의 관계를 파악하기
- 개념을 파악하기
- 구체인 것에서 일반적인 것으로 개념을 확대하기

❹ 주제에 대한 의미 구성하기

- 추론하기
- 해석
- 가치판단

❺ 주제에 대한 의미 확장하기

- 다른 대상의 입장이 되어 보기
- 새로운 관점을 가지기
- 상상하기
- 연상하기(자유연상, 강제연상)
- 유추하기(유추발상)

❻ 주제에 대하여 의사소통하기

- 자기의 생각에 대한 이유 말하기
- 자신의 사고에 대해 생각하기

2 신체표현을 위한 교수 원리

본서에서는 다음과 같은 교수원리에 입각하여 신체표현교육을 전개하고자 한다. 첫째, 신체표현활동은 형식적인 학습이 아닌 놀이가 되어야 하며, 표현 주제 및 움직임에 대한 탐색과 과정을 중시한다. 둘째, 신체표현교육의 내용이 통합적이고 단계적으로 다루어 지도록 한다. 즉 신체표현의 기초영역과 응용영역간의 조화와 균형을 중시하며, 몸 풀기, 움직임에 대한 기초적 이해, 자유롭게 움직이기, 창작과 표현활동이 단계적으로 이루어지도록 한다. 셋째, 표현 주제에 대한 탐구와 움직임 탐구 및 표현이 조화를 이루도록 한다. 즉, 표현주제에 대한 느낌과 생각키우기, 움직임의 탐색, 움직임의 표현이 연계를 이루도록 한다. 넷째, 신체표현활동을 통하여 창의성이 개발되도록 한다.

1] 놀이, 탐색, 과정으로서의 신체표현교육

서문에서 밝힌 바와 같이 본서에서 추구하는 신체표현교육의 목적은 전인발달에 있다. 신체표현교육이 유아를 대상으로 이루어지건 교사를 대상으로 하건 신체표현교육은 기술과 테크닉의 일방적 전달과 지시, 모방보다는 다양한 움직임과 표현방법의 탐색에 초점을 두어야 하며, 결과보다는 과정이 존중되어야 한다. 따라서 신체표현교육은 하나의 놀이가 되어야 한다. 신체표현영역인 무용, 연극, 마임을 창의적 움직임, 연극놀이, 몸짓놀이로 지칭한 이유가 여기에 있다.

2] 신체표현교육 내용의 통합적, 단계적 제시

신체표현교육의 기초영역과 응용영역이 통합적으로 제시됨으로써 움직임에 대한 기본적 이해를 높임과 동시에 이를 춤, 연극, 마임으로 응용할 수 있는 능력을 길러줄 필요가 있다. 교육 내용을 몸 풀기, 움직임에 대한 기본적 이해, 움직임 요소와 기본 움직임 활용하기(기초영역), 자유롭게 움직이기, 창작 및 표현(응용영역)으로 단계화하여 표현능력을 단계적으로 향상시킬 수 있도록 한다.

3] 표현 주제에 대한 탐구와 움직임 탐구 및 표현의 조화

신체표현활동은 표현주제에 대한 탐구로부터 시작된다. 주제에 대한 느낌과 생각이 구체화되고 확장될 때 신체표현은 더욱 다양하고 정교해진다. 따라서 다양한 기법을 활용하여 주제에 대한 탐구가 이루어질 수 있도록 해야하며 탐구의 결과가 신체를 통하여 적절히 표현될 수 있도록 움직임의 탐색이 이루어져야 한다. 주제탐구와 움직임의 탐구 및 표현은 연계를 이루어야한다.

4] 창의적 방법

주제탐구는 물론 움직임의 탐색과 표현에 있어서 창의적 발상기법을 활용하여 창의성이 개발될 수 있도록 한다.

3 신체표현활동의 개발

1] 활동 개발에 고려된 요소

앞서 제시한 신체표현교육의 내용과 교수원리에 기초하여 신체표현활동을 개발하고자 하였으며 구체적으로 다음과 같은 요소가 고려되었다.

❶ 주제 탐색 기법(표21)
❷ 움직임의 기본 요소(표23)
❸ 기본 움직임(표24)
❹ 신체표현의 응용영역(표26)
❺ 연극놀이기법
❻ 4 가지 교수원리

이외에도 본 저자가 자체 개발한 양식들을 참고하였다(아래).

❼ 표현주제의 유형과 내용에 관련된 것(표 27)
❽ 표현주제에 대한 브레인스토밍과 관련된 것(표 28, 표 29)
❾ 신체표현방법에 관련된 것(표 30)

이중에서 ❼,❽은 신체표현활동의 주제를 선택할 때에, ❷,❸,❹는 활동의 내용, ❹,❺,❻,❾는 활동의 방법을 선정할 때 참고하였다. 위의 요소들을 다양한 방법으로 조합함으로써 무수히 많은 활동을 개발할 수 있다(표 31, 표 32).

[표 27]은 신체표현활동에 사용할 수 있는 표현주제의 유형과 그 예를 제시하고 있으므로 표현 주제를 선정할 때 참고하면 도움이 된다. [표 27]의 주제들은 관련서적을 참고하거나 [표 28], [표 29]와 같이 브레인스토밍기법을 사용하여 보다 세분화시킬 수 있는데 브레인스토밍기법을 사용할 때는 주제의 성격을 고려할 필요가 있다. 만약 표현주제가 기본 움직임 또는 움직임의 기본요소라면 [표 28]과 같이 각각의 움직임 또는 움직임의 기본요소를 다양한 가상의 상황과 결합시켜 볼 수 있다. 만약 신체표현 주제가 물, 바람, 의자 등의 구체적인 대상이라면 [표 29]와 같이 대상에 대한 객관적 사실, 느낌, 이미지 등을 브레인스토밍 할 수 있다. 주제에 관한 브레인스토밍 방법은 활동계획안 작성방법에서 보다 구체적으로 다루고자 한다.

[표 27] 표현 주제의 유형과 내용

유형	내 용	하위 내용	예 시
움직임	이동 움직임		
	비이동 움직임		
	움직임의 요소		신체, 공간, 노력, 관계
자연	생명과학	동물	포유류, 조류, 파충류, 양서류, 어류, 공룡
		식물	수생식물, 육지식물, 관다발식물
		인체	
	지구과학	천체	하늘, 해, 달, 별, 지구
		지질	땅-바위, 돌, 흙, 모래/물-강, 호수, 바다/공기
		기상	봄, 여름, 가을, 겨울, 바람, 비, 눈, 구름, 번개와 천둥
	물상과학	물리	마차, 진자, 빛, 그림자, 열, 소리, 전기, 중력, 저항, 자석
		화학	고체, 액체, 기체, 색깔
문명과 문화	도구와 기계		축바퀴-교통수단, 지레, 빗면, 나사, 도르레
	수공예, 공산품		
	문화예술	음악	성악, 기악, 작곡
		시각, 공연예술	회화, 조각, 공예, 디자인, 사진, 건축, 만화, 애니매이션, 마임, 뮤지컬, 연극, 영화
		무용	발레, 현대무용, 후기현대무용, 민속무용
		문학	시, 소설, 수필, 희곡
		전통예술	
	풍속과 일상생활		의, 식-요리, 주, 노동-직업, 여가, 출생, 관, 혼, 상, 제
	사상과 윤리		자유, 평등, 박애, 정의, 평화, 사랑, 행복, 아름다움, 삶, 죽음
기타	정서	부정적 정서	분노, 울부짖음, 억압, 적개심, 두려움, 불안, 슬픔, 수치심
		긍정적 정서	즐거움, 기쁨, 아늑함, 편안함, 해방감, 안전감

[표 28] 표현주제(움직임)에 관한 브레인스토밍

주제		가상적 상황
이동 움직임	걷기	사람들의 다양한 걷기(성장발달-어린아이, 청소년, 성인, 노인처럼 걷기/직업-군인, 발레리나, 경보선수, 모델처럼 걷기 등/상황-반가운 사람을 만나러 가는 걷기, 누군가를 미행하며 걷기 등) 동물들의 다양한 걷기(오리, 코끼리, 참새, 거북이, 사슴 등)
비이동 움직임	뻗기	높은 곳의 물건을 내리기 위하여 손을 뻗기, 등산하는 사람을 돕기 위하여 손을 뻗기, 펜싱에서 상대를 공격하기 위하여 손을 뻗기 등
움직임의 기본 요소	노력-무게	새털처럼 가볍게, 구름처럼 가볍게, 피아노 선율처럼 가볍게, 물에 젖은 솜처럼 무겁게, 역도 선수처럼 무겁게, 첼로선율처럼 무겁게 등

[표 29] 표현주제(물)에 관한 브레인스토밍

주제	관찰 및 분석				동작단어	이미지, 떠오르는 생각
	활동	날씨	색	느낌		
물	바다 강 세탁 폭포수 생명수 수도 하수구 청소 설거지	소낙비 보슬비 눈 폭풍우 서리 태풍 장마 안개	파란 초록 검푸른 하얀 투명한	고요한 차가운 간지러운 깨끗함 중압감 촉촉함	똑똑 떨어지는 흐르는 듯한 굽이쳐 흐르는 낙하하는 잔물결 같은 소용돌이치는 물장구치는 파동치는 가라앉는 뒤섞이는 쏟아지는	여름해변가 세탁기 물총 비 목욕탕 수영장 겨울바다 해저탐험 난파선 눈물 파도 수재민

출처:한국무용교육학회(2006), 223쪽

신체표현의 방법은 [표 30]에서 보듯이 다양하다. 예를 들어 신체표현을 위한 계획의 유무에 따라서 계획적인 활동이 될 수도 있으며 즉흥활동이 될 수도 있다. 또한, 신체표현 활동이 하나의 동작을 중심으로 이루어질 수 도 있으며 동작들이 어우러져 이야기를 만들거나 춤, 마임, 연극적인 장르로 표현될 수 도 있다. 이외에도 신체표현의 구조화, 구체성, 사실성, 창조성 여부에 따라서 신체표현은 달라질 수 있으며, 표현의 도구사용 여부 및 종류, 관계설정, 활동 장소도 신체표현을 다양하게 만든다.

[표 30] 신체표현의 다양한 방법

내용	하위 내용
계획의 유무	사전계획수립, 즉흥
표현 유형	개별 동작, 스토리극, 장르예술(춤, 마임, 연극)
표현의 구조화	구조화, 비구조화
표현의 구체성	구체적 표현, 추상적 표현
표현의 사실성	사실적 표현, 허구적 표현
표현의 창조성	자료 탐색 후 표상, 창작
표현의 도구	신체로만 표현, 도구(소품, 의상, 배경, 음악, 기자재)의 사용
관계	혼자서, 그룹으로
장소	실내, 실외

주제탐색기법에서 신체표현방법에 이르기까지 앞서 제시한 총 9가지의 요소들을 [표 31]과 같이 형태분석학적인 방법을 활용하여 조합할 경우 다양한 활동을 개발할 수 있다. [표 32]는 나무를 주제로 한 활동의 개발사례이다.

[표 31] 요소 조합을 통한 활동 개발 양식(형태학적 분석방법)

신체표현의 방법		주제(신체표현의 내용)			
		1. 움직임	2.자연	3. 문명과 문화	4. 기타
주제 탐색 기법 (생각 키우기)	1.주제에 대한 호기심 갖기 2.주제에 대한 정보 수집하기 3. 주제에 대한 정보를 분석하고 의미 파악하기 4. 주제에 대한 의미 구성하기 5. 주제에 대한 의미 확장하기 6. 주제에 대하여 의사소통하기				
연극놀이 기법	1. 준비단계 2. 비언어적 표현 3. 언어적 표현 4. 소품 및 공간꾸미기				
표현 방법	1. 계획의 유무 2. 표현 유형 3. 표현의 구체성 4. 표현의 사실성 5. 표현의 창조성 6. 표현의 도구 7. 관계 8. 장소				

[표 32] 요소 조합을 통한 활동 개발 예시(나무)

신체표현의 방법		주제(나무)
주제 탐색 기법 (생각 키우기)	1. 주제에 대한 호기심 갖기	• 나무는 어떻게 자랄까? • 바람이 불면 나무는 어떻게 될까?
	2. 주제에 대한 정보 수집하기	• 오감을 활용하여 나무(실물)를 관찰하고 결과 기술하기 • 나무의 둘레, 길이 등을 측정하기 • 나무에 대한 첫인상, 첫 느낌을 이야기하기 • 실물, 사진 동영상 자료를 통하여 나무의 성장과정 및 바람이 불 때의 나무 모습 알아보기
	3. 주제에 대한 정보를 분석하고 의미 파악하기	• 어린나무와 큰나무에 대한 관찰, 측정 결과 비교하기(형태의 특징, 둘레, 높이의 차이 등) • 평상시와 바람부는 날의 나무의 모습의 차이를 비교하기, 바람의 세기와 방향에 따른 차이 비교하기
	4. 주제에 대한 의미 구성하기	• 어린 나무는 큰 나무에 비하여 가늘고 키가 작다. • 바람의 세기와 방향에 따라서 나무의 움직임과 형태가 다르다.
	5. 주제에 대한 의미 확장하기	• 바람이 불 때 나무의 몸과 마음은 어떨까? 무거울까? 가벼울까? 기쁠까? 슬플까? • 만약에 비가 온다면 나무는 어떻게 될까? • 나무하면 떠오르는 것은? • 바람으로부터 나무를 보호할 수 있는 방법은?
	6. 주제에 대하여 의사소통하기	• 말한 것에 대한 이유를 말하기

연극놀이 기법	1. 준비단계	• 간단한 몸 풀기 활동(원으로 걷기, 달리기 등)을 하기
	2. 비언어적 표현	• 나무에 관한 소리, 음악을 듣고 생각, 느낌, 이미지 표현하기 • 나무의 모습을 정지 동작으로 표현하기 • 리듬에 따라서 바람에 흔들리는 나무의 움직임을 표현하기 • 판토마임으로 나무의 성장과정을 표현하기
	3. 언어적 표현	• 나무심기에 관하여 즉흥적으로 연기하기 • 가상의 상자에서 물건을 꺼내어 나무에 얽힌 추억을 이야기하기 • 나무에 관한 이야기를 만들어 극으로 표현하기
	4. 소품 및 공간꾸미기	• 다양한 오브제를 사용하여 극에 사용될 의상, 공간을 꾸며보기
표현 방법	1. 계획의 유무	• 나무를 표현하기 위하여 사전에 계획을 세우기, 즉흥적으로 나무를 표현하기
	2. 표현 유형	• 뻗기를 활용하여 나무를 표현해 보기, 나무를 춤으로, 마임으로, 연극으로 표현해 보기
	3. 표현의 구체성	• 나무를 사실적으로 표현해보기, 나무를 추상적으로 표현해보기
	4. 표현의 사실성	• 나무를 사실적으로 표현해보기, 나무가 걸어다닐 수 있다면 어떨지 상상해서 표현해보기
	5. 표현의 창조성	• 나무를 관찰하거나 나무에 관한 사진, 그림, 음악을 감상한 후 느낌, 생각, 이미지를 표상하기, 나무에 대해서 떠오르는 생각을 가지고 나무를 자유롭게 표현하기
	6. 표현의 도구	• 몸으로 나무를 표현해보기, 스카프 등을 가지고 나무를 표현해보기
	7. 관계	• 혼자서 나무를 표현해 보기, 파트너와 나무를 표현해 보기, 집단으로 나무를 표현해 보기
	8. 장소	• 실내, 실외에서 나무를 표현해 보기

이상의 절차를 거쳐서 개발한 활동들은 그림5와 같이 유형화될 수 있다.

2] 신체 표현 활동의 유형과 제시 단계

• 1단계 : 몸 풀기→기초(움직임의 기본 요소 및 기본 움직임에 대한 개념 익히고 활용하기)→마무리
• 2단계 : 몸 풀기→응용(신체적 접근/극적접근에 의한 표현하기)→마무리
  - 신체적 접근 : 몸 풀기, 표현하기(자유롭게 움직이기, 창작 및 표현)→마무리
  - 극적접근 : 몸 풀기, 주제에 대한 탐색, 주제 표현하기(자유롭게 움직이기, 창작 및 표현)→마무리

[그림 5] 신체표현 활동의 제시 단계

1단계는 신체표현의 기초영역을 중심으로 이루어지는데 몸 풀기, 움직임의 기본 요소 및 기본 움직임에 대한 개념 익히고 활용하기, 마무리로 진행된다. 몸 풀기는 간단한 신

체 게임을 통하여 몸을 풀어주는 준비활동이며 움직임의 기본 요소 및 기본 움직임에 대한 개념 익히고 활용하기는 개별 요소와 개별 움직임에 대한 이해, 주제를 통한 기본 요소와 기본 움직임 익히기, 개별 요소와 움직임의 다양한 결합으로 구성된다. 마무리는 평가 및 간단한 스트레칭으로 이루어진다.

2단계는 신체표현의 응용영역을 중심으로 이루어지며 몸 풀기, 표현하기, 마무리로 진행된다. 2단계의 모든 과정과 활동에서 움직임의 기본 요소와 기본 움직임을 적극 활용하는 것이 중요하다. 표현하기는 신체적 접근과 극적인 접근에 따라서 다르게 이루어진다. 극적인 접근의 경우는 표현 주제에 대한 탐색이 추가된다. 신체적 접근과 극적 접근 모두 표현하기는 자유롭게 움직이기와 창작 및 표현하기로 세분화된다. 자유롭게 움직이기가 움직임의 기본 요소 및 기본 움직임을 다양하게 결합하여 움직이되 장르의 구분이 없는 통합적인 움직임이라고 한다면 창작 및 표현하기에서는 창의적 움직임(춤), 몸짓놀이(마임), 연극놀이(연극)의 구분이 이루어진다.

1, 2단계는 독립적으로 이루어질 수도 있으며 연속적으로 이루어질 수도 있다. 각 단계를 이루는 하위 단계는 하나의 활동으로 독립될 수 있으며, 상황에 맞게 선택, 조합될 수 있다. 예를 들어 1단계의 경우 몸 풀기, 움직임의 기본 요소에 대한 개념 익히기, 마무리로 수업을 진행할 수도 있고, 몸 풀기, 움직임의 기본 요소에 대한 개념 활용하기, 마무리로 수업을 진행할 수 있다. 2단계의 경우 몸 풀기, 주제에 대한 탐색, 자유롭게 표현하기, 마무리로 수업을 할 수도 있고, 몸 풀기, 주제에 대한 탐색, 창작 및 표현하기, 마무리로 수업할 수도 있다.

예를 들어 그림 6과 같이 활동을 제시할 수 있다. 아래의 예는 유아를 대상으로 하였으나 성인(교사)에게도 적용 가능하다.

만3세 1학기	만4세 1학기	만5세 1학기
1. 몸 풀기 2. 기본 움직임 및 움직임의 기본 요소 익히고 활용하기 1) 개별 요소와 개별 움직임에 대한 이해 2) 주제를 통한 기본 요소와 기본 움직임 익히기 3) 개별 요소와 움직임의 다양한 결합 3. 마무리	1. 몸 풀기 2. 기본 움직임 및 움직임의 기본 요소 익히고 활용하기 1) 개별 요소와 개별 움직임에 대한 이해 2) 주제를 통한 기본 요소와 기본 움직임 익히기 3) 개별 요소와 움직임의 다양한 결합 3. 표현하기(신체적 접근) 1) 자유롭게 움직이기 2) 창작 및 표현 4. 마무리	1. 몸 풀기 2. 기본 움직임 및 움직임의 기본 요소 익히고 활용하기 1) 개별 요소와 개별 움직임에 대한 이해 2) 주제를 통한 기본 요소와 기본 움직임 익히기 3) 개별 요소와 움직임의 다양한 결합 3. 주제 표현하기(극적 접근) 1) 주제 탐색 2) 자유롭게 움직이기 3) 창작 및 표현 4. 마무리

만3세 2학기	만4세 2학기	만5세 2학기
1. 몸 풀기 2. 표현하기(신체적 접근) 1) 자유롭게 움직이기 2) 창작 및 표현 3. 마무리	1. 몸 풀기 2. 주제 표현하기(극적 접근) 1) 주제 탐색 2) 자유롭게 움직이기 3) 창작 및 표현 3. 마무리	1. 몸 풀기 2. 기본 움직임 및 움직임의 기본 요소 익히고 활용하기 1) 개별 요소와 개별 움직임에 대한 이해 2) 주제를 통한 기본 요소와 기본 움직임 익히기 3) 개별 요소와 움직임의 다양한 결합 3. 표현하기(신체적 접근) 1) 자유롭게 움직이기 2) 창작 및 표현 4. 주제 표현하기(극적 접근) 1) 주제 탐색 2) 자유롭게 움직이기 3) 창작 및 표현 5. 마무리

[그림 6] 신체표현활동의 흐름도

각각의 수업은 일련의 절차에 따라서 이루어지며 사전에 수업에 대한 계획이 이루어질 경우 움직임의 탐색과 표현은 보다 구체적으로 이루어질 수 있다. 다음절에서는 이에 관하여 다루고자 한다.

3] 신체 표현 활동의 전개

가 수업의 계획

수업 계획은 사전에 수업의 내용과 방법에 관한 청사진을 그려볼 수 있다는 점에서 수업의 질을 높일 수 있다. 또한, 구체적인 계획이 바탕이 되어 융통성 있는 수업이 가능해진다. 특히 신체표현활동의 경우 미리 탐색할 움직임의 목록을 작성해봄으로써 학생(유아)들의 표현이 보다 섬세해지고 다양해질 수 있도록 도울 수 있다.

김은심(2004)에 의하면 신체표현활동을 위하여 교사들이 미리 고려해야 할 요소는 활동의 내용, 목표, 집단 크기, 활동 시간, 공간(장소), 활동 과정이다.

■ 활동 주제 정하기

신체표현활동의 주제를 정하는 일은 활동 내용의 선정에 있어서 매우 중요한 작업이라 할 수 있는데 [표 27]~[표 29]는 표현 가능한 주제를 추출하는데 유용한 도구가 될 수 있다. 활동의 주제를 선정할 때는 대상의 연령, 발달 수준, 관심사, 신체표현활동의 경험 여부, 신체표현활동의 성격을 고려해야 한다. 관심사는 개인적, 집단적 관심사를 모두 고려하는 것이 좋으며 유아를 대상으로 하는 경우 생활주제를 선정해도 된다. 다만 생활주제가 유아의 관심사와 차이가 있거나 신체표현활동으로 적합하지 않을 수 있으므로 신중해야 한다.

신체표현의 기초영역과 응용영역, 신체표현활동의 유형과 단계(몸 풀기, 기초개념 익히고 활용하기, 주제표현, 마무리)를 균형 있게 제공하기 위해서는 신체표현활동의 경험 여부를 고려해야 한다. 신체표현활동의 성격에 적합한 주제를 선택하기 위하여 신체표현활동이 움직임의 기본 요소와 기본 움직임을 익히는 것인지 주제 표현 활동인지 등을 고려해야 한다. 전자의 경우는 움직임의 기본 요소와 움직임을 주제로 삼을 수 있지만 후자의 경우는 형상화하고자 하는 대상을 주제로 삼는 것이 적절하기 때문이다.

주제가 결정되면 브레인스토밍을 통하여 주제에 관하여 최대한 많은 생각, 느낌 이미지를 끌어내도록 한다. 이 과정을 통하여 주제에 대한 관심과 흥미가 구체화되고 확대될 수 있으며 다음에 소개할 움직임 목록화 단계가 원활하게 이루어질 수 있다. 브레인스토밍 방법은 [표 28], [표 29]를 활용할 수 있다. 신체표현활동이 극적인 접근법을 취할 경우 [표 21]을 참고하여 신체표현 주제에 대한 탐색을 어떻게 할 것인지도 미리 계획할 수 있다.

■ 활동방법에 대한 계획

신체표현 활동의 유형과 방법은 매우 다양하므로 계획단계에서 표현가능한 유형과 방법을 미리 생각해 보는 것은 신체표현활동이 특정한 유형과 방법(예. 언어적 표현, 극놀이 등등)에 집중되는 것을 피할 수 있다. [표 31]과 [표 32]의 예시에 기초하여 다양한 활동 유형과 방법을 찾아봄으로써 표현 주제와 관련된 여러 가지 가능성을 발견할 수 있으며, 실제 활동을 위한 유형과 방법을 정할 수 있다.

■ 주제에 따른 움직임 목록 만들기

저자가 생각하기에 수업 계획에서 가장 중요한 단계가 움직임 목록화이다. 이를 통해서 움직임의 모든 가능성을 찾아볼 수 있기 때문이다. 무엇보다도 개별 움직임을 움직임의 기본 요소와 기본 움직임에 따라서 다양하게 변형시켜 봄으로써 보다 시각적이고 예술적인 움직임을 창조할 수 있기 때문이다. 김은심(2004)은 움직임 목록화를 위하여 브레인스토밍 기법을 활용하고 있는데 이 방법은 최대한 많은 아이디어를 산출할 수 있다는 점에서 유용하다. 이와 더불어 본 저자는 움직임과 관련된 변인들을 다양한 방법으로 조합하여 새로운 움직임을 만들어 내는 형태학적 분석법을 제안하고자 한다.

움직임 목록화는 신체표현활동의 주제와 목표에 따라서 다르게 진행된다. 활동의 주제가 움직임의 기본 요소일 경우에는 아래의 예와 같이 개별 요소를 중심으로 탐색 가능한 모든 움직임을 브레인스토밍 하거나 개별 요소를 움직임의 기본 요소 및 기본 움직임과 다양하게 조합 또는 가상의 상황과 결합할 수 있다.

[높이에 관한 움직임 브레인스토밍 예시]

- 높은 높이로 이동하기
- 보통 높이로 이동하기
- 낮은 높이로 이동하기
- 높은 높이에서 비이동 움직임하기
- 보통 높이에서 비이동 움직임하기
- 낮은 높이에서 비이동 움직임하기
- 높은 높이에서 형태 만들기
- 보통 높이에서 형태 만들기
- 낮은 높이에서 형태 만들기

[높이에 관한 형태학적 분석법 예시]

- 높이와 신체 요소와의 조합 :
  예) 발꿈치 들고 걷기, 보통 높이로 걷기, 자세를 낮추어 걷기 등
  높이 뛰며 손을 뻗기, 보통 높이에서 손을 뻗기, 바닥에 엎드려서 손을 뻗기 등
- 높이와 공간 요소와의 조합 : 높이에 변화를 주며 앞으로 걷기, 옆으로 걷기 등
- 높이와 노력 요소와의 조합 : 바닥에서 무겁게 기어가기, 가볍게 높이뛰기 등
- 높이와 관계 요소와의 조합 : 파트너와 서로 다른 높이로 서서 모양 만들기, 세 사람이 서로 다른 높이의 모양을 만들어서 연결하기 등

활동의 주제가 기본 움직임일 경우에는 [표 33]에서 보듯이 각각의 움직임을 기본 요소 또는 기본 움직임과 조합하거나 가상의 상황을 제시하여 브레인스토밍 할 수 있다.

[표 33] 형태학적 분석법에 의한 걷기활동 움직임 목록화

움직임 요소		움직임 요소와의 조합	가상적 상황과의 조합
신체	신체 부분 움직임	• 상체를 움직이지 않고 걷기 • 다리로 몸을 이끌며 걷기	• 펭귄처럼 다리로만 걷기
	신체 형태	• 모든 관절을 구부려서 각지게 걷기 • 상체와 하체를 꼬아서 걷기 • 대칭 모양을 만들어 걷기(보통걷기)	• 로버트처럼 각지게 걷기 • 꽈배기처럼 꼬아서 걷기 • 평균대 위에서 처럼 두 팔을 벌리고 걷기
	균형	• 균형을 유지하며 안정감 있게 걷기 • 불안정하게 걷기	• 평지를 걷는 것처럼 안정감 있게 걷기 • 줄타기를 하는 것처럼 불안정하게 걷기
공간	장소, 영역	• 제자리 걷기, 전체 공간을 이동하며 걷기	
	높이, 수준	• 발꿈치 들고 걷기, 보통 높이로 걷기, 앉아서 걷기	• 새처럼 발꿈치 들고 걷기, 사람처럼 보통 높이로 걷기, 오리처럼 앉아서 걷기
	방향	• 앞, 뒤, 옆, 위, 아래로 걷기	• 군인처럼 앞으로 걷기 • 불편한 상황을 보고 뒷걸음치듯이 걷기 • 게처럼 옆으로 걷기, 계단을 오르는 것처럼 위로 걷기, 계단을 내려오는 것처럼 아래로 걷기
	경로	• 직선, 곡선, 지그재그 등으로 걷기	• 모델처럼 직선으로 걷기, 술취한 사람처럼 왔다 갔다 하면서 걷기
	범위, 크기	• 몸을 움츠리며 걷기, 몸을 최대한 펴고 걷기	• 추위에 몸을 움츠리듯 걷기
	초점	• 위를 보며 걷기, 아래를 내려다보며 걷기	• 사다리를 오르듯이 위를 보며 걷기, 낭떠러지를 내려다보듯이 아래를 보며 걷기
노력	시간	• 속도를 다양하게 걷기	• 거북이처럼 느리게 걷기, 시간에 쫓기듯이 빠르게 걷기
	힘	• 힘을 주어 강하게 걷기, 힘을 빼고 걷기	• 청년처럼 힘차게 걷기, 병자처럼 힘없이 걷기
		• 부드럽게 걷기, 날카롭게 걷기(스타카토처럼 끊어서 걷기)	• 발레리나처럼 부드럽게 걷기
		• 무겁게 걷기, 가볍게 걷기	• 무거운 짐을 지고 가는 것처럼 무겁게 걷기, 구름처럼 가볍게 걷기
	흐름	• 자유롭게 걷기, 힘을 조절하며 걷기	
관계	신체 부분과 부분의 관계	• 손을 머리 위에 올리고 걷기	• 물동이를 이고 가는 것처럼 손을 올리고 걷기
	파트너나 집단간의 관계	• 둘이서 마주보고 걷기, 뒤 따라 걷기	• 파트너의 거울이 되어 걷기, 그림자처럼 따라 걷기
	물체와의 관계	• 물체 위로 걷기, 물체 아래로 걷기	

활동의 주제가 자연, 사람, 동식물, 사물 등 구체적인 대상 특히 생물일 경우에는 아래의 예와 [표 34]와 같이 모든 움직임을 브레인스토밍하고 이를 기본 요소 및 기본 움직임과 조합시켜 볼 수 있다.

[표 34] 형태학적 분석법에 의한 코끼리 움직임 목록화

구분		코끼리가 물놀이하는 모습
신체	전신 움직임	· 코끼리가 물가로 걸어가는 모습 · 코끼리가 물가로 달려가는 모습 · 코끼리가 꼬리를 흔들며 물속으로 들어가는 모습 · 코끼리가 물 속에서 미끄러지는 모습 · 코끼리가 놀라서 펄쩍 뛰는 모습
	신체 부분 움직임	· 상체를 고정시키고 다리로만 걸어서 물가로 가는 모습 · 코끼리가 귀를 팔랑거리며 물가로 가는 모습 · 코끼리가 코를 높이 뻗어 물을 뿜는 모습 · 코끼리가 코를 둥글게 말아넣어 물을 마시는 모습
	신체 형태	· 코끼리가 양쪽 귀를 팔랑거리는 모습 (대칭) · 코끼리가 한 쪽 귀를 번갈아 팔랑거리는 모습(비대칭)
공간	영역	· 코끼리가 한 곳에서 물놀이를 하는 모습 · 코끼리가 왔다 갔다 하면서 물놀이를 하는 모습
	높이	· 코끼리가 물 속에서 두 다리를 높이 올리는 모습 · 코끼리가 물 속에서 다리를 굽혀서 앉는 모습 · 코끼리가 물 속에서 나와 바닥에 눕는 모습
	방향	· 코끼리가 물 속에서 앞으로 가는 모습 · 코끼리가 물 속에서 뒷걸음 치는 모습 · 코끼리가 물 속에서 옆으로 가는 모습 · 코끼리가 물 위로 나오는 모습 · 코끼리가 물 속으로 내려가는 모습
	경로	· 코끼리가 물 속에서 직선으로 움직이는 모습 · 코끼리가 물 속에서 곡선으로 움직이는 모습 · 코끼리가 물 속에서 지그재그로 움직이는 모습
노력	시간	· 코끼리가 물 속을 빠르게 다니는 모습 · 코끼리가 물 속을 느리게 다니는 모습
	무게/힘	· 코끼리가 물 속에서 나와 힘차게 걷는 모습 · 코끼리가 물 속에서 나와 부드럽게 앉는 모습
관계	파트너나 집단간의 관계	· 새끼와 어미 코끼리가 함께 물놀이 하는 모습 · 새끼와 어미 코끼리가 함께 물놀이를 하다가 새끼가 밖으로 나오는 모습 · 어미 코끼리가 새끼 코끼리를 따라 나오는 모습

[코끼리의 움직임 브레인스토밍 예시]

- 코끼리가 걸어가는 모습
- 코끼리가 앉아 있는 모습
- 코끼리가 누워 있는 모습
- 코끼리가 엎드려 있는 모습
- 코끼리가 코를 높이 드는 모습
- 코끼리가 귀를 팔랑거리며 움직이는 모습
- 코끼리가 나무 열매를 따 먹는 모습
- 코끼리가 두 다리를 높이 드는 모습
- 코끼리가 물놀이 하는 모습

활동의 주제가 무생물 또는 그림, 사진과 같이 시각적인 성격을 지닐 때는 아래의 예와 [표 35]처럼 가능한 모든 움직임을 가상해 보고 이를 기본 요소 및 기본 움직임과 조합시켜 볼 수 있다.

[가야금에 대한 움직임 브레인스토밍 예시]

- 현이 떨리는 모습
- 현이 당겨지고 밀리는 모습
- 하나의 현이 연주되고 있는 모습
- 여러 개의 현이 연주되고 있는 모습
- 12현이 연주되고 있는 모습
- 손으로 현을 튕겼을 때의 모습
- 손으로 현을 뜯었을 때의 모습
- 가야금 소리의 울림
- 가야금 소리의 떨림
- 부드럽게 이어지는 현의 모습·소리
- 탁탁 끊기는 현의 모습·소리
- 현을 칼로 끊었을 때의 모습
- 안쪽을 세웠을 때의 모습(현의 팽팽함)
- 안쪽을 눕혔을 때의 모습(현의 느슨함)
- 점점 팽팽해지는 현의 모습
- 점점 느슨해지는 현의 모습
- 가야금을 타는 모습
- 빠르게 연주되는 현의 모습·소리
- 느리게 연주되는 현의 모습·소리
- 완전하게 갖춰진 가야금의 모습
- 흐트러진 가야금의 모습(늘어난 현, 터진 현 등)
- 세워진 가야금의 모습
- 눕혀진 가야금의 모습

[불꽃의 움직임 브레인스토밍 예시]

- 불꽃을 하늘로 쏘는 모습
- 불꽃이 하늘로 올라가는 모습
- 불꽃이 올라가 터지지 않고 떨어지는 모습
- 불꽃이 올라가 터지는 모습

활동의 주제가 감정이나 사상 또는 소리, 음악과 같이 청각성을 지닐 때도 아래와 같은 단계를 거쳐서 움직임 목록을 만들 수 있다.

[표 35] 형태학적 분석법에 의한 불꽃움직임 목록화

구분		불꽃이 올라가 터지는 모습
신체	전신의 움직임	• 불꽃이 터지는 모습을 걸으면서 표현하기 • 불꽃이 터지는 모습을 달리면서 표현하기 • 불꽃이 터지는 모습을 점프를 하면서 표현하기 • 불꽃이 터지는 모습을 몸을 뻗어 표현하기 • 불꽃이 터지는 모습을 제스처로 표현하기 • 불꽃이 회전하면서 올라가는 모습을 몸을 빙글빙글 돌리면서 표현하기
	신체 부분 움직임	• 손과 팔로 불꽃이 터지는 모습 표현하기 • 다리로 불꽃이 터지는 모습 표현하기
	신체 형태	• 불꽃이 좁게 터지는 모습을 표현하기 • 불꽃이 넓게 터지는 모습을 표현하기 • 불꽃이 둥글게 터지는 모습을 표현하기 • 불꽃이 각 지게 터지는 모습 표현하기 • 불꽃이 비대칭으로 터지는 모습을 표현하기 • 불꽃이 대칭으로 터지는 모습을 표현하기
공간	영역	• 불꽃이 다른 불꽃과 부딪쳐서 터지는 모습 • 불꽃이 다른 불꽃과 부딪치지 않고 터지는 모습
	높이	• 불꽃이 낮게 터지는 모습 • 불꽃이 높게 터지는 모습 • 불꽃이 중간에서 터지는 모습
	방향	• 불꽃이 터져서 앞으로 가는 모습 • 불꽃이 터져서 뒤로 가는 모습 • 불꽃이 터져서 옆으로 가는 모습 • 불꽃이 터져서 위로 가는 모습 • 불꽃이 터져서 아래로 가는 모습 • 불꽃이 터져서 45도 측면으로 가는 모습
	경로	• 불꽃이 터져서 직선으로 움직이는 모습 • 불꽃이 터져서 곡선으로 움직이는 모습 • 불꽃이 터져서 지그재그로 움직이는 모습 • 불꽃이 터져서 각 지게 움직이는 모습
	확장/범위	• 불꽃이 멀리서 터지는 모습 • 불꽃이 크게 터지는 모습 • 불꽃이 가까이에서 터지는 모습 • 불꽃이 작게 터지는 모습
노력	시간	• 불꽃이 빠르게 터지는 모습 • 불꽃이 느리게 터지는 모습 • 불꽃이 서서히 빠르게 터지는 모습 • 불꽃이 서서히 느리게 터지는 모습 • 불꽃이 갑자기 터지는 모습 • 불꽃이 계속 터지는 모습
	무게/힘	• 불꽃이 큰 소리를 내며 강하게 터지는 모습 • 불꽃이 작은 소리를 내며 약하게 터지는 모습 • 불꽃이 가볍게 터지는 모습 • 불꽃이 무겁게 터지는 모습
관계	신체부분과 부분의 관계	• 팔과 다리를 사용해서 불꽃이 터지는 모습 표현하기 • 손과 팔을 사용해서 불꽃이 올라가는 모습 표현하기 • 손가락을 사용해서 불꽃이 터지는 모습 표현하기
	파트너나 집단간의 관계	• 두 명이 함께 불꽃 표현하기 • 여러 명이서 불꽃이 모였다 퍼지는 모습 표현하기 • 한 사람이 불꽃이 퍼지는 모습을 보고 뒤 따르는 사람이 퍼지는 모습을 똑같이 따라 표현하기 • 불꽃이 올라가는 모습을 두 명 이상이 위-아래로 표현하기 • 불꽃이 터지는 모습을 함께 표현하기 • 불꽃 모양을 여러 명이서 표현하기 • 불꽃이 연속적으로 터지는 모습을 여러 명이서 표현하기 • 불꽃이 만나서 퍼지는 모습 표현하기

■ 활동의 목표 정하기

신체활동의 주제, 내용과 방법, 활동의 성격을 고려하여 목표를 정하되 활동과 직접적인 관련이 있는 내용을 중심으로 구체적인 목표를 설정한다. 예를 들어 앞서 제시한 불꽃활동의 목표를 진술하면 다음과 같다. 불꽃활동의 강조점을 어디에 두는가에 따라서 아래의 목표들 중에서 몇 개의 목표를 선택할 수 있다.

- 불꽃의 다양한 움직임에 대하여 알아본다.
- 불꽃의 다양한 움직임을 이해한다.
- 불꽃의 다양한 움직임에 대한 느낌을 이야기 해본다.
- 움직임의 기본 요소와 기본 움직임을 활용하여 불꽃을 표현해 본다.
- 다양한 방법으로 불꽃을 표현해 봄으로써 움직임의 기본 요소와 기본 움직임을 익힌다.
- 전신의 움직임을 활용하여 불꽃을 표현해 본다.
- 불꽃을 표현해 봄으로써 전신의 움직임을 익히고 활용한다.
- 신체 부분의 움직임을 활용하여 불꽃을 표현해 본다.
- 불꽃을 표현해 봄으로써 신체 부분의 움직임을 익히고 활용한다.
- 다양한 형태로 불꽃을 모양을 만들어 본다.
- 다양한 불꽃의 모양을 만들어 봄으로써 직선, 곡선, 대칭, 비대칭 형태를 이해한다.
- 높이, 방향, 경로, 범위 등 공간 요소를 활용하여 불꽃을 표현해 본다.
- 불꽃을 표현해 봄으로써 공간 요소를 이해한다.
- 시간, 무게/힘 등 노력 요소를 활용하여 불꽃을 표현해 본다.
- 불꽃을 표현해 봄으로써 노력 요소를 이해한다.
- 관계요소를 활용하여 불꽃을 표현해 본다.
- 불꽃을 표현해 봄으로써 관계 요소를 이해한다.

■ 집단 크기, 활동 시간, 활동 장소

집단의 크기, 활동 시간, 장소는 대상의 연령, 활동의 주제 및 유형을 고려하여 정한다. 일반적으로 집단의 크기는 유아의 경우 5명~15명, 성인의 경우는 15~20명 정도가 적당하며, 활동 시간은 유아의 경우 15분~30분, 성인의 경우는 30~50분 정도로 하는 것이 좋다. 신체표현활동은 실내, 실외, 교실, 유희실 등 어느 곳에서나 가능하지만 충분한 공간이 확보되고 바닥이 안전한 장소가 보다 적절하다.

■ 교수자료

교수자료는 주제 탐구에 쓰이는 것과 신체표현에 쓰이는 것으로 나뉜다. 주제 탐구용 자료는 실물, 시각자료, 청각자료, 동영상 자료, 문학 작품 등과 같이 주제 탐구에 직접적으로 사용되는 것과 실물 화상기, OHP, 슬라이드와 같이 탐구를 돕는 것이 있다. 신체표현용 자료는 공, 훌라후프, 막대, 리본, 탄력 밴드 등과 같이 활동에 직접 사용되는 소품과 음악, 스크린 등 배경 역할을 하는 것이 있다.

주제 탐구용 자료는 활동 주제를 선정할 때에, 신체표현용 자료는 주제에 대한 움직임 목록을 만들 때 관계 요소에서 자연스럽게 고려가 되므로 주제에 대한 계획을 수립할 때 교수자료에 대한 계획을 함께 하는 것이 좋다. 반주 음악과 스크린 등의 배경은 신체표현활동에서 반드시 필요한 요소가 아니므로 활동에 따라서 선택할 수 있다. 반주 음악이 움직임을 이끌어내는데 효과적인 매체임을 부인할 수는 없지만 반주 음악은 신체표현을 위한 매체 중에 하나다. 따라서 신체의 움직임과 표현에 초점을 맞추고 있는 본서에서는 다양한 매체와 방법을 통하여 신체표현력을 기르는 것을 원칙으로 한다.

■ 활동 과정

수업 계획 시에 활동의 과정을 서술하는 것이 좋다. 대체로 이 과정은 사전활동, 본활동(도입, 전개, 정리), 사후 활동으로 구분되는데 활동의 주제에 따라서 내용이 달라진다. 예를 들어 움직임의 기본 요소 또는 기본 움직임이 주제가 되는 경우 그 개념을 소개함으로써 도입이 이루어질 수 있으며, 스파게티와 같은 표현주제를 선택할 경우 스파게티에 대한 개인적 경험나누기로 도입할 수 있다. 활동의 전개도 주제에 따라서 기본 요소와 움직임을 익히는 것과 표현주제에 대한 탐구, 표현하기로 다르게 이루어질 수 있다. 활동의 과정에 관하여는 다음 절에서 구체적으로 설명하고자 한다.

지금까지 신체표현활동의 수업계획 시 고려해야 할 요소를 설명하였다. 이상의 내용을 종합할 때에 신체표현활동 수업계획안은 [표 36]과 같은 양식을 취할 수 있다. 수업 계획안의 예시는 부록 2를 참고하기 바란다.

[표 36] 신체표현활동 수업 계획안 양식

<table>
<tr><td colspan="2">1. 생활주제</td><td colspan="2"></td><td>2. 동작주제</td><td></td></tr>
<tr><td colspan="2">3. 시간/장소</td><td colspan="2"></td><td>4. 대상(연령, 인원수)</td><td></td></tr>
<tr><td colspan="2">5. 목표</td><td colspan="2"></td><td>6. 교수자료</td><td></td></tr>
<tr><td colspan="6">7. 주제에 관한 브레인스토밍(주제탐색기법에 대한 계획 : 극적인 접근일 경우)</td></tr>
<tr><td colspan="6">8. 활동 방법 및 활동 전개과정에 대한 계획</td></tr>
<tr><td colspan="6">9. 움직임 목록화</td></tr>
<tr><td colspan="6">1) 움직임 브레인스토밍</td></tr>
<tr><td colspan="6">2) 움직임과 기본 요소 및 기본 움직임의 조합</td></tr>
<tr><td rowspan="5">움
직
임</td><td></td><td>신체</td><td>공간</td><td>노력</td><td>관계</td></tr>
<tr><td></td><td></td><td></td><td></td><td></td></tr>
<tr><td></td><td></td><td></td><td></td><td></td></tr>
<tr><td></td><td></td><td></td><td></td><td></td></tr>
<tr><td></td><td></td><td></td><td></td><td></td></tr>
</table>

나. 수업의 전개(활동전개과정)

본 절에서는 신체표현활동의 전개과정을 서술하고자 한다. 그림5에서 언급했듯이 신체표현활동은 아래와 같이 유형화될 수 있으며, 본 절에서는 이를 참고하여 활동을 전개하였다. 아래에 소개된 예는 성인(대학생 및 교사)을 대상으로 한 것이다. 74쪽에서 설명했듯이 이 유형들은 1,2단계로 구분될 수 있다. 1,2단계를 연속적으로 또는 독립적으로, 선택적으로 사용 또는 조합할 수 있는데 여기서는 몸풀기를 제외한 유형들을 하나의 단위로 삼을 경우를 예로 제시하였다.

<table>
<tr><td colspan="2">1. 몸 풀기
2. 기본 움직임 및 움직임의 기본 요소 익히고 활용하기
1) 개별 요소와 개별 움직임에 대한 이해
2) 주제를 통한 기본 요소와 기본 움직임 익히기
3) 개별 요소와 움직임의 다양한 결합</td></tr>
<tr><td>3. 표현하기(신체적 접근)
1) 자유롭게 움직이기
2) 창작 및 표현</td><td>4. 표현하기(극적접근)
1) 주제 탐색
2) 자유롭게 움직이기
3) 창작 및 표현</td></tr>
<tr><td colspan="2">5. 마무리</td></tr>
</table>

■ 기본 움직임 및 움직임의 기본 요소 익히고 활용하기

기본 움직임 및 움직임의 기본 요소 익히고 활용하기에 관련된 활동은 기본 움직임 및 기본 요소 이해하기, 익히기, 결합하기로 세분화 될 수 있는데 여기서는 기본 요소 활용하기를 예로 제시하고자 한다. 이 활동은 몸 풀기, 기본 요소 활용하기, 마무리로 진행할 수 있다.

간단한 신체게임 혹은 신체활동을 통하여 몸과 마음을 풀어주는 몸 풀기 활동은 사전 활동의 의미를 지니며 본 활동이 원활하게 이루어지도록 참여자의 몸과 마음을 준비시킨다. 몸 풀기 활동의 목적은 몸과 마음의 이완에 있으므로 반드시 본 활동과 연계를 이룰 필요는 없다. 3~5분 정도 활동한다.

본 활동인 기본 요소 활용하기는 도입, 전개, 정리의 형식을 갖추어 연령에 맞게 15분~40분 정도로 진행한다. 도입단계에서는 기본 요소의 개념을 정리하는 시간을 갖게 되며, 전개 단계에서는 도입단계에서 개념화한 요소를 움직임으로 전환하는 움직임 탐색, 타인의 움직임을 관찰하고 감상하는 시간을 갖는다. 탐색과 관찰은 참여자들에게 스스로 움직임을 찾아보고 새로운 것을 개발하도록 도와준다는 점에서 중요하게 다루어질 필요가 있다. 본 활동 후에 5분 정도 스트레칭과 휴식을 취함으로서 활동을 마무리한다. 이상의 내용을 정리하면 [표 37]과 같다.

[표 37] 기본 요소 활용하기 활동 과정

1. 동작주제	기본 요소 (공간–높이)	2. 대상(연령, 인원수)	유아교육과 학생, 20명
3. 시간/장소	무용실	4. 목표	높이의 개념을 이해한다. 움직임을 통하여 다양한 높이를 표현한다
5. 활동 과정			
사전활동(5분)	몸 풀기	얼음땡 놀이(느리게)	
본활동(30분)	도입	높이의 개념 이해하기 - 다양한 높이에 대하여 이야기하기	
	전개	❶ 움직임을 통한 높이 탐색하기(움직임 목록 활용) - 높이를 신체로 나타낼 수 있는 방법에 대하여 이야기 나누기 - 높이를 변화시키면서 이동 움직임, 비이동 움직임하기 - 가상의 상황을 표현해 보기 예) 사다리 오르기, 낮은 동굴 탐험하기 ❷ 타인의 움직임 관찰 및 감상하기	
	정리	활동에 대하여 평가하기	
사후활동(5분)	마무리	스트레칭 및 휴식	

■ 자유롭게 움직이기

자유롭게 움직이기는 기본 움직임과 기본 요소를 활용하여 움직이는 것으로 몸 풀기와는 달리 표현에 초점을 맞춘 활동이다. 특정 장르의 성격을 띠지 않는 자유로운 표현이라는 점에서 창작 및 표현하기와 구분된다. 자유롭게 움직이기는 움직임 자체를 표현하는 것(신체적 접근)과 주제를 표현하는 것(극적인 접근)으로 나뉘며 여기서 소개하고자 하는 것은 극적인 접근이다. 자유롭게 움직이기는 몸 풀기, 자유롭게 움직이기, 마무리로 진행할 수 있는데 몸 풀기와 마무리는 앞서 설명하였으므로 생략하기로 한다.

본 활동으로서 자유롭게 움직이기는 [표 38]과 같이 도입, 전개, 정리로 전개된다. 도입 단계에서는 동굴에 관한 경험 나누기를 통하여 동굴의 이미지를 구체화하도록 하며 이를 토대로 전개 단계에서 움직임을 탐색한다. 동굴에 대한 생각을 기본 요소를 통하여 자유롭게 표현하도록 하기 위하여 다양한 움직임에 관하여 이야기 나누고 탐색할 필요가 있다. 이런 과정을 거쳐서 경험된 움직임은 동굴통과하기로 표현된다. 타인의 움직임을 관찰하고 감상하는 것은 전개 단계의 또 다른 측면이다.

[표 38] 자유롭게 움직이기(극적 접근) 활동 과정

1. 동작주제	움직이는 동굴과 터널	2. 대상(연령, 인원수)	유아교육과 학생, 20명
3. 시간/장소	무용실	4. 목표	움직임의 기본 요소(신체모양, 공간, 노력, 관계)를 활용하여 자유롭게 움직인다

5. 활동 과정		
사전활동(5분)	몸 풀기	손으로 엮고 풀고
본활동(30분)	도 입	동굴, 터널에 관한 경험 나누기(주제 탐색기법 활용) -동굴, 터널의 모양, 구조 느낌 등
	전 개	❶ 움직임 탐색하기(움직임 목록 활용) -몸을 이용하여 동굴, 터널을 만들 수 있는 방법을 이야기하기 -기본 요소를 활용하여 동굴, 터널 만들어 보기(신체부위, 전신을 이용하여 만들기, 혼자서 만들어 보기, 짝이랑, 여러 사람이 함께 만들어 보기, 동굴과 터널에 움직임을 넣기) ❷ 움직임 표현하기 : 동굴, 터널 통과하기 -두 모둠으로 나누어 동굴, 터널을 만들거나 통과해 본다. ❸ 타인의 움직임 관찰 및 감상하기
	정 리	활동에 대하여 평가하기
사후활동(5분)	마무리	스트레칭 및 휴식

■ 창작 및 표현하기

여기서는 극적 접근의 창작 및 표현활동을 예로 제시하고자 한다. 신체적 접근과 극적인 접근의 차이는 표현주제에 있다. 신체적 접근은 움직임 자체가 표현의 주제가 되는 반면 극적인 접근은 신체의 움직임을 통하여 특정 주제가 표현된다. 따라서 주제에 대한 탐색이 표현에 선행된다. 극적 접근의 창작 및 표현하기는 몸 풀기, 창작 및 표현하기, 마무리로 진행할 수 있으며, 본 활동인 창작 및 표현하기는 [표 39]에서 보듯이 주제에 대한 탐색(도입), 표현(전개), 정리로 구성된다.

[표 39] 창작 및 표현하기(극적 접근) 활동 과정

1. 동작주제	오른손, 왼손	2. 대상(연령, 인원수)	유아교육과 학생, 20명
3. 시간/장소	무용실	4. 목표	손의 모양과 기능을 이해한다. 기본 움직임과 기본 요소를 활용하여 손을 표현한다.

5. 활동 과정		
사전활동(5분)	몸 풀기	돌아돌아 삼각형
본활동(30분)	도 입	❶손의 기능에 대하여 이야기 나누기 ❷자신의 손을 탐색하기(주제 탐색기법 활용) - 손에 대해 궁금한 점 말하기 - 궁금한 점 탐색하기 - 손과 관련하여 다양한 상상하기 - 탐색한 결과 이야기 나누기
	전 개	❶손에 대한 탐색 결과에 기초하여 움직임 탐색하기(움직임 목록 활용) - 손을 표현할 수 있는 움직임에 대하여 이야기 나누기 - 기본 움직임과 기본 요소를 활용하여 손을 표현하기(개인 공간에 서서 손을 표현하기, 몸을 웅크려서 주먹을 표현하기, 다섯 사람이 모여서 손가락 표현하기, 걸어가면서 손가락을 펼치는 모양 표현하기 등) - 가상의 상황을 표현해 보기 예) 가위, 바위, 보의 손 모양, 악수하기, 손뼉 치기 등 - 춤으로, 마임으로, 극으로 표현하기 ❷타인의 움직임 관찰 및 감상하기
	정 리	활동에 대하여 평가하기
사후활동(5분)	마무리	스트레칭 및 휴식

03

창의적 신체표현의 실제

활동의 선정 및 구성 | 활동 사례

section
03 창의적 신체표현의 실제

1 활동의 선정 및 구성

3부에서는 신체표현활동의 사례를 소개하고자 한다. 사례들은 2부에서 서술한 이론을 토대로 몸 풀기, 기본 움직임 및 움직임의 기본 요소 익히고 활용하기, 자유롭게 움직이기, 창작 및 표현하기로 구분하였다. 이론편에서는 자유롭게 움직이기와 창작 및 표현하기를 표현하기로 묶고 신체적 접근과 극적 접근으로 구분하였으나 실제편에서는 신체적 접근과 극적접근을 통합하고 자유롭게 움직이기와 창작 및 표현하기를 구분하였다. 창작 및 표현하기는 장르에 따라서 몸짓놀이(마임), 연극놀이, 창의적 움직임(춤)으로 세분화하였다.

활동들은 저자가 직접 개발하거나 관련 문헌조사 및 무용, 마임, 교육연극 워크숍[1]에서 접하게 된 활동 또는 이를 응용한 것이다. 각 활동은 저자가 학생들과 함께 작업한 내용을 바탕으로 새롭게 서술되었으므로 기존 활동과는 차별화된다고 할 수 있으나 저자가 개발한 활동과 참고한 활동을 구분하기 위하여 활동의 출처를 밝히고자 하였다.

참고한 활동의 경우는 창안자를 밝히고자 하였으며 분명하지 않은 경우에는 참고한 문헌 혹은 워크숍을 밝혔다. 아이디어만 참고한 경우에는 활동명과 방법을 새롭게 구성

---

1) 이태건. 마임특강(2006. 10) 경남대학교 유아교육과 학부 및 대학원 수업 특강.
연극/무용체험전 "몸으로 만들어 내는 그림"(2006.11.). 2006 문화예술교육박람회.
2006 몸짓, 연기교실(2006. 12). 몸짓굿 STUDIO.
신체마임 및 즉흥연기 워크숍(2007. 2). 극단유정.
"창의적 움직임 워크숍"(2007. 8). 사다리연극놀이 연구소.
무용영재교육 프로그램 체험워크숍(2007.11). 2007 문화예술교육박람회.
이태건. 마임워크샵(2009. 1~2). 2009년 제3회 이태건 마임워크샵.
임효재(2005). 창의력을 키우는 몸짓놀이. 서울:우리교육.
소꿉놀이(2006). 아이들과 함께하는 교육연극. 서울 : 우리교육.

하였으며, 아이디어 참고 및 활동의 근거로 표기하였고, 활동방법을 구체적으로 사용한 경우는 활동의 출처로 표기하였다.

따라서 모든 활동은 아래와 같이 출처가 구분된다.

❶아이디어 참고 및 활동의 근거 : 기존 활동으로부터 아이디어를 참고하여 저자가 재구성한 경우
❷활동의 출처 : 기존 활동의 방법을 구체적으로 사용한 경우
❸활동의 개발 : 저자가 활동을 개발한 경우

모든 활동은 다음과 같은 순서로 서술하였다.

❶활동명, 활동 유형, 주제, 목표, 대상, 교수자료
❷활동의 근거 또는 출처
❸활동방법 및 전개 과정
❹유의점 및 추가 사항
❺교수(저자)와 학생의 평가

본서에서 소개한 활동은 연령, 시간, 장소, 기타 수업 상황에 맞게 수정, 보완하여 사용할 수 있다. 그리고 소개된 활동 이외에도 2부의 이론을 토대로 다양한 활동을 개발할 수 있음을 밝혀 둔다.

본서에 소개된 활동을 정리하면 [표 40]과 같다.

[표 40] 신체표현활동 구성표

유형	활동명	
몸 풀기	돌아 돌아 삼각형 등 마주대고 걷기 둥근 공 이마에 대고 걷기 얼음땡 놀이(느리게) 눈을 감고 걸어봐요 얼굴 근육 풀기 눈감고 목적지 찾아가기	손으로 엮고 풀고 신체 부위 붙이기 갇힌 공간에서 손에 손읍 잡고 원을 좁혀나가자 둘이서 손잡고 뒤로 젖히고 앉고 인디안과 방울뱀 왼쪽, 오른쪽 사람을 기억하라
기본 움직임 및 움직임의 기본 요소 익히고 활용하기	움직임과 정지 이동 움직임, 비이동 움직임 신체 각 부분 움직이기 공간 요소 익히고 활용하기 사선으로 사선으로 신기한 방에서	걸으며 서며 조각 만들기 노력, 관계 요소 익히고 활용하기 상상하며 걷기 무궁화 꽃이 피었습니다 시야 넓히기

<table>
<tr><td colspan="2">자유롭게 움직이기</td><td>몸으로 나를 소개합니다
따라하기
좋아하는 동물 표현하기
눈 감고 장애물 통과하기
움직임 도미노
거울놀이
서로 서로 붙여라
움직이는 동굴과 터널</td><td>신체부위 이끌기1
그림자 놀이
손뼉 파도치기
번호를 불러라
신체부위 이끌기2
8박자 움직임
내 몸에 요정이 들어간다면
음악들으며 자유롭게 춤추기</td></tr>
<tr><td rowspan="3">창작 및
표현하기</td><td>몸짓놀이</td><td>조각상 만들기
한사람씩 동작 만들어 붙이기
얼굴 하나, 몸 여러 개
몸으로 글자 만들기
몸으로 동물표현하기
손(발, 얼굴)으로만 말해요
우리는 같은 움직임
막대기야 변해라
빨래판아 변해라
훌라후프 놀이
탱탱볼아 변해라
안보고도 똑같이</td><td>내가 얼음(금속, 찰흙)이라면
손만 살아 있어요
가면 놀이
조각가와 조각
비밀상자
스크린 사진 속으로 들어가요
그림 재현하기, 그림 변형하기
내 손은 요술쟁이
고무줄, 탄력밴드로 모양만들기
큰 종이 접기
인간실뜨기
조각상 II</td></tr>
<tr><td>연극놀이</td><td colspan="2">샴쌍둥이에게 무슨 일이 일어났을까?
전혀 달라요
미술작품으로 이야기를 꾸며 극으로 표현하기
여러 장의 그림을 이용한 즉흥극
사물을 이용한 즉흥극
이상한 나라의 앨리스
투명인간</td></tr>
<tr><td>창의적 움직임(춤)</td><td colspan="2">몸으로 나의 이름 쓰기
소리나 음악을 창의적 움직임(춤)으로 표현해요
이미지를 가지고 창의적 움직임(춤) 만들기
단어나 문구를 이용하여 창의적 움직임(춤) 만들기
움직이는 그림책
소품을 이용하여 창의적 움직임(춤) 만들기
그림의 느낌, 의미를 창의적 움직임(춤)으로 표현하기
함께 춤을 추어요
벽화가 만들어 지기까지</td></tr>
</table>

2 활동 사례
몸풀기

돌아 돌아 삼각형
등 마주대고 걷기
둥근 공 이마에 대고 걷기
얼음땡 놀이(느리게)
눈을 감고 걸어봐요
얼굴 근육 풀기
눈감고 목적지 찾아가기
손으로 엮고 풀고
신체 부위 붙이기
갇힌 공간에서
손에 손을 잡고 원을 좁혀나가자
둘이서 손잡고 뒤로 젖히고 앉고
인디안과 방울뱀
왼쪽, 오른쪽 사람을 기억하라

몸풀기 1

돌아 돌아 삼각형

- **활동 유형 :** 몸 풀기
- **활동 목표 :** 신체활동을 통하여 몸과 마음을 풀어 본다.
  신체활동을 통하여 수학 개념을 이해한다(서수, 기본 도형, 시간-속도, 공간).
- **대상 :** 모든 연령
- **아이디어 참고 및 활동의 근거 :** 임효재(2005), 21쪽, 빠져 다니기

활동 방법 및 과정

❶ 자유대형으로 선다.
❷ 한 명이 앞으로 나와 선다.
❸ 두 번째 사람은 앞 사람을 돌아서 적당한 간격을 두고 앞에 선다.
❹ 세 번째 사람은 앞의 두 사람 사이를 빠져 나와서 맨 앞에 선다.
- 나머지 사람도 차례차례 같은 방법으로 나와 선다(전체적으로 원, 삼각형, 사각형의 모양을 만들어 보도록 한다).
- 빠져나가는 속도를 다양하게 변화시킨다(처음에는 속도를 지시해주고 나중에는 각자 속도를 결정하도록 한다).

유의점 및 추가 사항

- 본 활동을 수학활동으로 전개할 경우 서수(첫 번째, 두 번째 등), 시간(속도), 공간(사람들 간의 간격), 도형(원, 삼각형, 사각형)에 대한 개념을 이해할 수 있도록 교사의 적절한 발문이 필요하다.
- 인원이 많으면 처음에 시작한 사람들이 오래 기다리게 되고 빠져 나가기 힘들므로 10~15명으로 제한하는 것이 좋다.
- 활동이 익숙해지면 모둠별로 서로 다른 도형을 만들어 보도록 할 수 있다.
- 유아들의 경우는 미리 바닥에 기본 도형을 그려주는 것이 좋다.

평가

원 만들기는 쉬웠지만 삼각형, 사각형은 쉽지 않았다. 속도를 변화시키는 것도 재미있었다.

[학생 평가]
- 다른 사람을 보면서 자신의 위치를 정할 수 있었다.
- 긴장을 푸는데 도움이 될 것 같다.

몸풀기 2

등 마주 대고 걷기

- 활동 유형 : 몸 풀기
- 활동 목표 : 신체활동을 통하여 몸과 마음을 풀어본다.
  감각 능력을 기르고 감각 기관을 활용한다.
  움직임의 기본 요소인 관계에 대하여 이해한다.
- 대상 : 모든 연령
- 아이디어 참고 및 활동의 근거 : 몸짓굿 스튜디오(2006)

활동 방법 및 과정

❶ 두 사람씩 짝을 짓는다.
❷ 다섯쌍씩 출발선에 등을 마주 대고 선다(등 이외의 다른 신체 부위는 떨어져 있어야 한다).
❸ 한 사람은 눈을 감고 다른 사람은 이끔이가 된다.
❹ 반환점을 돌면서 두 사람의 역할을 바꾼다.
❺ 느낀 점, 어려운 점 등을 이야기 해본다(예. 어떤 역할이 더 어려웠는지, 그 이유는 무엇인지 등).

유의점 및 추가 사항

- 서로 대화하거나 손을 잡거나 발을 맞추는 등의 모의를 하지 않고 오로지 등의 감각만으로 이동하도록 한다. 앞으로만 이동해야 한다.
- 뒷사람을 고려하여 천천히 움직이도록 한다.
- 다섯개 팀을 동시에 진행하기 위해서는 반환점을 여러 개 만들거나 반환선을 그어주는 것이 좋다.

평가

[학생 평가]
- 등을 붙이고 눈을 감아서 감각을 극대화할 수 있는 것 같다.
- 친구를 의지해서 걸어보는 게 좋았다. 믿음과 협동심이 생겼다.

몸풀기 3

둥근 공 이마에 대고 걷기

- 활동 유형 : 몸 풀기
- 활동 목표 : 신체활동을 통하여 몸과 마음을 풀어본다.
  감각 능력을 기르고 감각 기관을 활용한다.
  움직임의 기본 요소인 관계에 대하여 이해한다.
- 대상 : 모든 연령
- 활동자료 | 준비사항 : 탱탱볼 5개
- 아이디어 참고 및 활동의 근거 : 몸짓굿 스튜디오(2006)

활동 방법 및 과정

❶두 사람씩 짝을 짓는다.
❷다섯쌍씩 출발선에 나와 선다.
❸탱탱볼을 이마 사이에 넣고 반환점을 돌아서 들어간다.
❹느낀 점, 어려웠던 점 등을 이야기 나눈다.

유의점 및 추가 사항

- 대화를 주고받거나 손을 잡거나 발을 맞추는 등의 모의를 하지 않고 오로지 이마의 감각에 의존하여 이동한다.
- 공이 눈을 가리지 않도록 주의한다. 다른 신체 부위를 붙여 볼 수도 있다.
- 다섯개 팀을 동시에 진행하기 위해서는 반환점을 여러 개 만들거나 반환선을 그어주는 것이 좋다.

평가

[학생 평가]
- 공이 떨어지지 않도록 하기 위해 힘을 조절해야한다는 것을 알았다.
- 공을 떨어뜨리지 않게 한 마음이 되어 같이 움직이는 기회가 되었다.

몸풀기 4

얼음땡 놀이(느리게)

- 활동 유형 : 몸 풀기
- 활동 목표 : 신체활동을 통하여 몸과 마음을 풀어본다.
  놀이를 통하여 스트레스를 해소한다.
  느린 동작을 통하여 운동효과를 높인다.
- 대상 : 모든 연령
- 활동의 출처 : 극단 유정(2007)

활동 방법 및 과정

❶ 자유대형으로 선다.

❷ 술래를 정하고 얼음땡 놀이를 하되 속도를 매우 느리게 한다. 얼음, 땡을 외칠 때도 느리게 한다.

유의점 및 추가 사항

- 속도를 최대한 늦추어 활동량을 증가시키도록 하며, 다양한 움직임이 표현될 수 있도록 격려한다.
- 참여자의 수가 많을 경우 술래를 여러 명 하는 것이 긴장감을 더할 수 있다.
- 속도가 느리게 진행되므로 자칫 한 사람이 술래를 오래하게 될 수 있으므로 일정한 시간이 지나면 술래를 바꾼다.
- 우리 집에 왜 왔니 등의 다양한 전통놀이도 가능하다.

평가

동심으로 돌아가 즐겁게 활동을 할 수 있었다. 활동이 간편하고 쉬우면서도 운동량이 많아서 몸 풀기로 적당하다고 생각된다. 학생들이 얼음땡, 우리 집에 왜 왔니, 꽃 찾으러 왔단다 등의 문장을 느리게 말하는 것을 매우 즐거워했다.

몸풀기 5

눈을 감고 걸어 봐요

- **활동 유형 :** 몸 풀기
- **활동 목표 :** 신체활동을 통하여 몸과 마음을 풀어본다.
  감각 능력을 기르고 감각 기관을 활용한다.
  움직임의 기본 요소(공간-방향, 경로, 시간-수준, 관계 등)를 이해한다.
  협동심을 기른다.
- **대상 :** 모든 연령
- **활동의 출처 :** 임효재(2005), 56-57쪽, 장님 놀이1

활동 방법 및 과정

[방법 1]

❶ 한 줄로 선다.

❷ 선두를 제외하고는 모두 눈을 감고 양손으로 앞 사람의 어깨를 짚는다.

❸ 선두에 선 사람은 기관사가 되어 자유롭게 다닌다(방향, 빠르기, 경로 등을 다양하게 변화시킨다).

[방법 2]

❶ 두 명씩 짝을 짓는다.

❷ 한 사람은 이끔이가 되어 눈을 뜨고 다른 사람은 눈을 감는다.

❸ 이끔이는 소리(말, 박수, 발소리 등)로써 상대방을 목적지까지 이끈다.

유의점 및 추가 사항

- [방법 1] : 선두에 선 사람은 사람들의 안전을 고려하도록 한다. 불을 끄면 활동에 집중하기가 좋다. 지도교사는 오르막, 내리막 등의 상황을 상상하도록 할 수 있다.
- [방법 2] : 이끔이는 장애물에 걸려 넘어지지 않도록 조심한다.
  매트, 의자, 계단 등의 장애물을 놓아두고 활동해 본다(이때 이끔이는 상대방의 이름을 부르면서 다양한 어조로 장애물을 알린다. 예 : ㅇㅇ야↑(계단을 오를 때), ㅇㅇ야!!(멈출때), ㅇㅇ야↓(계단을 내려올 때).

평가

간단하면서도 감각 능력을 기르는데 유용한 활동인 것 같다. 방법 1의 경우는 협동심을 기를 수 있는 활동이라고 생각된다. 안전을 위하여 바닥이 미끄럽지 않은 실내화를 신거나 맨발로 하는 것이 좋을 것 같다.

몸풀기 6

얼굴 근육 풀기

- **활동 유형** : 몸 풀기
- **활동 목표** : 신체활동을 통하여 몸과 마음을 풀어 본다.
  감각 능력을 기르고 감각 기관을 활용한다.
- **대상** : 모든 연령
- **활동의 출처** : 임효재(2005), 74-75쪽, 얼굴 감각 풀기

활동 방법 및 과정

❶ 원으로 둘러 앉는다.
❷ 눈, 코, 입, 귀 순서로 감각을 풀어준다.
- 눈을 크게 뜬다. 최대한 작게 뜬다(나머지 부위도 동일하다).
- 모든 부위를 동시에 크게 뜬다. 동시에 작게 뜬다(오므린다).
- 부위별로 다르게 해본다(눈은 크게 뜨고 입은 오므리고...).

❸ 고개를 앞으로 빼고 눈, 코, 입, 귀를 앞으로 쭉 뺀다(코를 향해서 각 부위를 모은다고 생각한다).
❹ 고개를 뒤로 보내고 각 부위를 최대한 확장한다. 목을 좌로, 우로 보내면서 이목구비도 좌, 우로 모아준다.
❺ 입술을 '푸르르' '파파' 하고 움직인다.
❻ 고개를 8박자, 4박자, 2박자, 1박자에 맞춰서 좌, 우로 돌려준다.
❼ 느낀 점을 이야기 한다.

유의점 및 추가 사항

상황을 제시하고 표정을 만들어 보는 활동으로 심화할 수 있다.

평가

[학생 평가]
- 평소 잘 쓰지 않던 얼굴의 근육을 풀어주는 것이 좋았다.
- 변화하는 얼굴 표정이 재미있기도 하였고 뭉쳤던 근육을 풀 수 있어서 좋았다.

몸풀기 7

눈 감고 목적지 찾아가기

- **활동 유형 :** 몸 풀기
- **활동 목표 :** • 신체 활동을 통하여 몸과 마음을 풀어 본다. • 감각 능력을 기르고 감각 기관을 활용한다. • 수학적 개념(수, 공간 등)을 이해한다. • 움직임의 기본 요소인 관계를 이해한다.
- **대상 :** 모든 연령
- **활동자료 | 준비사항 :** 목표물로 사용할 물건(깃발, 의자 등)
- **활동의 출처 :** 임효재(2005), 102-103쪽, 집중하여 걷기

활동 방법 및 과정

[방법 1]
❶ 모두 한쪽 벽에 선다.
❷ 각자 목표지점을 정한다(또는 목표지점을 정해준다).
❸ 눈을 감는다.
❹ 앞으로 열 걸음 걸어 나온 뒤 눈을 뜨고 목표 지점에 정확히 도착했는지 확인한다.

[방법 2]
❶ 두 명씩 짝을 짓고 마주본다.
❷ 한 명만 눈을 감은 채 뒤로 다섯 걸음 걷는다. 눈을 뜨고 확인한다.
❸ 다시 눈을 감고 다섯 걸음 앞으로 걸어 나와 짝을 만났는지 확인한다.
❹ 두 명 모두 눈을 감고 다섯 걸음 뒤로 갔다가 다섯 걸음 앞으로 나와서 서로 만나는지 확인한다.

[방법 3]
❶ 두 명씩 짝을 짓는다.
❷ 한 명은 눈을 감고 나머지 한 명은 앉아서 한쪽 무릎을 세워 의자모양을 만든다(실제 의자를 사용해도 좋다).
❸ 눈을 감은 사람이 뒤로 다섯 걸음 걸어갔다가 다시 앞으로 다섯 걸음 나와서 짝의 무릎을 찾아 앉는다.

유의점 및 추가 사항

- 교사는 학생들의 안전을 고려해야 한다. 두 명씩 활동하는 경우 눈을 뜨고 있는 사람은 상대방의 안전에 주의를 기울여야 한다.
- 정확한 목표를 정하여 주는 것이 좋으므로 필요할 경우 목표물을 사용한다.

평가

[학생 평가]

- 생각한 대로 걷는다고 걸었으나 눈을 떠보니 조금 다른 곳에 도착해 있어서 재미있었다.
- 눈을 감고 걸어야 하니까 동작 하나하나에 더욱 신경을 쓰게 된다.
- 집중하여 걸었을 때 목표점에 도착하면 성취감을 느낄 수 있어서 좋다.

몸풀기 8

손으로 엮고 풀고

◈ **활동 유형** : 몸 풀기
◈ **활동 목표** : 신체 활동을 통하여 몸과 마음을 풀어 본다.
방향(오른쪽, 왼쪽), 모양(엮인 모양, 풀린 모양)에 대하여 이해한다.
협동심을 기른다.
◈ **대상** : 모든 연령
◈ **아이디어 참고 및 활동의 근거** : 이태건 마임특강(2006), 소꿉놀이(2006), 32-33쪽, 꼬인 손을 풀어라

활동 방법 및 과정

❶ 원으로 둘러선다.
❷ 오른손이 왼손 위로 가도록 손을 교차시켜 좌, 우 옆 사람과 손을 잡는다.
❸ 엇갈린 손을 풀어본다.
❹ 다시 손을 꼬아 본다.

유의점 및 추가 사항

- 교사는 손을 풀거나 꼬는 방법을 미리 알려주지 않는다. 시행착오를 통하여 문제를 해결할 수 있도록 기다려 준다.
- 인원이 많을 경우는 두 그룹으로 진행하도록 한다.

평가

손을 다시 꼬아 보는 활동은 수업 중에 즉흥적으로 시도해 본 활동인 데 난이도가 있어서 훨씬 재미있었다. 성인의 경우는 손 풀기 활동이 쉽게 이루어지기 때문에 꼬기 활동으로 심화시키면 좋을 것 같다.

[학생 평가]

- 쉬워보였는데 실제로 해보니 어려웠다. 서로 협동하여 머리를 쓸 수 있었다.
- 간단하면서도 다 같이 할 수 있어서 재미있었다.
- 풀리지 않을 것 같던 꼬인 팔을 풀기 위해 여러 방향으로 돌고 손의 위치를 바꾸는 등의 활동이 유익했다.
- 생각보다 손을 꼬이게 하는 것이 어렵다는 것을 알았다. 원리를 한번쯤 생각해 보게 한다.

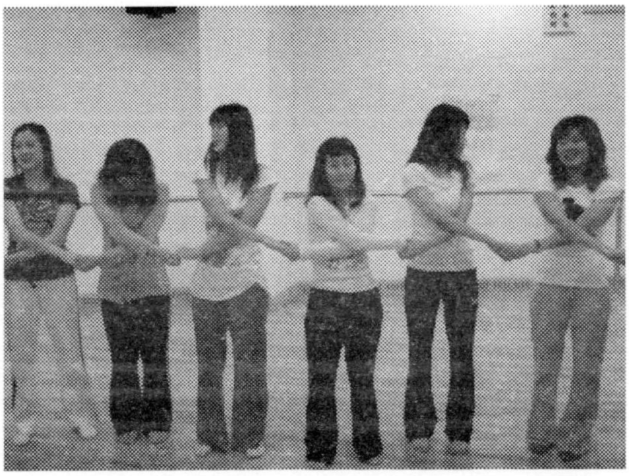

몸풀기 9

신체 부위 붙이기

◈ **활동 유형 :** 몸 풀기
◈ **활동 목표 :** • 신체 활동을 통하여 몸과 마음을 풀어 본다. • 신체 각 부분의 명칭을 안다.
• 움직임의 기본 요소인 관계를 이해한다.
◈ **대상 :** 모든 연령
◈ **활동의 출처 :** 사다리연극놀이 연구소(2007), people to people

◈ 활동 방법 및 과정

❶ 두 명씩 짝을 이룬다.
❷ 교사가 신체 부위 두개를 말하면 해당 부위를 서로 붙인다(예. 손바닥과 발바닥, 이마와 손등 등).
❸ 학생들에게 신체 부위를 말하도록 한다. 일정한 리듬을 가지고 신체 부위를 부를 수 있도록 지도한다.
❹ 파트너를 바꾸면서 해본다.

◈ 평가

학기 초에 친밀감을 형성하기에 좋은 활동인 것 같다. 신체 부분이 다양하게 나올 수 있도록 조건을 제시하는 것도 좋을 것 같다. 예를 들어 상체와 하체 중에서 한 가지씩 부르기, 이목구비와 사지 중에서 한가지씩 부르기 등

몸풀기 10

갇힌 공간에서

- **활동 유형 :** 몸 풀기
- **활동 목표 :** 신체 활동을 통하여 몸과 마음을 풀어 본다.
  움직임의 기본 요소(공간-방향, 시간-속도)를 이해한다.
- **대상 :** 모든 연령
- **활동의 출처 :** 몸짓굿 스튜디오(2006), 뗏목놀이, 극단 유정(2007), 사각링

활동 방법 및 과정

❶ 원으로 둘러선다.
❷ 한 쪽 방향으로 천천히 걷는다.
❸ 신호가 울리면 속도를 높인다.
❹ 다시 신호가 울리면 잠시 정지 동작을 취한 뒤 방향을 바꾸어 걷는다.
❺ 신호에 따라서 이동 속도, 방향을 변화시킨다.
❻ 원 이외에도 사각의 공간을 상상하며 활동할 수 있다.

유의점 및 추가 사항

유아의 경우는 바닥에 원 또는 사각형을 그려주는 것이 좋다.

평가

간단하면서도 보폭, 속도, 방향을 변화시킬 수 있어 몸 풀기는 물론 움직임의 기본 요소를 이해하기에 좋을 것 같다.

몸풀기 11

손에 손을 잡고 원을 좁혀나가자

- **활동 유형 :** 몸 풀기
- **활동 목표 :** 참여자들 간의 친밀감을 형성한다. 옆사람을 배려하면서 몸을 움직일 수 있다.
- **대상 :** 모든 연령
- **활동의 출처 :** 이태건 마임 워크샵(2009)

활동 방법 및 과정

❶ 원으로 둘러서서 옆사람과 손을 잡는다. 뒤로 천천히 젖힌다. 앞으로 천천히 고개를 숙인다.
❷ 손을 풀고 한 사람을 건너서 손을 잡는다(원의 간격이 좁아진다). 뒤로 천천히 젖힌다. 앞으로 천천히 고개를 숙인다. 오른쪽으로 몸을 기울인다. 왼쪽으로 몸을 기울인다.
❸ 손을 풀고 두 사람을 건너 손을 잡는다(원의 간격이 한결 더 좁아진다). 뒤로, 앞으로, 오른쪽, 왼쪽으로 몸을 기울인다.
❹ 손을 풀고 오른쪽으로 방향을 돌려서 앞사람을 안마해 준다. 뒤로 돌아서 앞사람을 안마해 준다.

유의점 및 추가 사항

몸을 뒤로 젖히거나 굽힐 때 옆 사람과 보조를 맞추지 않으면 원이 무너질 수 있으므로 주의한다.
옆 사람을 안마해 줄 때는 사랑의 마음을 전달한다.

평가

원의 간격이 좁아질때마다 옆사람과의 심리적 거리가 좁혀지는 느낌이었다. 첫날 이어서 다소 소란스럽게 활동이 진행되었다. 참여자들이 마음을 차분하게 가라앉혔다면 좀 더 효과적으로 서로의 마음이 전달될 수 있었을 것 같다.

몸풀기 12

둘이서 손잡고 뒤로 젖히고 앉고

- **활동 유형** : 몸 풀기
- **활동 목표** : 참여자들 간의 친밀감을 형성한다. 앞사람을 신뢰하고 배려하면서 몸을 움직일 수 있다.
- **대상** : 초등학교 이상
- **활동의 출처** : 이태건 마임 워크샵(2009)

활동 방법 및 과정

❶ 두 명씩 마주보고 서서 손잡고 뒤로 젖히기
- 두 명씩 짝을 짓는다(서로 다섯 발자국 정도 뒤로 물러선다).
- 한 발씩 앞으로 걸어나와 짝과의 간격을 좁힌다. 서로 발끝이 닿으면 손을 잡고 뒤로 젖힌다(역삼각형이 만들어 진다. 이때 상대편을 믿고 뒤로 몸을 완전히 젖혀야 팔이 완전히 펴지면서 역삼각형이 만들어진다).

❷ 역삼각형을 유지한 채 천천히 앉았다 일어서기

❶과 같이 두 사람이 역삼각형을 만든 뒤 자세를 유지하면서 천천히 앉았다가 일어난다(허벅지에 힘을 주어야 역삼각형이 유지된다).

유의점 및 추가 사항

몸을 뒤로 젖힐 때 발끝에 힘을 주어야 하며 앞사람을 신뢰하고 최대한 뒤로 몸을 젖히면서 팔을 뻗어야 역삼각형을 만들 수 있다.

평가

몸을 뒤로 젖힐 때 뒤로 넘어질 것을 우려해서 주춤하는 학생들이 많았다. 이러한 행동은 오히려 힘의 균형을 깨뜨려서 안전사고가 일어날 가능성이 더 많으므로 미리 시범을 보여주고 주의점을 일러주면 좋을 것 같다.

몸풀기 13

인디안과 방울뱀

- **활동 유형** : 몸 풀기
- **활동 주제** : 인디안과 방울뱀
- **활동 목표** : 청각적인 단서에 의해서 상대방의 움직임을 감지할 수 있다.
  상대방에게 자신의 위치를 노출시키지 않도록 하기 위하여 호흡, 움직임 등을 조절할 수 있다.
- **대상** : 모든 연령
- **활동자료 준비사항** : 방울 또는 소리나는 물체(예. 클립통)
- **활동의 출처** : 이태건 마임 워크샵(2009)

활동 방법 및 과정

❶ 원으로 둘러선다.
❷ 두 명이 원 안에 들어온다. 인디안과 방울뱀 역할을 정한다.
❸ 방울뱀에게는 소리나는 물체(방울, 클립통 등)를 준다.
❹ 각자 다섯번 제자리 돌기를 한 후에 눈을 감고 방울뱀은 도망가고 인디안은 잡으러 다닌다.

유의점 및 추가 사항

원에 서 있는 사람들은 두 사람이 원 밖으로 나가지 못하도록 보호막이 되어 준다.

평가

방울(클립통)을 너무 빈번하게 사용하면 움직임이 적어지고 둔해질 수 있다. 이 활동은 발소리, 호흡, 신체 움직임 등의 미세한 소리가 위치를 파악하도록 해주는 단서가 되므로 가능하면 클립통을 사용하지 않는 것이 좋을 것 같다.

몸풀기 14

왼쪽, 오른쪽 사람을 기억하라

- **활동 유형** : 몸 풀기
- **활동 목표** : 옆 사람을 기억할 수 있다.
  협동적으로 움직일 수 있다.
- **대상** : 모든 연령
- **활동의 출처** : 이태건 마임 워크샵(2009)

활동 방법 및 과정

❶ 원으로 둘러선다.
❷ 한 사람씩 돌아가면서 왼쪽과 오른쪽의 사람을 소개한다. "내 왼쪽에는 000가 있고, 내 오른쪽에는 ○○○가 있습니다".
❸ 원을 풀어 자유롭게 선 뒤에 대장을 정한다.
❹ 대장이 자유롭게 공간을 다니면 대장의 양 옆 사람은 왼쪽과 오른쪽의 위치를 유지하면서 대장을 따라가야 한다. 다른 사람도 자신의 옆 사람을 기억하면서 따라간다.
❺ 일정한 시간이 지나면 대장을 바꾼다.

유의점 및 추가 사항

인원이 20명이 넘을 경우는 그룹을 나눠서 진행한다. 이때 한 팀은 앉아서 관찰하도록 한다. 선두에 선 사람은 따라오는 사람들을 배려해서 속도를 조절하도록 한다. 인원이 너무 많거나 선두의 움직임이 너무 빠를 경우 넘어질 수 있으므로 유의한다. 유아와 함께 할 때는 기차놀이로 응용하여 다양한 장소를 상상하면서 다닐 수 있다(예, 기관사가 고갯길을 올라갑니다. 가파른 언덕을 속력을 내서 내려갑니다 등).

평가

간단하면서도 옆 사람을 기억해야하는 과제가 주어지므로 긴장감이 있었다. 활동량이 많아서 몸풀기에 적당한 것 같다.

기본 움직임 및
움직임의 기본요소 익히고 활용하기

움직임과 정지
이동 움직임, 비이동 움직임
신체 각 부분 움직이기
공간 요소 익히고 활용하기
사선으로 사선으로
신기한 방에서
걸으며 서며 조각 만들기
노력, 관계 요소 익히고 활용하기
상상하며 걷기
무궁화 꽃이 피었습니다
시야 넓히기

기본움직임, 요소 1

움직임과 정지

- **활동 유형 :** 기본 움직임 및 움직임의 기본 요소 익히고 활용하기
- **활동 주제 :** 움직임과 정지
- **활동 목표 :** 움직임과 멈춤의 차이를 이해한다.
- **대상 :** 모든 연령
- **아이디어 참고 및 활동의 근거 :** 몸짓굿 스튜디오(2006), 움직인다 안 움직인다

활동 방법 및 과정

움직임의 가장 기본이 되는 움직임과 정지에 관하여 설명한 뒤 움직여 본다.

❶ 자유대형으로 서서 자유롭게 걸어 다닌다.
❷ 신호가 울리면 정지한다(이때 눈동자조차 움직이지 않아야 한다).
❸ 원으로 해본다(한 방향으로 돌다가 신호를 듣고 정지한다). 이때 속도를 빠르고 느리게 변화시켜 본다.
❹ 응용해본다(원을 만들어 한 방향으로 돌다가 신호 들으면 방향을 반대로 바꿔서 정지하기 등).

유의점 및 추가 사항

- 본 활동의 초점은 움직임과 멈춤의 차이를 인식하는 데 있다. 따라서 움직임의 표현성보다는 정확성에 초점을 두고 활동을 진행하는 것이 좋다. 특히 정지 자세에서는 미세한 움직임도 배제할 수 있도록 지도하는 것이 좋다.
- 유아들과 할 때는 상황을 주어본다(무궁화 꽃이 피었습니다, 얼음땡, 그대로 멈춰라 등). 다만 움직임과 정지가 확실히 구분될 수 있도록 한다.

평가

- 간단한 움직임이었지만 정지가 쉽지 않았다.
- 손이나 고개 눈동자 표정 등의 미세한 움직임이 나타났다.
- 완벽한 정지에 대해서 설명하기가 쉽지 않은 것 같다.

기본움직임, 요소 2

이동 움직임, 비이동 움직임

- **활동 유형** : 기본 움직임 및 움직임의 기본 요소 익히고 활용하기
- **활동 주제** : 기본 움직임
- **활동 목표** : 이동 움직임과 비이동 움직임의 종류와 특성을 이해한다.
  반주 음악에 맞춰서 이동 움직임과 비이동 움직임을 경험해본다.
- **대상** : 모든 연령
- **활동자료 I 준비사항** : 반주 음악 cd(다양한 리듬)
- **활동의 개발**

활동 방법 및 과정

기본 움직임에 대하여 설명하고 움직여 본다.

❶ 이동 움직임의 종류와 방법에 대하여 이야기 나누고 움직여 본다.
예) 걷기
- 5열 종대로 선다.
- 한 줄씩 보통 걸음으로 맞은편 벽까지 걸어간다.
- 정확한 동작을 할 수 있도록 일러준다(팔과 다리를 반대로 움직이기, 시선을 정면에 두기, 상체가 흔들리지 않기).
- 다양한 걷기로 확장 한다
  - 한쪽 다리에 무게 중심을 이동하면서 걷기
  - 창의적 걷기 : 한 사람씩 다른 방법으로 걸어가기

❷ 비이동 움직임의 종류와 방법에 대하여 이야기 나누고 움직여 본다.

❸ 음악에 맞춰서 이동, 비이동 동작을 해본다.
걷기, 달리기, 펴기, 꼬기 등

유의점 및 추가 사항

걷기 : 한 사람씩 걸어 나오도록 하여 동작을 취하는 사람은 자신감을 얻도록 하고, 보는 사람은 동작에 대해 평가 능력을 기르도록 한다.

평가

- 교사가 정확한 동작을 이해하고 시범을 보일 필요가 있다.
- 참여자들이 마음을 열고 적극적으로 참여하는 것이 매우 중요함을 느꼈다.
- 기본 움직임의 목적이 신체표현에 있으므로 동작을 정확히 익히는 것이 중요하지만 신체활동과는 다소 다르게 접근할 필요가 있다.

기본움직임, 요소 3

신체 각 부분 움직이기

- **활동 유형 :** 기본 움직임 및 움직임의 기본 요소 익히고 활용하기
- **활동 주제 :** 움직임의 기본 요소(신체)
- **활동 목표 :** 신체를 인식하고 움직인다.
- **대상 :** 모든 연령
- **아이디어 참고 및 활동의 근거 :** 사다리연극놀이 연구소(2007)

활동 방법 및 과정

❶ 움직임의 기본 요소 중에 하나인 신체 요소에 관하여 설명하고 움직여 본다.

- 자유대형으로 선다.
- 신체의 각 부위를 움직여본다 : 손가락, 손목, 팔꿈치, 팔, 목, 발가락, 발목, 무릎, 다리 전체, 엉덩이, 허리, 몸통 순으로 따로 따로 움직여 본다. 한 부위씩 덧붙여 나갈 수 도 있다.

유의점 및 추가 사항

신체의 각 부분을 움직일 때 움직임의 기본 요소를 활용하여 최대한 다양한 움직임을 찾아 낼 수 있도록 격려한다. 예를 들어 팔의 경우 앞으로 올리기, 뒤로 올리기, 앞으로 내리기, 뒤로 내리기, 옆으로 들기, 한팔 들기, 양팔 들기, 한 팔씩 교차로 들기 등이 가능하다.

평가

- 시간이 짧아서 간단하게 진행했지만 좀 더 구체적으로 이루어 질 필요가 있다.
- 신체에 대한 인식과 관련 활동에 대한 보완이 필요하다.

기본움직임, 요소 4

공간 요소 익히고 활용하기

- **활동 유형 :** 기본 움직임 및 움직임의 기본 요소 익히고 활용하기
- **활동 주제 :** 움직임의 기본 요소(공간)
- **활동 목표 :** 공간과 관련된 개념(개인, 전체 공간, 수준, 방향, 선, 모양, 초점)을 이해하고 이를 활용하여 움직인다.
- **대상 :** 모든 연령
- **아이디어 참고 및 활동의 근거 :** 사다리연극놀이 연구소(2007)

활동 방법 및 과정

공간 개념을 설명하고 하위 요소별로 움직여본다.

❶ 개인공간과 전체 공간

- 개념 : 개인공간이란 개인이 손을 뻗어 최대로 소유할 수 있는 공간(유아들에게는 훌라후프로 설명할 수 있다). 주로 비이동 움직임이 일어난다. 지점 정하기란 한 곳을 정하여 개인 공간을 확보하는 활동이다. 이때 다른 사람과 부딪치지 않도록 해야 한다. 전체공간이란 개인 공간 이외의 공간으로 모든 사람이 공유하는 공간이며 이동 움직임이 일어난다.
- 활동 : – 개인 공간에서 비이동 움직임을 해본다. – 전체 공간에서 이동 움직임을 해본다.

❷ 수준(높이)

- 개념 : 공간의 높이는 높은, 중간, 낮은 수준으로 구분할 수 있다. 이러한 공간은 몸을 높게, 중간으로, 낮게 위치함으로써 표현할 수 있다.
- 활동 : – 세 명이 한 모둠이 되어 각각 다른 높이의 형태를 만들어 연결한다.
  – 모둠별로 세 개의 형태를 연속적으로 만들어 보도록 할 수 있다.
  – 한 모둠씩 발표하도록 한다.

❸ 방향

- 상하, 좌우, 전후의 여섯 개 방향과 함께 여덟 개의 45도 각도를 설명한다.
- 정면을 향하여 선 뒤 오른쪽으로 45도씩 이동하면서 여덟 개의 방향을 확인한다.

❹ 선 : 직선과 곡선에 대하여 설명한 뒤 직선으로 다녀보기, 곡선으로 다녀보기를 한다(자유대형).

❺ 모양 : 대칭, 비대칭, 퍼진, 좁은 모양에 대하여 설명한 뒤 2인 1조가 되어 각각의 모양을 만들어 본다.

❻ 초점 : 초점이란 표현하는 사람이 바라보는 곳을 의미하며 초점을 효과적으로 사용할 경우 공간을 확장시키는 결과를 만들 수 있다. 특히 상식을 벗어난 시선처리는 관객에게 무한한 상상을 불러일으킨다(예. 낮은 자세를 취하고 시선을 위로, 높은 자세를 취한 뒤 시선은 아래로 보내기).

❼ 종합

- 3인 1조가 되어 공간과 관련된 모든 개념을 사용하여 두 개의 형태를 만들도록 한다.
- 3인이 서로 연결되어야 하며 신호와 함께 동작을 연속적으로 만들어야 한다.

유의점 및 추가 사항

연령과 수업상황에 따라서 공간의 하위 요소를 간단하게 또는 구체적으로 다룰 수 있다. 본 활동은 개별 요소를 이해하는 데 있으므로 활동마다 중점 요소를 분명히 하도록 한다. 다만 종합활동에서는 모든 요소들을 다양한 방법으로 조합하는 데 초점을 맞추도록 한다.

평가

공간개념은 비교적 쉽게 설명할 수 있었다. 개념 정의가 명확한데다가 실제 활동도 적절하고 쉬웠기 때문이다. 한 개념씩 활동을 해본 뒤 개념을 통합하도록 한 결과 다양한 형태가 나타나는 것을 볼 수 있었다.

[신체모양]

[높이]

[대칭, 비대칭]

[시선]

기본움직임, 요소 5

사선으로 사선으로

- **활동 유형 :** 기본 움직임 및 움직임의 기본 요소 익히고 활용하기
- **활동 주제 :** 움직임의 기본 요소(공간:방향)
- **활동 목표 :** 공간(방향)과 관련된 개념을 이해하고 이를 활용하여 움직인다.
- **대상 :** 초등학교 이상
- **아이디어 참고 및 활동의 근거 :** 극단 유정(2007)

활동 방법 및 과정

[방법 1]

❶ 정면을 보고 선다.

❷ 신호가 울리면 사선 방향으로만 몸을 회전하여 형태를 만들고 정지한다. 이때 비이동 움직임, 공간, 높이, 범위, 시선 등의 요소들을 조합하여 다양한 형태를 만들도록 한다.

[방법 2]

거울을 볼 수 있는 위치에 서서 45도씩 방향을 회전하여 3차원적인 입체 형태를 만든다.

❶ 오른쪽-오른쪽-위

❷ 오른쪽-오른쪽-아래

❸ 오른쪽-왼쪽-위

❹ 오른쪽-왼쪽-아래

❺ 왼쪽-왼쪽-위

❻ 왼쪽-왼쪽-아래

❼ 왼쪽-오른쪽-위

❽ 왼쪽-오른쪽-아래

유의점 및 추가 사항

[방법 2]의 경우 3차원이 사용되기 때문에 다소 어려움이 있다. 따라서 천천히 진행하도록 한다. 양팔을 위로 올려 팔꿈치를 90도로 접은 후(ㄩ 모양) 상체만 회전하면 방향의 변화를 보다 쉽게 인지할 수 있다.

기본움직임, 요소 6

신기한 방에서

- **활동 유형 :** 기본 움직임 및 움직임의 기본 요소 익히고 활용하기
- **활동 주제 :** 움직임의 기본 요소(공간 : 방향)
- **활동 목표 :** 공간(방향)과 관련된 개념을 이해하고 이를 활용하여 움직인다.
  가상의 공간을 상상하며 움직여 본다.
- **대상 :** 초등학교 이상
- **활동의 출처 :** 극단 유정(2007)

활동 방법 및 과정

❶ 여덟 개의 시선의 방향을 연습한다(위, 45도 오른쪽 위, 오른쪽, 45도 오른쪽 아래, 아래, 45도 왼쪽 아래, 왼쪽, 45도 왼쪽 위).

❷ 한 사람씩 걸어 나오면서 한 걸음을 옮길 때마다 여덟 개의 방향 중 한 쪽으로 고개를 돌린다.

유의점 및 추가 사항

상체는 정면을 향하고 고개만 돌리는 것이 방향을 정확히 표현할 수 있다. 신기한 방에 들어와서 두리번거리는 장면을 떠올리도록 하면 보다 자연스럽게 움직일 수 있다.

평가

학생들이 시선 처리하는 것을 어려워했다. 무엇보다도 걸어가면서 동시에 고개를 돌리는 것이 쉽지 않았다.

기본움직임, 요소 7

걸으며 서며 조각 만들기

- **활동 유형 :** 기본 움직임 및 움직임의 기본 요소 익히고 활용하기
- **활동 주제 :** 움직임의 기본 요소(공간 : 방향)
- **활동 목표 :** 공간(방향)과 관련된 개념을 이해하고 이를 활용하여 움직인다.
- **대상 :** 초등학교 이상
- **활동의 출처 :** 극단 유정(2007)

활동 방법 및 과정

❶ 한 사람씩 대각선으로 걸어 나간다.

❷ 두, 세 걸음 걷다가 정지하고 전신으로 형태를 취한다(가능하면 45도 측면 8방향을 사용하여 입체적인 형태가 되도록 한다).

❸ 이러한 과정을 반복하여 5~7 가지 동작을 취한 뒤 자리로 들어간다.

유의점 및 추가 사항

- 동작과 걷기가 분명히 구분될 수 있도록 동작을 취한 뒤에는 완벽하게 정지하도록 지도한다.
- 걷는 방법은 보통걷기나 한 발 무게 중심 이동하여 걷기로 하되 부담을 느낄 경우 자유롭게 걸어 나가도록 한다.
- 유사한 동작이 반복되지 않도록 지도하고 가능하면 45도 측면 8방향을 사용하여 3차원의 형태가 되도록 한다.
- 한 사람씩 동작을 하도록 하고 나머지는 감상하게 한다.

평가

정확하게 정지하기가 쉽지 않았으며 순간적으로 형태를 만드는 것이 어려워보였다.

기본움직임, 요소 8

노력, 관계 요소 익히고 활용하기

- **활동 유형 :** 기본 움직임 및 움직임의 기본 요소 익히고 활용하기
- **활동 주제 :** 움직임의 기본 요소(노력, 관계)
- **활동 목표 :** 노력, 관계와 관련된 개념을 이해하고 이를 활용하여 움직인다.
- **대상 :** 모든 연령
- **활동자료 I 준비사항 :** 다양한 느낌의 음악 cd(무겁게, 가볍게, 거칠게, 부드럽게, 얽매인듯한, 자유로운), 기본 요소가 하나씩 적힌 종이 카드
- **활동의 출처 :** 사다리 연극놀이 연구소(2007)

활동 방법 및 과정

1. 노력요소(공간, 시간, 힘, 흐름)에 대해서 설명하고 5열 종대로 선뒤 개념 및 하위개념별로 한줄씩 표현해 본다.
   [공간] : 공간 개념에 대하여 설명하고 움직여 본다(개방적, 폐쇄적).
   [시간] : 시간 개념에 대하여 설명하고 움직여 본다(빠르게, 느리게, 가속, 감속, 리듬).
   [힘] : 힘에 관하여 설명하고 개념별로 움직여본다.
   ❶ 무게 : 무겁게, 가볍게
   ❷ 에너지 : 폭발하듯이, 거친, 부드럽게
   ❸ 강도 : 강하게, 약하게
   ❹ 기타 다양한 표현 : 흔들기, 스타카토(타악기) 등의 표현을 해본다.
   [흐름] : 흐름에 관하여 설명하고 움직여 본다(묶인, 자유로운).
2. 관계에 관하여 설명하고 움직여 본다.
3. 기본 요소의 종합 : • 카드에 기본 움직임, 기본 요소를 하나씩 적은 뒤 임의적으로 몇 장을 선택하여 움직임을 만든다.
   • 혼자서, 짝이랑, 여럿이 함께 할 수 있다.

유의점 및 추가 사항

- 연령과 수업상황에 따라서 하위 요소를 간단하게 또는 구체적으로 다룰 수 있다. 본 활동은 개별 요소를 이해하는 데 있으므로 활동마다 중점 요소를 분명히 하도록 한다. 다만 종합활동에서는 모든 요소들을 다양한 방법으로 조합하는 데 초점을 맞추도록 한다.
- 인원이 많다면 한 요소당 한 줄씩만 표현해 본다.

평가

생각보다 자유로운 동작이 나타나지 않았다. 참여자들이 움직이기를 꺼려한 점도 있었고 개념별로 차별화된 설명이 이루어지지 않은 탓도 있었다. 무엇보다도 참여자들이 테크닉을 사용하려는 경향이 있어서 단조롭고 정형화된 움직임에 국한되었다는 점이 아쉬웠다. 자유롭고 창의적인 움직임을 이끌어내는 발문 및 신체부위별 움직임 훈련이 필요한 것 같다.

기본움직임, 요소 9

상상하며 걷기

- **활동 유형 :** 기본 움직임 및 움직임의 기본 요소 익히고 활용하기
- **활동 주제 :** 움직임의 기본 요소(노력 : 무게)
- **활동 목표 :** 노력(무게)과 관련된 개념을 가상의 상황 속에서 활용해본다.
- **대상 :** 모든 연령
- **아이디어 참고 및 활동의 근거 :** 몸짓굿 스튜디오(2006)

활동 방법 및 과정

❶ 자유대형으로 선다.
❷ 물속이라고 상상하며 걷는다.
❸ 모래밭, 달나라, 진흙 속을 상상하며 걷는다.
❹ 오르막, 내리막길이라고 상상하며 걷는다.
❺ 느낀 점에 대하여 이야기 나눈다.

유의점 및 추가 사항

- 길의 특성을 생각할 수 있는 시간을 주고 이를 정확하게 표현하도록 한다.
- 교수자료(배경사진, 음악 등)을 활용하여 표현을 도울 수 있다.
- 한 줄씩 또는 모둠별로 상황을 다르게 주어본다.
- 다양한 상황을 제시해 본다(뜨거운 철판걷기, 차가운 얼음 위 걷기, 외줄 걷기, 세찬 바람이 몰아치는 날 걷기, 뜨거운 사막 걷기, 진흙 →늪→진흙 걷기, 가시덤불 걷기, 느리게 걷기 등).

평가

학생들이 상상의 공간을 걷는다는 것을 흥미있어 했다. 그러나 다양한 상황을 섬세하게 표현하지 못하였다. 바닥면의 차이를 느낄 수 있도록 적절한 발문이 필요함을 느꼈다. 실제로 "진흙 속을 걸을 때는 발을 넣을 때보다 뺄 때가 더 힘들 것 같아"와 같은 발문을 해 주었을 때 학생들의 표현이 보다 정교해지는 것을 볼 수 있었다.

[학생 평가]

- 상상 속에서 내 몸을 움직인다는 것이 신기했다.
- 상상해서 하니까 너무 재미있었고 적절히 도움을 받으니 표현하기가 훨씬 쉬웠다.
- 걸음걸이가 다양하게 표현될 수 있는 기회였다.
- 평소 걷는 것과 다르게 걸어봄으로써 색다른 경험이 되었다.

기본움직임, 요소 10

무궁화 꽃이 피었습니다

- **활동 유형 :** 기본 움직임 및 움직임의 기본 요소 익히고 활용하기
- **활동 주제 :** 움직임과 정지
- **활동 목표 :** 움직임과 정지의 차이점을 이해하고 몸으로 익힌다.
- **대상 :** 모든 연령
- **활동의 출처 :** 이태건 마임 워크샵(2009)

활동 방법 및 과정

[무궁화 꽃이 피었습니다]

❶ 술래와 출발선을 정한다.

❷ 술래가 앞을 보고 "무궁화 꽃이 피었습니다"를 외칠 동안 참여자들은 몰래 앞으로 걸어 나오다 정지한다.

❸ 술래는 무궁화 꽃이 피었습니다를 외친 후에 뒤를 돌아보아 움직임이 느껴지는 사람을 찾아낸다.

[응용1]

❶ 술래와 출발선을 정한다.

❷ 술래는 무궁화 꽃이 피었습니다 대신에 다른 문장을 외친다(예. 아리랑 고개를 넘어갑니다, 할미꽃이 피었습니다, 똥꽃이 피었습니다, 버드나무가 흔들립니다, 해바라기 꽃이 피었습니다, 아지랑이가 피었습니다 등).

❸ 각 사람은 술래가 문장을 말할 때 관련되는 동작을 취하다가 멈춘다(예. 아리랑 고개를 넘어갑니다에서는 한 발을 들고 고개를 넘어가는 동작을 하다가 멈추고, 할미꽃은 할머니 자세, 똥꽃은 변을 보는 자세, 버드나무는 손으로 버드나무의 흔들림을 표현하고 해바라기는 손을 높이 들고 고개를 돌려 해바라기 모양을 연출 한다).

[응용2]

❶ 술래를 정한다.

❷ 놀이에 사용할 사물을 정한다(방석과 같이 일정한 크기와 부피가 있는 것으로 정한다).

❸ 두 명씩 짝을 짓고 술래가 무궁화 꽃이 피었습니다를 외치는 동안 한 팀을 정해서 방석을 숨기도록 한다.

❹ 술래가 방석을 찾아내면 술래가 바뀐다.

유의점 및 추가 사항

[무궁화 꽃이 피었습니다]의 경우 기존의 방식으로 놀이하되 술래가 참여자의 미세한 움직임도 엄격하게 찾아냄으로써 참여자들의 정지동작이 확실하게 나타나도록 유의하면서 한다. 사람들이 처음에는 고갯짓, 팔움직임 등의 미동이 많이 눈에 띄었으나 차츰 완벽한 정지 동작이 가능해졌다.

[응용1]의 경우 문장은 즉석에서 만들 수 있으며 가능하면 전신을 사용하고 움직임이 분명하고 표현적일 수 있는 것으로 선택한다.

[응용2]의 경우 술래가 방석을 숨긴 팀을 찾아내지 못하도록 다른 팀들도 방석을 숨긴 것처럼 위장해야한다. 짝과의 틈이 벌어지면 방석을 숨겼는지 여부가 쉽게 탄로 나므로 틈이 없게 자세를 취하는 것이 중요한다. 처음에는 자세가 허술했으나 차츰 다양한 동작을 만들면서도 완벽하게 위장하여 술래가 곤혹스러워하기도 하였다.

기본움직임, 요소 11

시야 넓히기

- **활동 유형 :** 기본 움직임 및 움직임의 기본 요소 익히고 활용하기
- **활동 주제 :** 공간-시선
- **활동 목표 :** 의도적으로 일상적인 시선처리를 벗어나봄으로써 다양한 시선이 주는 공간적 느낌을 경험한다.
- **대상 :** 모든 연령
- **활동의 출처 :** 이태건 마임 워크샵(2009)

활동 방법 및 과정

❶ 두 명씩 마주보고 선다.
❷ A와 B를 정한다.
❸ A가 오른손 둘째 손가락을 들어 B의 얼굴 앞에서 움직이면 B는 눈동자로 이를 따라간다.
❹ A가 왼손 둘째 손가락을 움직이면 B는 고개만 돌려서 A의 손가락을 따라간다.
❺ A가 양손을 들어 B앞에서 움직이면 B는 눈동자로는 A의 오른손가락을 좇고 고개는 A의 왼손가락을 좇는다.
❻ A와 B의 역할을 바꿔본다.

유의점 및 추가 사항

손가락을 움직이는 사람은 따라하는 사람이 시선과 고개의 움직임을 정확하게 구분하고 있는지를 상대방에게 확인시켜 준다.

평가

간단하면서도 쉽지 않은 활동이므로 학생들에게 즐거움을 주면서도 시선연습을 하기에 적절하였다.

자유롭게 움직이기

몸으로 나를 소개합니다
따라하기
좋아하는 동물 표현하기
눈 감고 장애물 통과하기
움직임 도미노
거울놀이
서로 서로 붙여라
움직이는 동굴과 터널
신체부위 이끌기1
그림자 놀이
손뼉 파도치기
번호를 불러라
신체부위 이끌기2
8박자 움직임
내 몸에 요정이 들어간다면
음악들으며 자유롭게 춤추기

자유롭게 움직이기 1

몸으로 나를 소개합니다

- **활동 유형** : 자유롭게 움직이기
- **활동 주제** : 나
- **활동 목표** : 나의 외모, 성격, 소질, 관심사를 몸으로 표현한다.
- **대상** : 모든 연령
- **활동 출처** : 극단유정(2007)

활동 방법 및 과정

❶ 원으로 둘러앉는다.
❷ 한 사람씩 일어나서 몸짓으로 자신을 소개한다(특징, 장·단점, 희망사항, 성격, 취미 등).
❸ 자신이 표현한 몸짓의 의미를 말한다.

유의점 및 추가 사항

자신 있게 표현하고 타인의 표현을 존중해준다. 다양하고 적극적인 표현이 나올 수 있도록 생각할 시간을 주도록 한다. 자신을 가장 잘 나타낼 수 있는 것을 한 가지만 골라서 표현하도록 한다.

평가

- 학생들이 주로 상체를 사용하였기 때문에 표현이 소극적이었다.
- 동작도 작고 분명치 않았으며 그 의미를 설명할 때도 목소리가 너무 작았다. 학생들이 자신감을 가지고 크고 분명한 몸짓을 하도록 하고 큰 소리로 발표하도록 격려할 필요가 있을 것 같다.

[학생 평가]

- 자신만의 표현을 살려서 개성 있는 동작이 될 수 있었다.
- 자신에 대해 생각해 보고 표현해 봄으로써 자신감을 얻게 되었다.
- 나 자신을 글로 표현한 적은 많았지만 몸으로 표현해 보는 것은 처음이어서 기억에 남고 창의적 표현의 기초가 되는 것 같다.
- 친구들의 새로운 면을 알 수 있었다.

자유롭게 움직이기 2

따라하기

- **활동 유형** : 자유롭게 움직이기
- **활동 주제** : 움직임, 모방
- **활동 목표** : 기본 움직임과 움직임의 기본 요소를 결합하여 움직임을 표현한다.
  다른 사람의 움직임을 관찰하여 이를 모방한다.
  새로운 움직임을 만들어 낸다.
- **대상** : 모든 연령
- **아이디어 참고 및 활동의 근거** : 극단 유정(2007)

활동 방법 및 과정

❶ 자유대형으로 걷는다.
❷ 교사가 한 명을 호명하면 자유롭게 동작을 취하고(춤추거나, 걷거나 등) 나머지는 이를 따라한다.
❸ 동작을 취했던 사람이 다른 사람을 호명하고 들어간다.
❹ 호명된 사람이 동작을 취하고 나머지는 따라한다.
❺ 위의 과정을 반복한다.

유의점 및 추가 사항

- 교사는 학생들이 온몸으로, 보다 적극적으로 표현할 수 있도록 자유로운 분위기를 만든다.
- 활동의 초기에는 혼자서 동작을 하는 것을 어색해 하므로 원보다는 자유대형으로 시작하는 것이 좋다.
- 표현활동이 익숙해지면 원으로 둘러선 뒤 한 명이 중앙에서 동작을 취하도록 할 수 있다.
- 몸풀기로 활용가능하다 : 원으로 둘러서서 한명씩 체조 동작(즉흥춤)을 하면 나머지 사람들이 이를 따라 한다.

평가

[학생 평가]
- 다른 사람의 동작을 따라하는 것이 재미있었고 타인의 동작을 볼 수 있었다.
- 유아들과 해보기 좋을 것 같다.

자유롭게 움직이기 3

좋아하는 동물 표현하기

- **활동 유형 :** 자유롭게 움직이기
- **활동 주제 :** 동물
- **활동 목표 :** 동물의 특징을 이해하고 이를 몸으로 표현한다.
- **대상 :** 모든 연령
- **아이디어 참고 및 활동의 근거 :** 극단 유정(2007)

활동 방법 및 과정

❶ 자유대형으로 걷다가 신호가 울리면 사선방향으로 몸을 돌린다.
❷ 이때 마주치는 사람과 짝이 되어 자신이 좋아하는 동물을 몸짓으로 표현한다(상대방의 표현을 감상하는 것이 좋으므로 순서를 정해서 표현한다).
❸ 1, 2의 방법을 반복한다.
❹ 한 쌍씩 표현해 보게 한 뒤 무엇을 표현했는지에 관하여 이야기 나눈다.
❺ 전체 학급을 두 모둠으로 나눠서 한 모둠씩 표현해 보게 한다.

유의점 및 추가 사항

- 교사는 학생들의 표현이 소극적이거나 단순할 경우 잠시 활동을 중단하고 표현이 적극적인 팀의 발표를 보도록 한다.
- 다양한 동물이 표현될 수 있도록 초기에는 교사가 동물을 제시해 주는 것도 좋다.
- 다양한 사람들과 만날 수 있도록 이동의 규칙을 정하는 것도 좋다(예를 들어 앞으로 다섯 걸음, 오른쪽으로 한 걸음 가서 만나기).

평가

[학생 평가]

- 우리에게 친숙한 동물을 표현해서 재미있었고 친구들의 표현도 함께 볼 수 있어서 즐거웠다.
- 예상외의 표현이 나타나기도 하고 전에 만난 사람의 표현이 모방되기도 하여서 점차 표현이 풍부해졌다.
- 다른 사람과 생각을 나눌 수 있었다.

자유롭게 움직이기 4

눈감고 장애물 통과하기

- **활동 유형 :** 자유롭게 움직이기
- **활동 주제 :** 장애물
- **활동 목표 :** 감각 능력을 기르고 감각 기관을 활용한다.
  움직임의 기본 요소를 조합하여 다양한 형태의 장애물을 만든다.
- **대상 :** 모든 연령
- **아이디어 참고 및 활동의 근거 :** 임효재(2005), 58-59쪽, 장님놀이2

활동 방법 및 과정

❶ 10~15명씩 모둠을 나눈다.
❷ A 모둠은 뒤를 향해 앉는다(장애물 만드는 것을 보지 못하도록).
❸ B 모둠은 한 사람, 두 사람, 세 사람이 모여서 나무, 바위 등의 장애물을 만들도록 한다.
❹ B 모둠에서 이끔이를 두 명 정도 선발한다.
❺ 이끔이는 A 모둠원을 한 명씩 데리고 나와서 장애물을 통과하도록 한다.
❻ 장애물을 통과하면 지나온 길을 확인하도록 한다.
❼ 모두 통과하면 모둠의 역할을 바꿔서 해본다.

유의점 및 추가 사항

- 지나가는 경로를 고려하여 장애물을 만들도록 한다.
- 이끔이는 장애물로 이동하는 것만을 도와준다.
- 불을 꺼서 주위를 어둡게 하는 것이 보다 활동에 몰입하기에 좋다.
- 성인을 대상으로 할 경우는 성별을 나누어 진행하는 것이 좋다.

평가

학생들이 매우 재미있어 했다. 15명의 인원이 통과하는 데 걸리는 시간이 생각보다 길었다. 따라서 모둠을 10명씩 나누도록 하고 활동에 참여하는 모둠을 제외한 모든 모둠들은 이끔이를 하도록 하는 것이 좋다.

[학생 평가]

- 눈을 감고 장애물을 넘는 것이 두렵기도 했지만 모든 감각을 활용할 수 있었다.
- 항상 눈을 뜨고 다니다가 눈을 감고 장애물을 넘어봄으로써 눈이 보이지 않는 사람들의 불편함을 느낄 수 있었다.
- 무턱대고 전진하지 않고 장애물을 탐색하게 되었다.
- 장애물을 만들 때 복잡한 구조물을 만들면서도 통과하는 사람을 생각하여 길을 만들게 되므로 생각을 많이 하게 되었다.

자유롭게 움직이기 5

움직임 도미노

- **활동 유형 :** 자유롭게 움직이기
- **활동 주제 :** 움직임
- **활동 목표 :** 기본 움직임과 움직임의 기본 요소를 결합하여 움직임을 표현한다.
  다른 사람의 움직임을 관찰하여 이를 모방한다.
  새로운 움직임을 만들어 낸다.
- **대상 :** 모든 연령
- **아이디어 참고 및 활동의 근거 :** 임효재(2005), 104-105쪽, 동작잇기

활동 방법 및 과정

[방법 1]

❶ 원으로 둘러선다.

❷ 한 명이 원 안으로 들어와서 동작을 하면 다른 사람이 들어와 동작을 따라한다.

❸ 동작이 비슷해지면 먼저 사람은 제자리로 들어가고 남아 있는 사람이 새로운 동작을 만든다.

❹ 또 다른 사람이 원으로 들어와서 동작을 따라한다. 같은 방법으로 모든 사람이 참여하도록 한다.

[방법 2]

❶ 원으로 둘러선다.

❷ 한 명(A)이 원 안에 들어와서 일정한 리듬이 있는 동작을 하면서 원안을 돈다.

❸ 동작을 2~3번 반복한 후에 A는 동작의 일부를 변형, 발전시킨다. 모든 움직임은 의식적으로 만들지 말고 즉흥적으로 떠오르는 대로 움직인다.

❹ 3~4가지 동작을 만든 후 최종적인 동작이 만들어지면 누군가(B) 앞에 서서 그 동작을 한다.

❺ B는 A를 따라서 움직인다.

❻ A와 B의 동작이 정확하게 일치하면 A는 B의 자리로 들어가고 B가 원 안으로 들어온다.

❼ B는 원 안을 돌면서 A의 마지막 동작에 기초하여 2~6의 과정을 반복한다.

유의점 및 추가 사항

- 성인들과 할 경우 혼자서 하는 것을 어색해할 수 있으므로 속도를 빨리하도록 한다. 혹은 따라하는 사람을 여러 명을 정할 수 있다(2, 3명 등).
- 표현과 모방은 자발적으로 이루어지도록 한다.
- 자유로운 표현에 익숙하지 않은 집단의 경우는 주제를 제시해주는 것이 좋다(예를 들어 걷기). 기본 움직임을 익힌 후에 응용활동으로 연결해도 좋다.
- [방법 2]의 경우 소리와 대사를 넣어서 동작을 만들 수 있다.

평가

[학생 평가]

- 상대방의 동작을 눈여겨보고 모방할 수 있었다.
- 친구들의 다양한 동작을 볼 수 있었다.
- 즉흥적이고 창의적인 표현이 가능했다.

자유롭게 움직이기 6

거울 놀이

- **활동 유형 :** 자유롭게 움직이기
- **활동 주제 :** 거울
- **활동 목표 :** 움직임의 기본 요소인 관계를 이해하고 움직임으로 활용한다.
  거울이 되어 타인의 움직임을 반대로 모방해본다.
- **대상 :** 모든 연령
- **아이디어 참고 및 활동의 근거 :** 2006 문화예술교육박람회, 임효재(2005), 109쪽, 거울보기

활동 방법 및 과정

❶ 두 줄로 선 뒤 마주보고 뒤로 열 걸음 물러난다.

❷ 앞 사람과 거울놀이를 한다(한 사람은 표현자, 다른 사람은 거울이 된다).

❸ 역할을 바꿔본다.

❹ 주제를 주거나 학생들이 주제를 정하여 표현해 본 뒤에 한 쌍씩 발표 한다.
예) 일상생활의 움직임, 화장실 가기 전의 모습, 기쁜 날, 슬픈 날 등

❺ 느낀 점을 이야기 나눈다.

[응용]

❶ 두 명씩 마주 보고 서서 거울과 표현자가 구분되지 않을 정도로 매우 느리게 거울 놀이를 해본다.

❷ 모든 사람들이 두 줄로 서서 짝과 마주 본다. 앞 사람과 거울놀이를 하되 옆의 커플과 어깨 짚기, 다리 걸기, 인사하기 등과 같은 상호작용을 한다. 이때도 동작은 매우 느리게 한다.

유의점 및 추가 사항

- 두 사람 사이의 간격을 처음에는 넓게, 두 번째는 조금 좁혀서 해본다.
- 표현하는 사람은 거울 역할과 보조를 맞추어 움직인다.
- 한 커플식 거울놀이를 해보도록 하고 나머지는 앉아서 감상한다.
- 거울 앞에 두 사람이 나란히 서서 움직임을 해보는 것도 좋다.
- 실제 거울을 탐색한 후에 활동을 하면 더 생생한 표현을 끌어낼 수 있다.
- 크고 분명하게 표현하도록 한다.

평가

[학생 평가]

- 누군가를 반대로 따라한다는 것은 경험하지 못했던 것이다.
- 친구의 모습을 따라해 보면서 즐거움을 느낄 수 있었으며 친구와 일체감을 느꼈다.

자유롭게 움직이기 7

서로 서로 붙여라

- **활동 유형 :** 자유롭게 움직이기
- **활동 주제 :** 거미줄
- **활동 목표 :** 서로의 신체를 붙여서 새로운 형태를 만들어 본다.
- **대상 :** 모든 연령
- **아이디어 참고 및 활동의 근거 :** 소꿉놀이, 30-31쪽, 우리는 하나의 선

활동 방법 및 과정

❶ 5명씩 모둠을 나눈다.
❷ 각 모둠이 적당한 거리를 두고 자유롭게 자리를 잡는다.
❸ 같은 모둠원끼리 서거나, 앉거나, 눕는 등의 자세를 취한 뒤 양쪽 사람과 신체를 접촉한다(신체의 어느 한 곳이라도 붙어 있으면 된다).
❹ 모든 모둠이 함께 동작을 취한 뒤 정지한다.
❺ 동작을 풀고 한 모둠씩 동작을 취해 본다.
❻ 단순한 동작이 나올 경우 교사가 개입하여 좀 더 다양하고 복잡한 동작이 나오도록 발문한다(예를 들어 팔과 다리 이 외에 다른 신체 부위를 붙여보도록 하거나 서 있는 동작 이외에 앉고, 눕고 엎드리는 등의 자세를 취하도록 한다. 원 모양 이외에도 겹쳐지는 모양, x자로 교차되는 모양 등을 취해보도록 한다).

유의점 및 추가 사항

준비시간을 줄 수 있으나 토론보다는 직접 움직이면서 모양을 구성해가도록 한다. 개성있는 표현을 격려한다. 다양한 모양이 나올 수 있도록 타인의 것을 관찰할 수 있는 시간을 준다.

평가

- 인원을 늘려서 더욱 복잡한 구조를 만들면 좋을 것 같다.
- 주제를 제시해 주는 것도 좋을 것 같다.

[학생 평가]

- 조원들이 함께 연결해 보는 것이 협동심을 길러 줄 수 있어 유아들에게 유익할 것 같다.
- 단순하게 몸을 붙이는 것이 아니라 신체의 다양한 부분을 사용해서 좋았다.
- 몸으로 하나의 선을 표현하니 색다르고 만들어진 모습이 멋있었다.

자유롭게 움직이기 8

움직이는 동굴과 터널

- **활동 유형 :** 자유롭게 움직이기
- **활동 주제 :** 동굴, 터널
- **활동 목표 :** 움직임의 기본 요소를 조합하여 다양한 동굴과 터널 모양을 만들어 본다.
  일정한 박자에 맞춰서 운동감 있는 움직임을 만든다.
- **대상 :** 모든 연령
- **아이디어 참고 및 활동의 근거 :** 소꿉놀이, 28-29쪽, 뱀장어처럼

활동 방법 및 과정

❶ 두 모둠으로 나눈다.

❷ 한 모둠은 자리에 앉아서 대기하고 나머지 모둠이 두 명씩 짝이 되어 동굴과 터널을 만든다(일정한 박자에 따라서 동굴과 터널모양이 움직이도록 한다).

❸ 앉아 있는 모둠에게 만들어진 동굴 모양과 움직임을 차례대로 보여주도록 한 뒤 앉아 있는 모둠원 한 명씩 동굴을 통과하도록 한다. 이때 동굴에 몸이 닿지 않도록 주의한다.

❹ 모둠의 역할을 바꿔서 해본다.
동굴 모양을 보다 다양하게 만들고 참여 인원도 한 명, 두 명, 세 명 등 자유롭게 정하도록 격려한다.

유의점 및 추가 사항

동굴들의 간격이 좁으면 줄을 서서 기다리는 시간이 길어지므로 동굴의 간격을 넓게 유지한다. 동굴을 자유롭게 놓아둠으로써 단조로운 이동 경로를 피한다.

평가

학생들이 매우 즐거워했다. 첫 팀이 끝난 뒤 간단한 평가를 했던 것이 동굴모양과 움직임이 다양해 지는 데 큰 도움이 되었다.

[학생 평가]

- 몸을 유연하게 움직여 볼 수 있어서 좋았다.
- 여러 가지 터널을 만들어 보고 통과하는 것이 재미있었다.
- 터널을 통과하는 것이라 몸의 수준이나 넓이 등을 생각할 수 있었다.
- 터널을 통과하는 것 보다 터널이 되었을 때가 더 힘들었다.

자유롭게 움직이기 9

신체부위 이끌기1

- **활동 유형 :** 자유롭게 움직이기
- **활동 주제 :** 낚시
- **활동 목표 :** 두 사람이 함께 움직임의 기본 요소를 조합하여 다양한 움직임을 만들어 본다.
  낚시놀이를 상상하며 움직여 본다.
- **대상 :** 모든 연령
- **아이디어 참고 및 활동의 근거 :** 임효재(2005), 86-87쪽, 낚시놀이

활동 방법 및 과정

❶ 모두 벽 쪽에 선다.
❷ 교사는 낚시꾼이 되고 학생들은 물고기가 된다.
❸ 교사가 낚시질하는 동작을 취하면서 신체 부위를 외친다(예. 이마, 코, 눈, 입, 턱, 목젖, 어깨, 등, 엉덩이, 발, 오금, 무릎, 허리 등).
❹ 학생들은 해당 신체 부위에 낚시줄이 걸려 물 밖으로 나오는 모습을 표현한다.
❺ 교사의 시범이 끝나면 원하는 사람이 낚시꾼이 되어본다(자원하는 사람 4-5명).
❻ 두 명씩 짝을 지어 마주 보고 선 뒤 낚시놀이를 해본다(역할을 바꿔서도 해본다).

유의점 및 추가 사항

- 다양한 신체 부위를 이용할 수 있도록 한다. 실감나게 표현할 수 있도록 한다. 이를 위해서 가상의 상황(예. 물고기의 크기 등)을 제시해 주는 것도 좋다.
- 끌려올 때 다양한 수준, 방향을 고려해보도록 한다(예. 누워서 따라오기, 앉아서 끌려오기 등).

평가

학생들이 재미있어 했다.

[학생 평가]
- 실제로 물고기가 된 것처럼 상상하며 행동하는 것이 재미있었다.
- 전혀 사용하지 않던 부위를 이용해 특이한 동작을 해보았다(혀, 배, 이마).
- 신체 각 부분에 대해 생각해 볼 수 있었다.
- 신나고 재미있었고 한 부분만 이끌려 가보는 활동이 유익했다.
- 신체의 특정 부분을 끌어당기는 것이 재미있었다.

자유롭게 움직이기 10

그림자놀이

- 활동 유형 : 자유롭게 움직이기
- 활동 주제 : 그림자
- 활동 목표 : 움직임의 기본 요소인 관계를 이해하고 이를 움직임으로 활용한다.
  그림자가 되어 타인의 움직임을 관찰하고 이를 모방한다.
- 대상 : 모든 연령
- 활동의 개발

활동 방법 및 과정

❶ 두 명씩 짝을 이룬다.
❷ 역할을 정한다(표현자, 그림자).
❸ 한 쌍씩 발표해 보게 한다.
❹ 느낀 점을 나눈다.

유의점 및 추가 사항

- 표현하는 사람은 그림자와 보조를 맞추어 움직인다.
- 표현이 제한될 경우에는 주제를 제시해 준다.
- 크고 분명하게 표현하도록 한다.
- 아래와 같이 다양한 방법으로 표현할 수 있다.
  - 두 명씩 가까이 마주보고, 또는 간격을 두고 서서 표현하기
  - 여러 명이 함께 표현하기(예. 표현자 3명, 그림자 3명)
  - 앞 뒤로 서서 또는 표현자의 발밑에 누워서 표현하기
  - 속도, 범위, 방향 등 기본 요소를 변화시키면서 표현하기
  - 자유주제로, 또는 제시된 주제로 표현하기(아침 기상, 체조, 줄넘기 등)
  - 리듬과 배경음악을 넣어서 춤으로 표현하기

평가

- 뒤에서 따라하게 되기 때문에 표현하는 사람은 뒤 사람이 동작을 볼 수 있도록 표현한다.
- 그림자의 사실적인 표현도 좋을 것 같다(예. 표현자의 발밑에서 움직이기, 다양한 방향과 길이의 그림자를 표현하기).

자유롭게 움직이기 11

손뼉 파도치기

- **활동 유형 :** 자유롭게 움직이기
- **활동 목표 :** 리듬감을 기른다.
  협동심을 기른다.
- **대상 :** 모든 연령
- **아이디어 참고 및 활동의 근거 :** 임효재(2005), 93쪽, 박수전달하기

활동 방법 및 과정

❶ 원으로 둘러앉는다.
❷ 한 사람씩 옆 사람에게 박수를 전달한다.
❸ 박수를 전달하는 방향, 박수치는 회수, 크기, 빠르기, 리듬은 각자 자유롭게 할 수 있으며, 박수를 전달 받는 사람은 앞사람과 어울리도록 박수를 친다.

유의점 및 추가 사항

박수를 전달할 때 옆 사람을 보도록 한다. 참여 인원이 많아지면 지루할 수 있으므로 10~15명으로 제한한다.

평가

손뼉치기는 리듬을 익히고 창의적 표현에 기초가 된다고 생각된다.

자유롭게 움직이기 12

번호를 불러라

- **활동 유형 :** 자유롭게 움직이기
- **활동 주제 :** 움직임
- **활동 목표 :** 번호와 움직임을 연결할 수 있다.
  임의적으로 움직임을 조합함으로써 다양한 움직임을 경험한다.
- **대상 :** 모든 유아
- **활동의 개발**

활동 방법 및 과정

❶ 전체를 대상으로 한다.

❷ 1~10까지 동작을 정한다(예. 1번 걷기, 2번 달리기 등).

❸ 자유롭게 걷다가 교사가 번호를 부르면 해당 동작을 한다. 활동이 익숙해지면 학생들이 번갈아 가며 번호를 부른다.

유의점 및 추가 사항

유아들에게는 움직임을 다섯 개 이내로 한다. 기억을 돕기 위하여 번호와 움직임이 적힌 카드를 준비할 수 있다.

평가

우연에 의하여 움직임을 만들게 되므로 독특하고 새로운 움직임을 발견할 수 있다.

자유롭게 움직이기 13

신체 부위 이끌기2

◈ **활동 유형 :** 자유롭게 움직이기
◈ **활동 주제 :** 관계
◈ **활동 목표 :** 두 사람이 함께 움직임의 기본 요소를 조합하여 다양한 움직임을 만들어 본다.
수학적 개념(길이)를 이해한다.
◈ **대상 :** 모든 연령
◈ **활동 출처 :** 사다리 연극놀이 연구소(2007)

◈ 활동 방법 및 과정

❶ 두 명씩 짝을 이룬다.
❷ 이끔이를 정한다.
❸ 이끔이는 상대편의 코에 투명실을 걸어 끌어당긴다(방향, 수준, 속도를 변화시킨다). 같은 방법으로 어깨, 배, 엉덩이, 무릎, 발목, 발가락을 끌어당긴다. 역할을 바꿔서 해본다.
❹ 투명실의 길이를 조절해본다.

◈ 유의점 및 추가 사항

- 이끄는 사람은 상대방의 안전을 고려하여 움직인다. 활동량이 많으므로 몸 풀기를 충분히 한다.
- 이끄는 사람은 전체 공간을 충분히 활용하여 움직이도록 한다.
- 투명실이 사실적으로 표현될 수 있도록 한다.

◈ 평가

본 활동은 기본 움직임과 움직임의 기본 요소가 매우 자연스럽게 활용될 수 있는 좋은 활동이라고 생각한다. 무엇보다도 투명실을 사용하여 판토마임과 같은 효과를 낼 수 있다는 점에서 표현력 향상에 도움이 될 것 같다.

자유롭게 움직이기 14

8박자 움직임

- 활동 유형 : 자유롭게 움직이기
- 활동 주제 : 박자
- 활동 목표 : 기본 움직임과 움직임의 기본 요소(공간, 시간-박자)를 이해하고 움직임으로 활용한다.
  박자에 맞추어 자유롭게 몸을 움직여 본다.
- 대상 : 모든 연령
- 활동자료 l 준비사항 : 경쾌한 음악 cd
- 활동의 출처 : 사다리 연극놀이 연구소(2007)

활동 방법 및 과정

❶ 자유롭게 선다.

❷ 음악에 맞춰서 8박자 동안 자유롭게 몸을 움직이고 8박자 동안 바닥으로 몸을 낮추고 8박자 동안 구르고 8박자 동안 일어선다.

❸ 박자의 수를 점차 줄여나간다(네박자, 두박자, 한박자).

[응용]

4박자 움직임 : 따로 또 같이

❶ 4명이 한조가 된다.

❷ 교사의 북소리(리듬막대, 소고, 장고 등의 리듬악기)에 맞춰 한박자에 한명씩 순서대로 동작을 만들어 움직여 본다.

유의점 및 추가 사항

- 몸을 낮추고 일어설 때에도 음악에 맞춰 다양한 표현이 이루어지도록 한다.
- 음악은 경쾌하면서도 일정한 박자를 느낄 수 있는 것으로 선택한다.

평가

리듬, 박자를 익히는 데도 효과적일뿐더러 기본 움직임과 기본 요소를 응용하는데 좋은 활동이라고 생각된다.

자유롭게 움직이기 15

내 몸에 요정이 들어간다면

- **활동 유형 :** 자유롭게 움직이기
- **활동 주제 :** 요정
- **활동 목표 :** 요정의 움직임을 상상하며 이를 신체 부위를 통하여 자유롭게 표현해 볼 수 있다.
- **대상 :** 모든 연령
- **아이디어 참고 및 활동의 근거 :** 이태건 마임워크샵(2009)

활동 방법 및 과정

❶ 원으로 둘러선다.
❷ 사회자가 다음과 같이 말한다. "자 지금 내 손에는 요정이 한 명 날아와 있는데 이 요정은 자기 복제가 가능합니다. 자 이제 복제된 요정을 여러분에게 한 명씩 날려보내겠습니다".
❸ 참여자들이 모두 요정을 받았다고 상상하면 사회자는 다음과 같이 말한다. "자 이제 요정이 여러분의 몸속 으로 들어갈 거에요."
❹ 사회자는 하나의 신체부위를 지목하면서 다음과 같이 말한다. "자 요정이 여러분의 몸 속을 다니다가 오른쪽 엄지손가락으로 들어갔어요. 그런데 이 요정은 호기심이 많고 운전을 아주 잘 해서 엄지 손가락안에서 운전을 하기 시작했어요. 자 여러분의 몸은 어떻게 될까요?"
❺ 사회자가 신체 부위를 두 세 개 더 부르고 이에 맞게 참여자들이 몸을 움직인 후에 요정의 수를 2명으로 늘인다. "자 이제 요정은 여러분 몸속에서 2명으로 복제가 되었습니다. 그런데 한 명은 왼손에, 다른 한 명은 오른손에 들어가서 운전을 시작했어요. 여러분의 몸은 어떻게 움직이게 될까요?"
❻ 사회자가 신체부위를 세 개, 네 개 늘이다가 마지막으로 모든 신체부위로 요정의 수를 늘여준다. 참여자들은 이에 맞게 모든 신체 부위를 사용하여 움직인다.

유의점 및 추가 사항

참여자들에게도 신체 부위를 불러보도록 한다. 요정이 운전 속도를 다양하게 조절하고 있음을 상기시켜주어서 참여자들이 다양한 속도로 움직여 볼 수 있게 한다.

평가

몸속에 들어간 요정을 상상하며 몸을 움직여보니 학생들이 매우 재미있어했다. 모든 신체 부위로 요정의 수가 확장되었을 때는 마치 즉흥춤을 보는 것과 같이 다양한 움직임이 나타났다.

자유롭게 움직이기 16

음악들으며 자유롭게 춤추기

- **활동 유형 :** 자유롭게 움직이기
- **활동 주제 :** 자유주제
- **활동 목표 :** 다양한 음악에 맞춰서 즉흥적으로 움직임을 만들어 볼 수 있다. 공간방향을 이해한다.
- **대상 :** 모든 연령
- **활동자료 I 준비사항 :** 다양한 빠르기, 장르의 음악
- **활동의 출처 :** 이태건 마임워크샵(2009)

활동 방법 및 과정

❶ 자유대형으로 선다.
❷ 음악이 나오면 가장 앞에 서 있는 사람은 춤을 추고 나머지 사람들은 이를 따라한다.
❸ 선두에 섰던 사람이 방향을 바꾸면 바뀐 방향에서 가장 앞에 있는 사람이 춤을 추고 나머지는 이를 따라한다.
❹ 3의 과정을 반복한다.

유의점 및 추가 사항

본 활동에서는 방향에 대한 인지가 매우 중요하므로 학생들에게 이를 분명하게 이해시킨 후에 활동을 하도록 한다. 특히, 선두에 선 사람은 방향이 바뀔 경우에 다른 사람에게 주도권을 넘겨준다는 사실을 기억하고 있어야 자신이 원하는 만큼 춤을 출 수 있게 된다. 무엇보다도 선두가 너무 자주 바뀌게 될 경우 따라하는 사람들이 하나의 움직임에 충분히 몰입할 수 없어 활동에 대한 흥미가 떨어질 수 있다. 다양한 장르, 빠르기의 음악을 준비할수록 색다른 움직임이 나올 수 있다.

평가

처음에는 학생들이 방향이 바뀜에 따라서 선두가 달라진다는 것을 충분히 이해하지 못하여 선두를 바꾸지 않거나 우왕자왕 하는 모습을 보였으나 시간이 지나갈수록 사회자가 개입하지 않아도 적절히 선두를 바꾸고 선두에 선 사람들도 자신이 원하는 만큼 춤을 이끌 수 있게 되었다.

창작 및 표현하기

• 몸짓놀이

조각상 만들기 | 한 사람씩 동작 만들어 붙이기 | 얼굴 하나 몸 여러 개
몸으로 글자 만들기 | 몸으로 동물 표현하기 | 손(발, 얼굴)으로만 말해요
우리는 같은 움직임 | 막대기야 변해라 | 빨래판아 변해라 | 훌라우프 놀이
탱탱볼아 변해라 | 안 보고도 똑같이 | 내가 얼음(금속, 찰흙)이라면
손만 살아 있어요 | 가면 놀이 | 조각가와 조각 | 비밀 상자
스크린 사진 속으로 들어가요 | 그림 재현하기, 그림 변형하기
내손은 요술쟁이 | 고무줄, 탄력밴드로 모양 만들기 | 큰 종이 접기
인간실뜨기 | 조각상 Ⅱ

• 연극놀이

샴쌍둥이에게 무슨 일이 일어났을까? | 전혀 달라요 | 미술작품으로
이야기를 꾸며 극으로 표현하기 | 여러 장의 그림을 이용한 즉흥극
사물을 이용한 즉흥극 | 이상한 나라의 앨리스 | 투명인간

• 창의적 움직임

몸으로 나의 이름 쓰기 | 소리나 음악을 창의적 움직임(춤)으로 표현해요
이미지를 가지고 창의적 움직임(춤)만들기
단어나 문구를 이용하여 창의적 움직임(춤) 만들기 | 움직이는 그림책
소품을 이용하여 창의적 움직임(춤) 만들기
그림의 느낌, 의미를 창의적 움직임(춤)으로 표현하기 | 함께 춤을 추어요
벽화가 만들어 지기까지

몸짓놀이 1

조각상 만들기

◎ **활동 유형 :** 창작 및 표현하기(몸짓놀이)
◎ **활동 주제 :** 자유 주제
◎ **활동 목표 :** • 표현하고 싶은 상황을 상상해 본다. • 자신의 생각을 움직임을 통하여 즉흥적으로 표현한다.
• 타인과 협력하여 움직임을 표현한다.
◎ **대상 :** 모든 연령
◎ **아이디어 참고 및 활동의 근거 :** 극단 유정(2007)

◎ 활동 방법 및 과정

❶ 다섯 명씩 모둠을 만든다.

❷ 모둠원 중에 한 명이 앞으로 나와서 의미를 말하며 동작을 취하고 정지한다(예. 전봇대).

❸ 다른 한 명이 나와서 의미를 말하면서 앞사람과 연결되는 동작을 취하고 정지한다(예. 전단지). 이때 두 사람은 신체의 일부가 붙어있어야 한다. 모든 모둠원이 차례로 나와서 같은 방법으로 동작을 취하면 1~2초간 정지하여 마무리를 알린다.

❹ 새로운 조건을 추가하여 동작을 보다 정교하게 만든다(등장하는 방향과 방법을 변화시키기/걸어 나오기, 기어 나오기, 느리게, 빠르게 나오기 등, 동작을 수정하기 등/방향을 바꾸기, 수준을 바꾸기 등 동작요소를 활용하여 기존에 취했던 동작을 수정하기). 동작의 수정은 교사가 하는 방법, 관객이 하는 방법이 있다.

◎ 유의점 및 추가 사항

• 모든 조원의 신체가 연결되어 있어야 한다.
• 즉흥표현이므로 조원들 간에 동작을 의논하지 않도록 한다.
• 발표할 모둠의 순서를 미리 정하지 않는다. 즉, 누군가 동작을 시작하면 그 모둠의 발표가 시작된다.
• 발표하는 모둠을 제외하고는 앉아서 감상한다.
• 주제를 제시하여 모둠별 표현의 차이를 비교하는 것도 좋다.
• 교사는 동작이 소극적이거나 단순할 경우 기본동작요소를 활용하도록 안내한다.
• 활동의 초기에는 모둠을 나누지 않고 진행하는 것이 좋다.

◎ 평가

교사의 적절한 개입이 동작을 좀 더 섬세하게 만든다는 걸 느꼈다.

[학생 평가]
• 미리 계획하지 않아서 즉흥적인 표현이 가능하였다.
• 조원의 표현에 따라서 무궁무진한 장면이 연출 되었다.
• 부분의 조화로 전체를 이룰 수 있음을 알 수 있었다.
• 순간적인 느낌을 표현할 수 있고 의도적이지 않아서 새로운 느낌이었다.
• 생각지 못했던 다양한 주제가 나와서 놀랐으며 재미있게 활동 할 수 있었다.
• 순발력과 창의력을 기를 수 있을 것 같다.

몸짓놀이 2

한 사람씩 동작 만들어 붙이기

- **활동 유형 :** 창작 및 표현하기(몸짓놀이)
- **활동 주제 :** 자유 주제
- **활동 목표 :** • 자신의 생각을 즉흥적으로 표현한다. • 타인과 협력하여 하나의 주제를 움직임으로 표현한다.
- **대상 :** 모든 연령
- **아이디어 참고 및 활동의 근거 :** 임효재(2005), 174-175쪽, 인물덧붙이기

활동 방법 및 과정

❶ 모둠별(다섯 명)로 표현주제를 정한다.

❷ 모둠별로 발표한다.

- 구체적인 동작은 의논하지 않는다.
- 즉흥적으로 한 사람씩 동작을 만들어 붙인다.
- 모든 모둠원이 나와서 동작을 완성하면 1~2초간 정지한다.

유의점 및 추가 사항

각각의 모둠은 표현주제만 결정하고 구체적인 움직임은 의논하지 않는다.

평가

표현주제를 정할 경우 다양한 주제가 나올 수 있도록 발문해줄 필요가 있는 것 같다.

움짓놀이 3

얼굴 하나 몸 여러 개

- **활동 유형 :** 창작 및 표현하기(몸짓놀이)
- **활동 주제 :** 괴물
- **활동 목표 :** • 주어진 조건 안에서 괴물을 창의적으로 표현한다. • 타인과 협력하여 표현한다.
- **대상 :** 모든 연령
- **활동의 출처 :** 극단 유정(2007)

활동 방법 및 과정

❶ 표현할 주제를 제시한다.

❷ 모둠별(다섯 명)로 준비할 시간을 준다.

❸ 한 모둠씩 발표한다.

유의점 및 추가 사항

- 모둠원의 얼굴이 붙어서 하나의 얼굴을 표현하도록 조건을 제시한다.
- 표현의 어려움을 느낄 경우는 예시를 보여줄 수 있다.

평가

평소에 생각해 보지 않은 주제를 제시한 탓에 학생들이 표현에 어려움을 느꼈다. 특히 얼굴을 붙여서 하나로 만든다는 점을 정확히 이해하지 못하여 선뜻 표현하지 못하였다. 예시를 보여주자 활동이 편하게 진행되었다. 그러나 모방에 그치는 문제가 있었다. 예시를 응용할 수 있도록 발문해 주었더니 표현이 많이 향상되었다.

움짓놀이 4

몸으로 글자 만들기

- **활동 유형 :** 창작 및 표현하기(몸짓놀이)
- **활동 주제 :** 글자
- **활동 목표 :** 타인과 협력하여 몸으로 글자를 표현해본다. • 창의적으로 표현할 수 있는 방법을 찾아 본다.
- **대상 :** 모든 연령
- **아이디어 참고 및 활동의 근거 :** 임효재(2005), 132-135쪽, 글자만들기

활동 방법 및 과정

❶ 다섯 명씩 모둠을 나눈다.

❷ 모둠원이 협동하여 몸으로 단어를 만들도록 한다(준비시간을 준다).

❸ 한 모둠씩 발표하고 나머지 사람들은 글자를 알아맞춘다.

❹ 숫자, 알파벳 만들기 등으로 확장할 수 있다.

유의점 및 추가 사항

- 교사는 학생들이 창의적인 방법으로 표현할 수 있도록 격려한다. 특히 누워서만 만들지 않도록 한다. 단어의 선택보다는 표현에 독창성이 나타나도록 한다.
- 움직임의 기본 요소를 활용하여 글자의 형태가 다양하게 만들어 질 수 있도록 한다.
- 같은 글자를 표현해보게 하여 모둠간의 차이를 비교하는 것도 좋다.
- 놀이기구(미끄럼틀, 그네 등) 및 사물을 활용해서 글자를 만들 수 있다.

평가

[학생 평가]

- 글자를 써보기만 했는데 몸으로 표현해 보니 재미있었고 다른 사람은 어떤 방법으로 글자를 만드는지 볼 수 있어서 유익했다.
- 협동심이 길러질 수 있을 것 같고 글자에 관심을 갖는 유아들에게 유익할 것 같다.
- 여러 명이 함께 하나의 글자를 표현하는 것이 좋았고 다른 조도 감상할 수 있어서 좋았다.

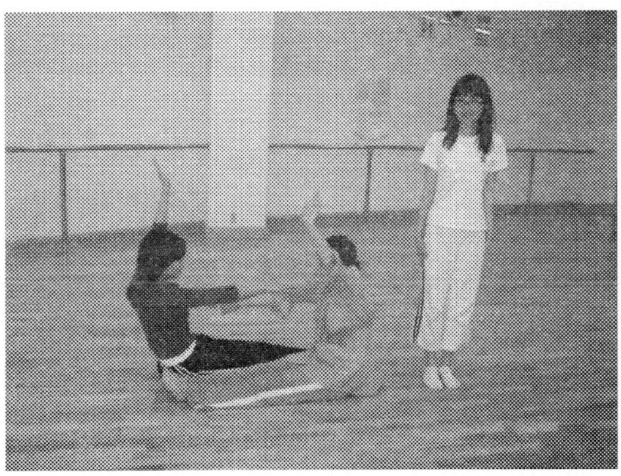

몸짓놀이 5

몸으로 동물 표현하기

- **활동 유형 :** 창작 및 표현하기(몸짓놀이)
- **활동 주제 :** 동물
- **활동 목표 :** • 몸을 통하여 동물을 창의적으로 표현해 본다. • 타인과 협력하여 동물을 표현해 본다.
- **대상 :** 모든 연령
- **활동의 개발**

활동 방법 및 과정

❶ 다섯 명씩 모둠을 나눈다.

❷ 모둠원이 협동하여 하나의 동물을 표현한다(준비시간을 준다).

❸ 한 모둠씩 발표하고 나머지는 어떤 동물인지 알아맞춘다.

유의점 및 추가 사항

• 교사는 다양한 동물을 표현할 수 있도록 격려하며 동물의 특징이 분명히 드러나도록 한다.
• 동물에 관한 관찰이 선행된다면 좀 더 구체적인 표현이 나올 수 있다.
• 모둠의 크기가 너무 크면 표현하기가 어려우므로 다섯 명을 넘지 않도록 하며 유아의 경우는 두, 세명으로 줄인다.
• 동물이외에도 꽃, 책상 등 다양한 대상을 함께 표현할 수 있다.
• 형태를 완성하고 나면 움직여 볼 수 있다(예. 움직이는 꽃, 시동걸린 자동차, 청소기 등).

평가

매우 활기차고 자유로운 분위기에서 활동이 이루어졌다. 여러 명이 하나의 동물을 표현하는 것이 쉽지 않아 보였으나 모둠원간의 의논과 협력을 이끌어 낸다는 점과 문제해결방법을 모색하도록 돕는다는 점에서 좋은 활동이라고 생각된다.

[학생 평가]
• 동물의 신체 부분을 생각하게 해주었다.
• 동물의 특성을 떠올려야 했고 그 것을 표현하려고 하는 것 자체가 좋았다.
• 혼자서는 하기 어려운 동물을 친구들과 표현할 수 있어서 좋았다.
• 글자를 만드는 것보다 어려웠지만 재미있었다.

몸짓놀이 6

손(발, 얼굴)으로만 말해요

- **활동 유형 :** 창작 및 표현하기(몸짓놀이)
- **활동 주제 :** 일상생활
- **활동 목표 :** 신체 각 부분의 기능을 이해하고 각 부분이 사용되는 상황을 상상해 본다.
  신체의 한 부분만으로 자신의 생각을 판토마임으로 표현해 본다.
- **대상 :** 모든 연령
- **아이디어 참고 및 활동의 근거 :** 임효재, 78-79; 80-81; 82-83쪽, 따로 따로 손(발, 얼굴)

활동 방법 및 과정

❶ 다섯 명씩 모둠을 나눈다.
❷ 손, 발, 얼굴로만 어떤 상황을 표현하도록 한다(준비시간을 준다).
❸ 모둠별로 발표하고 앉아 있는 사람들은 어떤 상황인지 알아 맞춘다.

유의점 및 추가 사항

- 무대를 만들어 주는 것이 훨씬 효과적이다. 표현부위를 제외하고 완벽하게 가려질 수 있도록 해야 한다.
- 긴 천을 준비해서 양쪽에서 잡고 있거나 책상과 요가매트를 활용하여 간이 무대를 설치하면 좋다.
- 적어도 1~2분 정도의 상황을 보여주도록 한다.

평가

제한된 조건 하에서 표현을 해야 하므로 상상력이 길러질 수 있다고 생각된다.

[학생 평가]
- 손으로만 표현하려고 하니 손의 기능에 대해 생각해 보게 되었다.
- 즉흥적이고 신체 부위가 제한되어 있어서 상상력을 키울 수 있을 것 같다.
- 손으로 다양한 표현이 나온다는 것이 신기했다.
- 의외로 어려웠지만 많은 생각을 할 수 있었다.
- 표정연기를 한다는 것이 쉽지 않다는 것을 알았다.
- 표정만 읽고도 무슨 상황인지 알 수 있었다.

몸짓놀이 7

우리는 같은 움직임

- **활동 유형 :** 창작 및 표현하기(몸짓놀이)
- **활동 주제 :** 자유 주제
- **활동 목표 :** 자신의 생각을 몸으로 표현해 본다.
  같은 주제를 표현할 때 사람들 간에 유사점과 차이점이 존재한다는 것을 안다.
- **대상 :** 모든 연령
- **활동의 출처 :** 임효재(2005), 85쪽, 같은 동작끼리 모이기

활동 방법 및 과정

❶ 서로의 동작을 볼 수 있도록 원으로 둘러선다.

❷ 지도교사가 주제를 말하면 각자 동작으로 표현한다(예를 들어 계절). 이때 이야기는 하지 않도록 한다.

❸ 서로의 동작을 확인한 뒤 같은 동작이라고 생각하는 곳으로 모인다.

❹ 같은 주제(계절)를 표현했는지 확인한다.

유의점 및 추가 사항

주제에 대하여 잠시 생각할 시간을 준다. 움직임을 표현할 때나 같은 움직임끼리 모일 때 이야기를 하지 않도록 한다.

평가

[학생 평가]

- 같은 동작을 취한 사람들끼리 모임으로써 나와 같은 생각을 가지고 있는 사람이 있다는 것을 알았다.
- 같은 주제를 다양하게 표현할 수 있다는 것을 알았다.
- 서로 다른 동작을 통해 같은 주제를 찾는다는 것이 재미있었다.

몸짓놀이 8

막대기야 변해라

- 활동 유형 : 창작 및 표현하기(몸짓놀이)
- 활동 주제 : 사물의 변형
- 활동 목표 : • 막대의 길이와 둘레를 축소, 확대시켜 다양한 사물을 연상해본다.
  • 막대의 형태적 속성을 제거하여 다양한 사물을 상상해 본다. • 상상한 내용을 몸으로 표현해 본다.
- 대상 : 모든 연령
- 활동자료 I 준비사항 : 막대 2개(리듬막대, 50cm~1m정도 길이의 파이프), 스폰지 막대 긴 것 2개(2m50cm 정도), 짧은 것 4개(80~90cm 정도)
- 활동의 출처 : 임효재, 116-119쪽, 막대놀이 1,2

활동 방법 및 과정

[막대놀이 1]

❶ 막대모양은 유지하되 크기와 굵기를 다르게 변화시킨다고 상상하여 물체를 표현한다(예. 첼로체, 야구방망이 등).

❷ 한 명씩 앞에 나와서 발표하되 몸짓으로만 한다.

[막대놀이 2]

❶ 막대모양에 얽매이지 않고 자유롭게 물체를 표현한다(예 : 책, 가방 등).

❷ 한 명씩 앞에 나와서 발표하되 몸짓으로만 한다.

유의점 및 추가 사항

- 준비시간을 준다. 막대의 수와 종류를 늘려주어 생각이 확장될 수 있도록 한다.
- 원으로 둘러서서 한 가운데 놓인 막대를 다함께 변형시켜 본 뒤에 모둠별로 막대를 나눠주어 표현해 보도록 할 수도 있다.

평가

주변에서 손쉽게 구할 수 있는 소품이면서도 다양한 상상 표현이 가능하다는 점에서 유치원에서 활용하기에 적절한 활동이라고 생각한다. 실제 학생들과 수업한 결과 기발한 표현들이 많이 나왔고 친구들의 표현이 상상력을 자극하는 좋은 계기가 되었다.

[학생 평가]

- 단순한 막대기에 생명을 부여해서 재미있었다.
- 친구들의 아이디어를 엿볼 수 있었다.
- 창의적으로 생각할 수 있는 계기를 만들어 준 것 같다.
- 막대라는 물체를 가지고 여러 가지 상상을 해 볼 수 있어 좋았다.
- 물체의 형태를 정하지 않아 좀 더 창의적이고 재미있는 표현이 많이 나왔다.

몸짓놀이 9

빨래판아 변해라

- 활동 유형 : 창작 및 표현하기(몸짓놀이)
- 활동 주제 : 사물의 변형
- 활동 목표 : • 빨래판의 형태적 특성을 고려하여 다양한 사물을 연상해본다.
  • 빨래판의 형태적 특성을 고려하지 않고 다양한 사물을 연상해 본다.
  • 연상한 내용을 몸으로 표현해 본다.
- 대상 : 모든 연령 ◦ 활동자료 | 준비사항 : 빨래판 1개
- 아이디어 참고 및 활동의 근거 : 임효재(2005), 120-121쪽, 나는 부시맨

활동 방법 및 과정

[빨패판 놀이 1]

❶ 빨래판 모양은 유지하되 크기와 두께를 축소 또는 확대시킨다고 상상하여 물체를 표현한다. (예 : 아코디언, 강판 등).

❷ 한 명씩 앞에 나와서 발표하되 몸짓으로만 한다.

[빨래판 놀이 2]

❶ 빨래판 모양에 얽매이지 않고 자유롭게 물체를 표현한다(예. 바이올린, 우산 등).

❷ 한 명씩 앞에 나와서 발표하되 몸짓으로만 한다.

유의점 및 추가 사항

준비시간을 준다.

평가

생각보다 많은 생각을 끌어내지 못한 것 같다. 생각할 시간을 충분히 줄 필요가 있을 것 같다.

[학생 평가]

- 빨래판을 이용하여 다른 용도를 생각해 보는 기회를 가져서 좋았다.
- 상상력을 기를 수 있었다.
- 하나의 물체와 생김새가 비슷한 물건, 동물을 만들어 보는 것이 재미있었다.
- 여러 가지 창의적 생각을 해보고 몸으로 표현해 볼 수 있는 좋은 경험이었다.

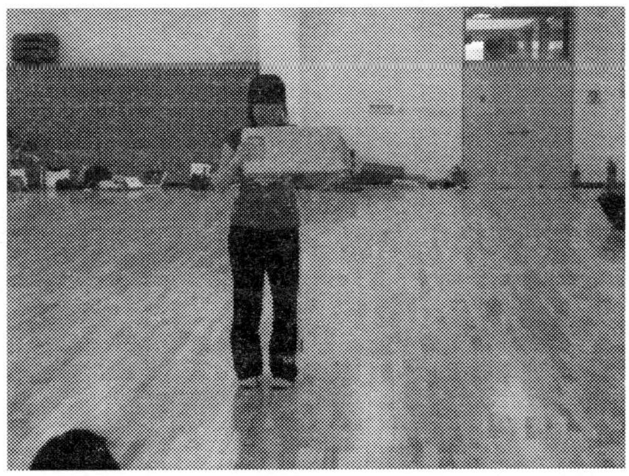

움짓놀이 10

훌라후프 놀이

- 활동 유형 : 창작 및 표현하기(몸짓놀이)
- 활동 주제 : 사물의 변형
- 활동 목표 : 훌라후프의 형태적 특성을 고려하여 다양한 사물을 연상해 보고 몸으로 표현한다.
  훌라후프의 형태적 특성을 고려하지 않고 사물을 연상해 보고 몸으로 표현한다.
- 대상 : 모든 연령
- 활동자료 I 준비사항 : 훌라후프 2개
- 활동의 개발

활동 방법 및 과정

[훌라후프 놀이 1]

❶ 훌라후프 모양은 유지하되 크기와 굵기를 다르게 변화시킨다고 상상하여 물체를 표현한다(예. 반지, 팔지, 콤펙트, 버스의 손잡이 등).

❷ 한 명씩 앞에 나와서 발표하되 몸짓으로만 한다.

[훌라후프 놀이 2]

❶ 훌라후프 모양에 얽매이지 않고 자유롭게 물체를 표현한다(예. 책상, 신발 등).

❷ 한 명씩 앞에 나와서 발표하되 몸짓으로만 한다.

유의점 및 추가 사항

- 준비시간을 준다. 훌라후프의 개수는 자유롭게 선택하도록 한다.
- 원으로 둘러서서 한 가운데 놓인 훌라우프를 다함께 변형시켜 본 뒤에 모둠별로 막대를 나눠주어 표현해 보도록 할 수도 있다.

평가

생각과 표현할 시간을 충분히 주면 좋을 것 같다.

[학생 평가]

- 전혀 생각하지도 못했던 창의적인 표현이 나와서 인상적이었다.
- 정형화된 물체를 다양하게 변형된 모습으로 상상할 수 있어서 유익했다.
- 개인의 의견이 존중되어 좋았다.

몸짓놀이 11

탱탱볼아 변해라

- 활동 유형 : 창작 및 표현하기(몸짓놀이)
- 활동 주제 : 사물의 변형
- 활동 목표 : 탱탱볼의 크기를 축소, 확대시켜 다양한 사물을 연상해 본다.
  탱탱볼의 형태적 속성을 제거하여 다양한 사물을 상상해 본다.
  상상한 내용을 몸으로 표현해 본다.
- 대상 : 모든 연령
- 활동자료 | 준비사항 : 탱탱볼 2개
- 활동의 개발

활동 방법 및 과정

[탱탱볼 놀이1]

❶ 탱탱볼의 모양은 유지하되 크기를 확대, 축소시켜 사물을 표현해 본다(예, 귀걸이, 눈사람 등).

❷ 한 명씩 앞에 나와서 발표하되 몸짓으로만 한다.

[탱탱볼 놀이2]

❶ 탱탱볼의 모양에 얽매이지 않고 자유롭게 물체를 상상해서 표현한다(예, 신발, 가방 등).

❷ 한 명씩 앞에 나와서 발표하되 몸짓으로만 한다.

유의점 및 추가 사항

- 모둠별 발표시간을 주기 전에 먼저 다같이 원으로 둘러서서 중앙에 놓인 탱탱볼을 변형시켜 볼 수 있다.
- 탱탱볼 놀이 1과 2의 차이를 분명하게 인식하도록 한다.
- 몸짓으로만 사물의 특징을 구체적으로 표현할 수 있도록 한다.

평가

- 탱탱볼 놀이 1과 2의 차이가 분명하게 드러나지 않는 사람들이 많았다.
- 학생들의 표현이 주관적이거나 충분하지 않아서 의미를 파악하기가 어려운 경우가 많았다.

몸짓놀이 12

안 보고도 똑같이

- **활동 유형** : 창작 및 표현하기(몸짓놀이)
- **활동 주제** : 조각
- **활동 목표** : 감각 능력을 기르고 감각 기관을 활용한다.
  원형과 모방된 형태 간의 차이를 이해한다.
- **대상** : 모든 연령
- **활동의 출처** : 임효재(2005), 94-95쪽, 손이 바로 눈이야

활동 방법 및 과정

❶ 두 사람씩 짝을 짓는다.

❷ 불을 끈다.

❸ 한 사람은 조각상이 되어 자세를 취하고 나머지 사람은 눈을 감고 조각을 더듬어 형태를 파악한다.

❹ 불을 켜면 눈을 감았던 사람만 자세를 취한다.

❺ 동작이 정확한지 등을 이야기 한다.

유의점 및 추가 사항

형태를 취한 사람은 상대방의 탐색이 끝날 때까지 자세를 유지한다. 성인들의 경우 성별을 구분하여 활동하도록 한다.

평가

[학생 평가]

- 손의 감각으로 동작을 알아 맞추고 표현하는 것이 재미있었다.
- 눈을 감은 상태로 상대의 행동을 읽고 따라할 수 있었다.
- 손으로 감각을 집중하여 표현할 수 있었다.
- 손이 눈이 된다는 점이 흥미로웠다.

움짓놀이 13 내가 얼음(금속, 찰흙)이라면

- **활동 유형 :** 창작 및 표현하기(몸짓놀이)
- **활동 주제 :** 얼음, 금속, 찰흙
- **활동 목표 :** 얼음(금속, 찰흙)의 특징을 이해하고 이를 몸으로 창의적으로 표현한다.
- **대상 :** 모든 연령
- **활동의 출처 :** 임효재(2005), 198-203쪽, 조각 만들기 1,2,3

활동 방법 및 과정

❶ 다 같이 원으로 둘러선다.

❷ 얼음, 금속, 찰흙 덩어리가 되어 조각을 만든다.

- 얼음 : 두 손을 높이 든 뒤 교사가 말하는 부위를 녹여본다. 예를 들어 "따뜻한 햇빛에 손가락이 녹아요"라고 말하면 손가락이 앞으로 늘어진다. 같은 방법으로 손목, 팔, 머리, 허리, 무릎, 다리를 녹인 후 완전히 물이 되었다고 한다.
  수증기, 물, 얼음으로의 변화도 몸으로 표현해 본다.
- 금속 : 두 명씩 짝을 지어 한 명이 다른 한 명의 관절 부위를 누르면 몸을 구부려 금속이 휘어지는 것을 표현한다. 역할을 바꿔서 해본다.
- 찰흙 : 가소성이 특징이므로 얼굴 표정 및 세부 묘사를 하도록 권한다.

평가

얼음 표현이 생각보다 쉽지 않았다. 관절에 대한 이야기 나누기가 먼저 이루어 질 필요가 있으며, 녹는 모습이 효과적으로 표현될 수 있는 관절 부위를 지시해 주면 좋겠다.

몸짓놀이 14

손만 살아 있어요

- **활동 유형** : 창작 및 표현하기(몸짓놀이)
- **활동 주제** : 일상생활, 감정
- **활동 목표** : 제한된 신체로 자신의 생각, 느낌을 판토마임으로 표현해 본다.
- **대상** : 모든 연령
- **아이디어 참고 및 활동의 근거** : 임효재(2005), 206-207쪽, 석고상 되기

활동 방법 및 과정

❶ 전체가 원으로 둘러선다.
❷ 신체의 한 부위만 굳고 나머지는 살아있다고 생각하거나 반대로 한 부위만 살아있다고 생각한 후 제한된 신체로 친구들에게 의사 표시한다(배고프다. 화났다. 즐겁다 등등).
❸ 모둠별로 주제와 표현 부위를 알려주고 준비, 발표해 보게 한다.

평가

표현이 좀 더 구체적으로 나타날 수 있도록 상황을 제시해주면 좋을 것 같다(예를 들어 오랜만에 친구를 만나는 즐거움, 정글 속에서 맹수를 만났을 때의 두려움, 귀여운 아기를 보았을 때의 행복함 등).

몸짓놀이 15

가면 놀이

- 활동 유형 : 창작 및 표현하기(몸짓놀이)
- 활동 주제 : 감정, 정서
- 활동 목표 : 표정을 통하여 감정과 정서를 표현해 본다.
- 대상 : 모든 연령
- 아이디어 참고 및 활동의 근거 : 소꿉놀이 80쪽, 탈

활동 방법 및 과정

❶ 원으로 둘러선다.
❷ 두개의 탈이 있다고 가정한다(웃는 모습, 우는 모습).
❸ 탈을 번갈아 써본다. 이때 탈을 쓰기 전과 탈을 벗은 후의 표정을 정확하게 묘사하도록 한다.

유의점 및 추가 사항

- 표정을 통하여 감정이 분명하게 드러날 수 있도록 한다.
- 다양한 감정을 표현해 보게 한다(기쁨, 슬픔, 놀람, 두려움, 분노, 혐오).
- 움직임에 비하여 표정은 소극적으로 표현될 수 있으므로 다른 사람을 관찰할 수 있는 기회를 준다.

평가

표정 놀이는 평소에 해보지 않은 것이라 다소 어려웠다.

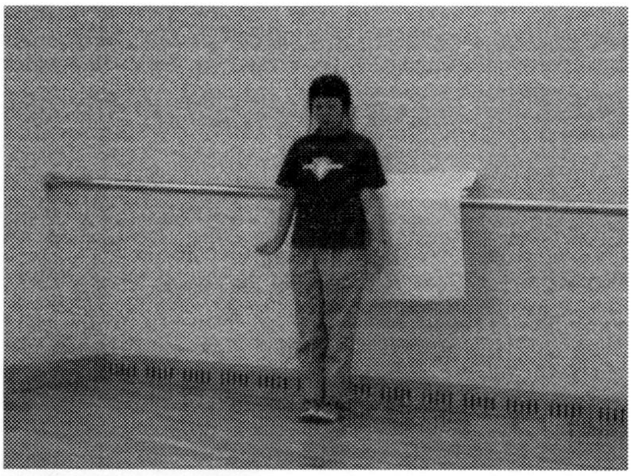

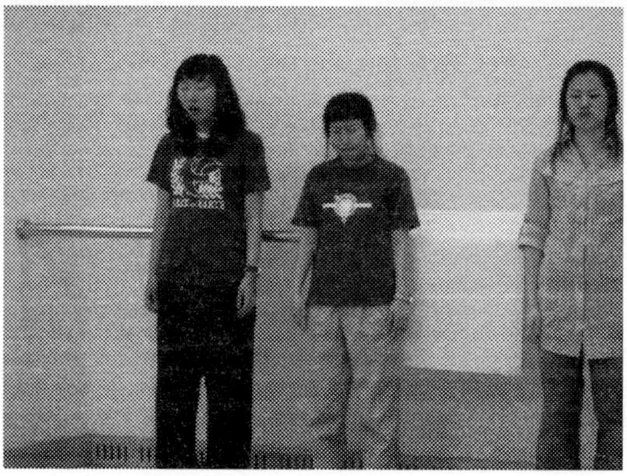

몸짓놀이 16

조각가와 조각

- **활동 유형** : 창작 및 표현하기(몸짓놀이)
- **활동 주제** : 감정, 정서
- **활동 목표** : 타인의 몸을 통하여 감정을 창의적으로 표현해 본다.
- **대상** : 모든 연령
- **아이디어 참고 및 활동의 근거** : 이태건 마임 특강(2006)

활동 방법 및 과정

❶ 원으로 선 채 두 명씩 짝을 짓는다.

❷ 한 명은 조각가, 나머지 한 명은 조각이 되어 교사가 지시하는 감정을 표현한다(슬픔, 기쁨, 공포, 여자아이의 수줍음). 조각이 된 사람은 조각가가 모양을 만드는 대로 표현해야 한다.

유의점 및 추가 사항

- 한 번씩 역할을 번갈아 가면서 한다.
- 조각을 만든 뒤에는 조각만 남고 조각가는 뒤로 물러난다. 감상의 시간을 가진다. 같은 감정을 표현한 표현들의 특징, 다른 감정을 표현한 표현들의 차이점 등을 이야기 한다.

평가

평가를 거친 후에 같은 활동을 한 번 더 해보았다면 표현이 보다 섬세해졌을 것 같다.

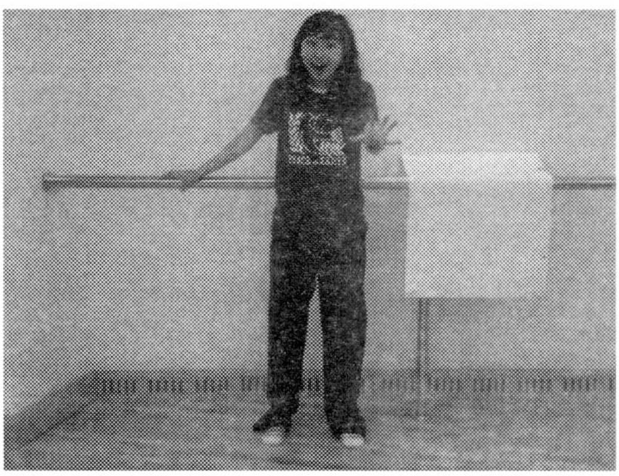

몸짓놀이 17

비밀 상자

- **활동 유형** : 창작 및 표현하기(몸짓놀이)
- **활동 주제** : 사물, 일상생활
- **활동 목표** : 자신에게 의미 있는 사물이나 일상생활의 모습을 판토마임으로 표현해 본다.
- **대상** : 모든 연령
- **아이디어 참고 및 활동의 근거** : 소꿉놀이, 94쪽, 물건 전달하기

활동 방법 및 과정

❶ 원으로 앉는다.
❷ 한 명씩 자기 앞에 비밀상자가 놓여있다고 가정한 후 물건을 꺼내 마임으로 표현한다.

유의점 및 추가 사항

물건을 묘사할 수 도 있고 물건에 얽힌 사건을 표현할 수도 있다.

평가

수수께끼처럼 궁금증이 유발되어 흥미가 있었다.

몸짓놀이 18

스크린 사진 속으로 들어가요

- **활동 유형** : 창작 및 표현하기(몸짓놀이)
- **활동 주제** : 일상적인 소품
- **활동 목표** : 장소에 어울리는 물건을 상상해 보고 이를 몸으로 표현해 보기
  움직임의 기본 요소인 공간을 다양하게 활용해 본다.
- **대상** : 모든 연령
- **활동자료 | 준비사항** : 스크린, OHP, 방안 혹은 응접실 풍경 사진(oph용)
- **활동의 개발**

활동 방법 및 과정

❶ 스크린 속의 사진에 관하여 이야기를 나눈다(무엇이 보이는지, 방안 혹은 응접실에 필요한 소품이 무엇인지, 누가 살고 있을지 등).

❷ 한 명씩 나와서 사진에 추가하고 싶은 소품을 몸으로 표현하여 사진의 일부가 되어 본다.

❸ 활동의 심화 : 5~6명씩 모둠을 나누어 준비 시간을 준 뒤에 모둠별로 소품 구성하기를 해본다.
인솔자가 소품의 종류를 정해줄 수도 있다. 예) 의자 되어보기, 책상 되어보기, 청소도구 되어보기 등

유의점 및 추가 사항

교사는 소품이 된 학생들이 위치 모양, 크기, 높이 등을 다양하게 표현할 수 있도록 발문 한다. 또는 앉아 있는 학생들이 직접 연출자가 되어 소품의 위치, 모양 등을 바꿀 수 있도록 기회를 준다.

평가

이 활동은 2차원 공간(사진)을 3차원 입체 공간으로 전환시키는 활동이다. 따라서 공간을 탐색하기에 매우 적절하다. 이 활동이 원만하게 이루어지기 위해서는 학생들이 다양한 상황을 상상하고 이에 맞는 소품을 찾아내는 것이 중요하다. 그리고 자신의 몸을 통하여 소품의 크기, 모양, 위치 등을 다양하게 표현하는 것이 필요하다. 그러므로 교사는 이러한 과정이 적절히 이루어 질 수 있도록 발문해야 한다.

몸짓놀이 19

그림 재현하기, 그림 변형하기

- **활동 유형** : 창작 및 표현하기(몸짓놀이)
- **활동 주제** : 그림의 모방과 변형
- **활동 목표** : 그림 속의 상황을 몸으로 재현해 본다.
  그림의 내용을 변형하여 몸으로 표현해 본다.
- **대상** : 모든 연령
- **활동자료 | 준비사항** : 실사 출력된 그림 6점
- **활동의 개발**

활동 방법 및 과정

❶ 다섯 명씩 모둠을 나눈다.

❷ 모둠별로 그림 한 장씩을 나눠 가진 뒤, 조원간의 의논을 거쳐 그림을 재현한다.

❸ 그림 속에 묘사된 대상의 일부 또는 전체를 변화시켜서 그림을 변형한다(2가지).

❹ 모둠별로 발표한 뒤 어떤 부분이 변화되었는지를 함께 이야기 한다.

평가

그림의 크기가 컸으면 좋을 것 같다. 실사출력해도 괜찮지만 비용에 대한 부담이 있으므로 빔프로젝터가 지원된다면 대형스크린에 투영하는 것이 가장 좋다.

[학생 평가]

- 하나의 작품에서 여러 가지 동작을 생각하고 표현해 볼 수 있었다.
- 그림을 자세히 관찰하고 그 것을 그대로 재현해 보며 팀간의 협동심과 표현력을 기를 수 있어 유익했다.
- 자유롭게 변형해보며 창의적으로 동작을 표현할 수 있어 유익했다.
- 그림에 상황이 보이니까 다른 생각이나 상상하기가 쉬웠다.
- 그림을 똑같이 재현해보고 변형도 해보아 다양한 활동이 이루어졌던 것 같다.
- 그림 속에 숨은 장면까지 표현해 볼 수 있어서 재미있었다.
- 개인적으로 즉흥이 들어가서 어려웠지만 나의 창의성 정도가 얼마인가를 볼 수 있었다.

몸짓놀이 20

내손은 요술쟁이

- 활동 유형 : 창작 및 표현하기(몸짓놀이)
- 활동 주제 : 자유 주제
- 활동 목표 : 손으로 주제를 표현해 본다.
- 대상 : 모든 연령
- 활동의 개발

활동 방법 및 과정

주제를 주고 손으로 표현해 보도록 한다.
예) 물고기, 꽃게, 거미, 새, 나비, 타조 개 등
애벌레, 꽃, 사슴, 코끼리, 코, 나무, 해초 등

유의점 및 추가 사항

지도교사는 획일적인 표현이 되지 않도록 동작의 기본요소를 고려할 수 있도록 자극을 준다(방향, 수준, 한손, 두 사림, 세 사람이 함께, 손가락으로, 손바닥으로, 팔까지 이용하여 등등).

평가

시간을 충분히 주어 표현이 정확하게 이루어질 수 있도록 하면 좋을 것 같다.

몸짓놀이 21

고무줄, 탄력밴드로 모양 만들기

- **활동 유형 :** 창작 및 표현하기(몸짓놀이)
- **활동 주제 :** 모양, 거미줄
- **활동 목표 :** 고무줄과 탄력밴드의 물리적인 특성을 이해하고 이를 활용하여 다양한 모양을 만들어본다.
  고무줄의 물리적인 특성을 이해하고 이를 활용하여 거미줄을 만들어 본다.
- **대상 :** 모든 연령
- **활동 자료 | 준비사항 :** 탄력밴드, 고무줄 고리(2~5cm두께) 각각 8~10개, 고무줄(2~5cm두께), 긴끈 각각 10m이상
- **활동의 개발**

활동 방법 및 과정

[탄력밴드와 고무줄 고리로 모양 만들기]

❶ 원으로 서서 중앙에 놓인 라이크라천과 고무줄로 만든 고리를 탐색한다.
- 이것이 무엇일까?
- 이것으로 무엇을 할 수 있을까?(당기기, 흔들기, 속으로 들어가기, 고무줄 놀이, 큰 줄넘기, 기차 등)
- 혼자서, 둘이서, 여럿이서 모양이나 놀이를 만든다면?
- 고리를 하나, 둘, 여러 개로 모양이나 놀이감을 만든다면?

❷ 자유롭게 원 안으로 들어와서 모양, 놀이감 등을 만들어 본다.

❸ 5~6명으로 모둠을 나누고 고리로 만들 수 있는 모양, 놀이감을 5개씩 생각해 보게 한다.

❹ 모둠별로 발표한다(밴드의 수, 참여자의 수를 다양하게).

[고무줄, 긴 끈으로 모양 만들기]

❶ 원으로 서서 중앙에 놓인 줄들을 탐색한다.
- 이것이 무엇일까?
- 이것으로 무엇을 할 수 있을까?(당기기, 흔들기, 속으로 들어가기, 고무줄놀이, 큰 줄넘기, 기차 등)
- 혼자서, 둘이서, 여럿이서 모양이나 놀이를 만든다면?

❷ 자유롭게 원 안으로 들어와서 모양, 놀이감 등을 만들어 본다.

❸ 5~6명으로 모둠을 나누고 거미줄을 만들어 본다(거미역할을 한 명 정하고 나머지는 거미줄을 걸 수 있는 걸개 역할을 한다).
- 거미줄을 만들어 볼 거예요. 한 사람은 거미가 되고 나머지는 거미줄을 걸 수 있는 걸개가 되어주세요.
- 우리의 신체 중에서 고무줄을 걸 수 있는 곳은? 목, 팔꿈치 안쪽, 손가락, 발가락, 허리 등

유의점 및 추가 사항

- 미리 준비시간을 주고 한 모둠씩 발표할 수 도 있고, 즉흥적으로 한 모둠이 나와서 즉석에서 거미줄을 만들 수 도 있다. 이때 관객과 함께 거미줄을 만들 수 있는 방법을 의논할 수 있다.
- 고무줄의 두께는 2~5cm 정도가 적당하며 안전을 고려하여 일반 끈을 사용할 수도 있다. 줄의 길이는 넉넉할수록 좋다.

몸짓놀이 22

큰 종이 접기

- **활동 유형** : 창작 및 표현하기(몸짓놀이)
- **활동 주제** : 자유주제
- **활동 목표** : 확장된 종이를 사용하여 전신으로 접기활동을 함으로써 새롭고 다양한 신체의 움직임과 모양을 만들어본다.
- **대상** : 모든 연령
- **활동 자료 | 준비사항** : 전지크기의 다양한 재질의 종이(모조지, 소포용지 등)
- **활동의 개발**

활동 방법 및 과정

❶ 원으로 서서 중앙에 놓인 모조지와 소포용지를 탐색한다.
- 이것이 무엇일까?
- 이것으로 무엇을 할 수 있을까?(접기, 구기기, 찢기, 흔들기, 말기, 펴기 등)
- 오늘은 이것으로 접기를 해 볼 거예요.
- 색종이 접기를 할 때는 주로 손가락을 사용하였는데 큰 종이를 접을 때는 우리의 신체 중에서 어느 부분이 움직일까?
- 혼자서 접을 때와 둘, 셋이서 접을 때 어떻게 다를까?

❷ 5~6명으로 모둠을 나누고 각 조당 모조지와 소포용지를 1장씩 나눠준 뒤 무엇을 접을지 생각해 보게 한다.

❸ 한 모둠씩 앞으로 나와서 종이를 접는다(앉아 있는 학생들은 종이접기할 때 어떤 움직임이 나타나는지 살펴본다).

❹ 완성품을 감상한다.

유의점 및 추가 사항

- 종이를 접는 데 소요되는 시간이 충분하지 않을 경우는 두 모둠씩 나와서 접도록 한다.
- 완성된 작품은 연극의 소품으로 활용할 수 있다.
- 종이접기 과정을 마임으로 표현해 볼 수 있다.

평가

좀 더 큰 종이나 대형천(응원용 태극기 정도의 크기)을 사용하면 움직임이 더 커질 수 있을 것 같다.

몸짓놀이 23

인간 실뜨기

- 활동 유형 : 창작 및 표현하기(몸짓놀이)
- 활동 주제 : 실뜨기
- 활동 목표 : 기존의 실뜨기 활동을 응용하여 전신으로 활동을 해봄으로써 새롭고 다양한 신체의 움직임과 모양을 만들어본다.
- 대상 : 모든 연령
- 활동 자료 I 준비사항 : 긴 끈(20m이상)
- 활동의 개발

활동 방법 및 과정

❶ 원으로 서서 중앙에 놓인 끈을 탐색한다.
- 이것이 무엇일까?
- 이것으로 무엇을 할 수 있을까?(당기기, 흔들기, 속으로 들어가기, 고무줄놀이, 큰 줄넘기, 기차 등)
- 오늘은 이것으로 실뜨기를 해 볼 거에요.
- 보통 실뜨기를 할 때는 주로 손가락을 사용하였는데 긴 끈을 뜰 때는 우리의 신체 중에서 어느 부분이 움직일까?
- 혼자서 할 때와 둘, 셋이서 할 때 어떻게 다를까?

❷ 5~6명으로 모둠을 나누고 모둠별로 즉석에서 실뜨기를 해본다.

유의점 및 추가 사항

- 실뜨기 과정을 마임으로 표현해 볼 수 있다.
- 실이 충분히 길어야 한다(적어도 20m이상).

평가

- 몸으로 실뜨기하는 과정이 생각보다 쉽지 않았다.
- 각 사람이 하나의 손가락 역할을 맡아서 해야 하므로 조원들의 팀워크가 매우 중요할 것 같다.

몸짓놀이 24

조각상 II

- **활동 유형 :** 표현 및 창작하기(몸짓놀이)
- **활동 주제 :** 자유주제
- **활동 목표 :** 즉흥적으로 움직임을 만들어 볼 수 있다.
  서로 연관성이 없는 3개의 움직임을 엮어서 다양한 상황을 상상해 볼 수 있다.
- **대상 :** 모든 연령
- **활동의 출처 :** 이태건 마임워크샵(2009)

활동 방법 및 과정

❶ 두 명이 앞에 나온다.
❷ 한 명(A)이 동작을 취하고 정지하면 나머지 한 명(B)이 이 동작과 어울리도록 동작을 취하고 정지한다.
❸ 나머지 사람들은 관객이 되어서 두 사람이 만들어낸 장면이 어떠한 상황속의 장면인지를 자유롭게 이야기 한다.
예) 간판 올리는 것을 쳐다보고 있는 것 같아요, 잃어버린 동생을 찾았어요...
❹ 관객으로부터 더 이상의 이야기가 나오지 않으면 A가 정지자세를 풀고 B의 동작을 관찰한 뒤 새로운 자세를 취하고 정지한다.
❺ 관객들은 새롭게 만들어진 장면에 대하여 어떤 상황인지를 이야기 한다. 이런 식으로 한 쌍마다 3~4가지 동작(장면)을 만들어 본다.
❻ 다른 팀들이 나와서 같은 방법으로 동작을 만들어 간다.

유의점 및 추가 사항

인원을 늘려서 세 명이 움직임을 만들어 볼 수 있다. 이때 세 명이 동시에 움직임을 만들도록 한다. 관객들로부터 더 이상의 이야기가 나오지 않으면 또 다른 움직임을 취하도록 한다. 움직임으로부터 연상되는 상황을 얘기할 때 가능한 한 구체적인 인물, 사건, 시간 등을 말하도록 한다.

평가

매우 재미있는 상황들이 많이 나왔다. 즉흥적인 움직임으로부터 다양한 상황을 상상해 본다는 점에서 본 활동은 상상력을 키우기에 좋을 것 같다.

연극놀이 1

샴쌍둥이에게 무슨 일이 일어났을까?

- **활동 유형 :** 창작 및 표현하기(연극놀이)
- **활동 주제 :** 장애
- **활동 목표 :** 장애인들의 생활을 상상해 보고 이를 즉흥극으로 표현해 본다.
  장애인의 불편함을 이해한다.
- **대상 :** 모든 연령
- **아이디어 참고 및 활동의 근거 :** 극단 유정(2007)

활동 방법 및 과정

❶ 다섯 명씩 모둠을 나눈다.

❷ 샴쌍둥이에게 어떤 일이 일어났을까를 주제로 즉흥극을 준비하도록 한다(주인공 두 명과 조연, 무대배경 등 모든 모둠원이 참여하도록 한다).

❸ 모둠별로 발표한다.

❹ 느낀 점을 이야기 한다.

유의점 및 추가 사항

- 샴쌍둥이가 겪을 수 있는 다양한 상황을 상상해 보도록 한다.
- 다양한 상황이 만들어 질 수 있도록 모든 신체부위가 붙을 수 있음을 말해준다.
- 대사가 있다는 것을 상기시킨다.
- 발표가 시작될 때 "지금부터 00학교 학생들의 '샴쌍둥이에게 무슨 일이 일어났을까' 연극을 시작하겠습니다"와 같은 멘트를 주어 감상태도를 기를 수 있도록 한다.

평가

장애를 유희로 생각하지 않도록 주의할 필요가 있다.

[학생 평가]

- 상황을 상상하고 표현하는 능력이 신장될 것 같다.
- 샴쌍둥이를 체험해 봄으로써 그 사람들의 삶을 조금이나마 생각해 볼 수 있는 기회가 되었고 두 사람이 신체 한 부분을 접촉해 활동하는 것이 균형도 필요하고 협동도 필요한 것임을 알게 되었다.
- 즉흥적으로 상황을 만들고 이야기를 만들어 나가서 독창적이고 재미있는 활동이 되었다.
- 조원과 의논해서 극을 만드는 과정이 좋았다.
- 친구들의 연기력에 놀랐고 재미있었다. 우리가 연극을 할 수 있다는 자체가 좋았다.

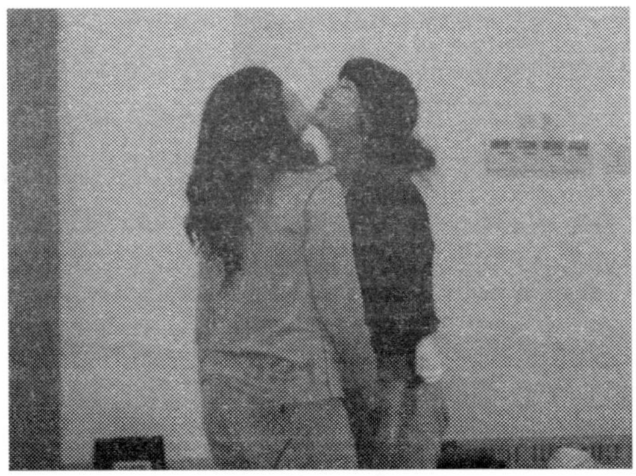

연극놀이 2

전혀 달라요

- **활동 유형** : 창작 및 표현하기(연극놀이)
- **활동 주제** : 자유 주제
- **활동 목표** : 상반된 상황을 찾아보고 이를 극으로 표현해 본다.
- **대상** : 모든 연령
- **활동자료 | 준비사항** : 훌라후프 5개
- **아이디어 참고 및 활동의 근거** : 임효재(2005), 98-99쪽, 딴 사람일세

활동 방법 및 과정

❶ 다섯 명씩 모둠을 정한다.
❷ 훌라우푸를 통과하기 전과 후의 상황이 전혀 다르게 변화하는 상황을 연출한다(준비시간을 준다). 예. 여자/남자, 아기/노인, 한국인/외국인, 화장실가기 전과 후, 사람/동물, 여름/겨울, 자전거/배, 산/바다, 비온 날/맑은 날, 즐거움/슬픔 등.
❸ 모둠별로 나와 발표한다.

유의점 및 추가 사항

모둠원이 모두 다른 상황을 표현할 수도 있고 같은 상황을 표현할 수도 있다.

평가

고정 관념을 버리고 다양한 상황을 생각해 낼 수 있도록 도와줄 필요가 있다. 모둠활동을 하기 전에 개인활동으로 시작하는 것도 좋을 것 같다.

[학생 평가]

- 상황의 반전이 재미있었다.
- 극과 극의 상황을 비교, 대조해 볼 수 있어서 좋았다.
- 대조적인 동작이 나타나는 것이 흥미로웠다.
- 생각의 틀을 깰 수 있었던 활동이었다.
- 독특하고 참신한 아이디어를 생각할 수 있었다.

연극놀이 3 미술작품으로 이야기를 꾸며 극으로 표현하기

- **활동 유형** : 창작 및 표현하기(연극놀이)
- **활동 주제** : 미술작품
- **활동 목표** : 미술작품을 보고 상상 활동을 통하여 이야기를 만들어 본다.
  이야기를 극으로 표현해 본다.
- **대상** : 모든 연령
- **활동자료 | 준비사항** : 스크린, 컴퓨터, 빔프로젝터, 밀레의 만종
- **활동의 개발**

활동 방법 및 과정

❶ 미술작품을 감상한다(무엇이 보이는지, 어떠한 조형 요소가 사용되었는지, 그림 속에서 어떤 일이 일어났는지 등을 이야기 나눈다).

❷ 그림 속의 등장인물과 배경에 대하여 자유롭게 상상한다(예. 농부와 아내가 무슨 생각을 하고 있을까? 고개를 들고 무었을 할까? 집에는 무엇을 타고 갈까? 등).

❸ 상상한 내용을 한 사람씩 나와서 움직임으로 표현한다.

❹ 상상한 내용을 토대로 극본을 만들어 극놀이로 연결한다.

평가

친숙한 미술 작품을 가지고 여러 가지 상황을 상상해 볼 수 있다는 점이 좋았다. 상상한 내용을 움직임으로 표현할 때 보다 시각적이 될 수 있도록 발문할 필요가 있을 것 같다. 상상과 표현이 충분히 이루어지고 난 후에 극 만들기로 심화시키는 것이 좋을 것 같다.

연극놀이 4

여러 장의 그림을 이용한 즉흥극

- **활동 유형** : 창작 및 표현하기(연극놀이)
- **활동 주제** : 일상생활
- **활동 목표** : 연관성 없는 사진으로부터 줄거리를 구성하고 이를 극으로 표현해 본다.
- **대상** : 모든 연령
- **활동자료 | 준비사항** : 실사 출력된 그림 5점
- **아이디어 참고 및 활동의 근거** : 2006 문화예술교육박람회

활동 방법 및 과정

❶ 다섯 명씩 모둠을 나눈다.

❷ 네 장의 그림을 보여 준 뒤 모둠별로 그림의 순서를 결정, 연극의 줄거리를 만들도록 한다.

❸ 준비시간을 10분 정도 주고 모둠별로 발표한다.

유의점 및 추가 사항

- 발표에 앞서 그림의 순서를 이야기 하도록 한다.
- 극의 흐름에 맞게 해당되는 그림을 보여주도록 한다(한쪽에서 한 명이 서서 보여 준다).

평가

학생들이 그림의 연결을 어려워했다. 이야기 구성 활동이 충분히 이루어진 후에 본 활동을 전개하면 더 좋을 것 같다. 여러 장의 그림 중에서 네 장면을 선택하도록 하는 것도 좋을 것 같다.

[학생 평가]

- 그림을 각자 해석해 보는 것이 좋았고 그림에 스토리를 부여하여 연극해본 것이 유익했다.
- 대사를 직접 만들고 극 상황을 만들어서 활동하는 것이 재미있었다.
- 하나의 무대를 가진 연극 같았다.
- 대화까지 만들기 힘들었지만 색다른 경험이었다.
- 하나의 그림으로 여러 가지 생각을 표현해 볼 수 있었다.

연극놀이 5

사물을 이용한 즉흥극

- **활동 유형** : 창작 및 표현하기(연극놀이)
- **활동 주제** : 일상생활
- **활동 목표** : 사물을 자유롭게 변형해 본다.
  변형된 사물을 토대로 줄거리를 만들어 극으로 표현해 본다.
- **대상** : 모든 연령
- **활동자료/준비사항** : 보자기, 줄넘기, 대걸레 등 주변에서 손쉽게 사용하는 물건 3-4가지
- **활동의 출처** : 임효재, 124-125쪽, 물체 변형극

활동 방법 및 과정

❶ 다섯 명씩 모둠을 나눈다.

❷ 모든 물체를 다른 것으로 변형시킨다. 예) 보자기는 이불, 드레스 등등

❸ 변형시킨 물체를 모두 사용하여 줄거리를 만들고, 연극을 한다(준비시간을 10분 정도 준다).

❹ 모둠별로 발표한다.

평가

매우 독특한 생각들이 많이 나왔다. 생각을 끌어내는 데는 좋지만 극의 완성도를 위해서는 연기 훈련이 필요할 것 같다. 소품의 종류가 좀 더 다양하면 좋을 것 같다.

[학생 평가]

- 물체를 변형해서 스토리를 부여하여 연극을 해서 재미있었고 즐거웠고 유익했다.
- 이질적인 것들로 다양한 극을 만들어 재미있었다.
- 하찮은 물건이라도 멋진 연극의 소품이 되었다.
- 다양한 물체가 표현에 사용됨이 유익했고 스토리를 구성해 보는 것이 창의적인 사고에 도움이 되었다.
- 형체에서 벗어나 다양하게 해보고 다른 조를 관찰하는 시간이 되었다.

연극놀이 6

이상한 나라의 앨리스

- **활동 유형** : 창작 및 표현하기(연극놀이)
- **활동 주제** : 이상한 나라의 앨리스
- **활동 목표** : 움직임과 연극을 결합함으로써 기존의 움직임극과 연극이 갖는 의사소통의 기능을 극대화할 수 있음을 이해한다.
- **대상** : 모든 연령
- **활동자료 | 준비사항** : 연극대본 및 글귀
- **활동의 출처** : 다리연극놀이연구소(2007)

활동 방법 및 과정

[움직임 만들기]

❶ 4~5명씩 조를 편성한다.

❷ 이상한 나라의 앨리스로부터 발췌한 문구를 한 조에 한 개씩 나눠주고 움직임으로 만들도록 한다(두 조씩 같은 글귀를 나눠준다).

❸ 조별로 움직임을 발표하고 감상 및 소감을 나눈다.

[연극 만들기]

❶ 앞의 활동과 동일하게 조를 구성한다.

❷ 각 조당 A4크기 한 장 정도의 연극대본을 나눠주고 연극을 만들도록 한다(두 조씩 같은 대본을 나눠준다. 3개의 대본들은 움직임에 사용된 문구와 동일한 chpater에서 발췌한 것이므로 각각의 대본은 내용상 짝을 이루는 움직임 문구가 있는데 모든 조는 움직임만들기에 사용했던 글귀와는 다른 chapter에서 발췌한 대본을 받게 된다).

❸ 조별로 연극을 발표하고 감상 및 소감을 나눈다.

[움직임과 연극의 결합]

❶ 두 조씩 모여 한 조를 이룬다(총 세 조가 만들어진다). 이때 한팀을 이루는 조들은 움직임과 연극에 사용했던 글귀와 대본들이 서로 달라야 한다.

❷ 대본 결정 : 기존 조에서 작업했던 대본들 중에서 표현하기 편하거나 표현이 잘된 것을 선택한다(한 조의 대본이 선택되면 나머지 조는 자연스럽게 선택된 대본과 내용상 연결이 되는 움직임 글귀를 작업한 경우가 된다).

❸ 선택된 대본으로 연극을 만들되 각자 기존 조에서 했던 작업을 토대로 연극과 움직임을 풍성하게 만든다.

유의점 및 추가 사항

움직임을 만들 때는 앉아서 의논하기보다는 직접 움직여가면서 만들도록 격려한다.

평가

움직임과 연극이 결합됨으로써 연극으로만 작업했을 때보다 등장인물의 움직임이 보다 분명해지고 풍성해지는 것을 알 수 있었다.

연극놀이 7

투명인간

- 활동 유형 : 표현 및 창작하기(연극놀이)
- 활동 주제 : 투명인간
- 활동 목표 : 협동적으로 이야기를 만들어 본다.　 만들어진 이야기를 즉흥극으로 표현해본다.
- 대상 : 모든 연령
- 활동의 개발

활동 방법 및 과정

❶ 원으로 둘러앉는다.

❷ 사회자가 이야기를 시작한다. 우리가 다 함께 투명 인간에 대한 이야기를 만들어 볼 거에요. 제가 먼저 시작합니다. "산들바람이 부는 가을날이었어요. 그 마을에는 신비로운 호수가 있었어요".

❸ 한 사람씩 돌아가면서 제시된 이야기를 이어나간다.

❹ 이야기가 끝나면 5~6명씩 모둠을 나눠서 뒷이야기를 만들고 이를 극으로 표현해보도록 한다.

❺ 준비시간을 10분 가량 주고 난 후에 조별로 발표한다.

유의점 및 추가 사항

이야기를 만들 때는 등장인물, 배경 등에 있어서 앞 사람과 이야기가 연결되도록 한다. 이야기의 주제를 상기시켜준다. 즉흥적으로 떠오르는 이야기를 만들 수 있도록 한다.

평가

함께 이야기를 만든 뒤 조별로 모여서 뒷이야기를 꾸며봄으로써 이야기 전개에 대한 궁금증이 더 컸던 것 같다. 조별로 다양한 이야기가 펼쳐졌으며 흥미롭고 재미있었다.

창의적 움직임 1

몸으로 나의 이름 쓰기

- 활동 유형 : 창작 및 표현하기(몸짓놀이)
- 활동 주제 : 나의 이름
- 활동 목표 : 자신의 이름을 움직임으로 표현해 본다.
  움직임의 기본 요소를 활용하여 창의적으로 표현해 본다.
- 대상 : 모든 연령
- 활동자료 I 준비사항 : 조용한 음악(배경음악) CD
- 활동의 출처 : 사다리 연극놀이 연구소(2007)

활동 방법 및 과정

❶ 원으로 둘러선다.

❷ 각자 자신의 이름을 몸으로 표현한다(준비 및 연습시간을 3분 정도 준다). 이름의 모든 자, 모음을 사용해도 되고 일부만을 선택해도 된다. 사실적으로 글자를 표현해도 좋고 추상적으로 해도 괜찮다.

❸ 한 사람씩 이름을 말하면서 발표한다. 이때 설명은 가능한 한 자제하고 몸으로만 나타내도록 한다.

❹ 한 순번이 돌아가면 발표의 기회를 한 번 더 가진다. 이때 옆 사람과 자연스럽게 이어지도록 동작의 시작과 마무리를 신경 쓰도록 하고 속도를 좀 더 빨리하여 리듬이 생기도록 한다.

❺ 반주음악에 맞춰 한 사람씩 발표한다. 이때는 이름을 말하지 않는다.

❻ 모든 사람이 동시에 이름을 쓰고 2~3초간 정지한다.

평가

글자가 다양한 방법으로 표현된 점은 흥미로웠으나 글자 만들기와는 달리 춤으로 글자를 표현한다는 것이 쉽지 않았다.

창의적 움직임 2 소리나 음악을 창의적 움직임(춤)으로 표현해요

- **활동 유형 :** 창작 및 표현하기(창의적 움직임 : 춤)
- **활동 주제 :** 소리
- **활동 목표 :** 소리나 음악을 듣고 떠오르는 이미지나 느낌을 즉흥적으로 표현해 본다.
- **대상 :** 모든 연령
- **활동자료 | 준비사항 :** 다양한 느낌의 음악CD, 리듬막대, 스카프 혹은 베일, 바람개비, 한삼 등
- **활동의 개발**

활동 방법 및 과정

❶ 음악듣기 : 원으로 둘러서서 음악을 들으면서 상상한다.
(한 곡씩 들려주며) 어떤 느낌이 드니? 여기는 어디일까? 누가 등장할까? 어떤 옷을 입고 있을까? 어떤 표정을 짓고 있었을까? 어떤 생각, 이야기를 하고 있을까? 이 장면을 춤으로 표현한다면 어떤 춤을 출 수 있을까?

❷ 소품을 이용하여 즉흥 춤추기
한 사람씩 천천히 원안으로 들어와서 소품으로 만들 수 있는 움직임을 탐색한다.
– 리본막대/베일/바람개비로 만들 수 있는 움직임은? 둘이서, 셋이서 할 수 있는 방법은?

❸ 다함께 춤추기
앞에서 제시한 음악들 중에서 학생들이 가장 공감하는 곡을 배경음악으로 사용하고 모든 소품을 제시하여 다 함께 춤을 춘다. 중앙에 소품을 두고 한 사람씩 소품을 들고 춤추기 시작한다.

유의점 및 추가 사항

- 본 활동의 경우와 같이 음악이 느낌을 표현하기 위한 자극제로 사용되기도 하지만 움직임의 기본 요소를 탐색하기 위해서도 음악을 활용할 수 있다. 예를 들어 음의 높고 낮음에 따라서 몸을 높게 낮게 움직여 봄으로써 높이 개념을 익힐 수 있으며, 음의 높고 낮음에 따라서 개인 공간, 전체 공간에서 움직이기, 넓고 좁게 움직이기를 통해서 공간 개념(영역, 범위)을 익힐 수 있다.
- 모둠별로 음악과 소품을 정하도록 하고 안무시간을 주어 공연할 수 도 있다.
- 원안에서 춤출 경우 10명 내외로 한다.
- 모두 함께 춤추기일 경우에도 15명~20명 정도가 적당하다.
- 무도회장, 호수, 놀이동산, 기차역 등 각 곡에 맞는 상황을 상상해 보았고 자유로운 춤으로 그 상황을 표현해 보게 한 결과 모든 사람들이 적극적으로 참여하였다.

평가

즉흥적인 움직임은 학생들에게 무한한 자유를 준다는 점에서 쉬운 활동으로 생각될 수도 있지만 신체언어가 충분히 개발되지 않으면 단조롭고 제한된 몸짓에 그칠 수 있다는 점에서 사전 활동이 요구된다. 기본 움직임과 움직임의 기본 요소 익히기, 자유롭게 움직이기 등을 통하여 다양한 움직임이 이루어진 후에 본 활동을 하는 것이 좋을 것 같다. 또는 신체 한 부분으로만 고저나 장단을 표현하거나 리본, 스카프 등의 소품으로 음악을 표현하는 활동도 사전활동으로 적절할 것 같다.

창의적 움직임 3 이미지를 가지고 창의적 움직임(춤)만들기

- **활동 유형** : 창작 및 표현하기(창의적 움직임:춤)
- **활동 주제** : 일상생활, 건물, 미술 작품
- **활동 목표** : 자신에게 인상 깊었던 사건, 사물 등을 이미지화 해본다.
  이미지를 가지고 추상적인 움직임을 만들어 본다.
- **대상** : 모든 연령
- **아이디어 참고 및 활동의 근거** : 사다리 연극놀이 연구소(2007)

활동 방법 및 과정

❶ 자유대형으로 선다.

❷ 하나의 주제를 주고 이미지를 떠올려 본다(일상생활, 인상 깊었던 건물, 그림, 사진, 조각 등).

❸ 이미지를 몸으로 표현해본다.

❹ 움직임의 속도, 방향, 크기 등을 변화시켜 추상적인 움직임으로 만들어 간다.

❺ 독특한 형태나 움직임이 발견되면 그 움직임을 반복하면서 정교하게 다듬어 본다. 이때 움직임을 크고 분명하게 만든다.

❻ 두 모둠으로 나눠 한 모둠씩 발표하고 나머지 학생들은 감상 소감을 말한다.

평가

기존에 가지고 있던 이미지를 구체화하고 변형함으로써 생각을 확장시키고 새로운 움직임을 만들어 낼 수 있다는 점에서 창의성 발달에 도움이 될 것 같다. 움직임의 기본 요소를 하나씩 덧붙여가면서 움직임을 단계적으로 만들어 간다는 점에서 학생들에게 움직임의 기본 요소의 역할을 이해하도록 도울 수 있을 것 같다. 움직임의 기본 요소가 하나씩 추가 될 때마다 일상적인 움직임과 형태가 추상화되고 새로워지는 것이 흥미로웠다.

창의적 움직임 4 단어나 문구를 이용하여 창의적 움직임(춤) 만들기

- **활동 유형** : 창작 및 표현하기(창의적 움직임:춤)
- **활동 주제** : 사상(철학적 개념)
- **활동 목표** : 단어나 문구의 의미를 구체화시켜본다.
  의미를 창의적 움직임(춤)으로 만들어 본다.
- **대상** : 초등학교 이상
- **아이디어 참고 및 활동의 근거** : 사다리 연극놀이 연구소(2007)

활동 방법 및 과정

자유대형으로 서서한다.

[단어]

❶ 제시된 단어의 이미지를 떠올려본다(꿈, 무지개, 벽, 이상한 나라, 혼돈 등).

❷ 이미지를 몸으로 표현해본다.

❸ 움직임의 속도, 방향, 크기 등을 변화시켜 추상적으로 표현해 본다.

❹ 독특한 형태, 움직임이 나오면 이를 반복하면서 정교하게 다듬어 본다. 이때 움직임을 크고 분명하게 만든다.

❺ 두 모둠으로 나눠서 한 모둠씩 표현, 감상한다.

[문구]

❶ 간단한 문장을 제시하고 이를 창의적 움직임(춤)으로 표현해 본다.

❷ 각자 좋아하는 문구를 생각하고 이를 움직임으로 표현한다.

- 이미지를 떠올리면서 즉흥적으로 움직임을 만들어 보는 시간을 준다(단어 하나마다 움직임을 만든다).
- 자신이 선택한 문구를 말하면서 한 사람씩 발표한다.
- 동시에 모든 사람이 움직임을 표현해 본다.
- 모둠을 나눠서 움직임을 표현해 본다.
- 우연에 의해 만들어진 조화로운 움직임들을 찾아보고 이야기 나눈다.

평가

사실적인 이미지가 움직임을 통하여 추상화되는 것이 흥미로웠다. 무엇보다도 학생들 간에 우연에 의하여 만들어지는 춤이 하나의 의미를 만든다는 것이 놀라웠다.

창의적 움직임 5

움직이는 그림책

- **활동 유형 :** 창작 및 표현하기(창의적 움직임:춤)
- **활동 주제 :** 마술새의 변신
- **활동 목표 :** 그림책 속의 등장인물을 창의적 움직임(춤)으로 표현해 본다.
- **대상 :** 모든 연령
- **활동자료 | 준비사항 :** 그림책(내친구 마술새, 자끄 뒤끄누아이 글, 그림)
- **아이디어 참고 및 활동의 근거 :** 사다리 연극놀이 연구소(2007)

활동 방법 및 과정

❶ 그림책을 들려준다.

❷ 그림책을 각색하여 극본을 만들고 극놀이를 한다.

❸ 마술새의 변신과정을 창의적 움직임(춤)으로만 표현해본다.

❹ ❸에서 탐색된 움직임을 넣어서 극놀이를 다시 해본다.

평가

극놀이에 사용되는 움직임은 일상적인 수준에 머물게 되지만 움직임극을 경험한 뒤에 극놀이를 다시 해보도록 하면 움직임이 보다 다양해지고 시각적으로 발전하는 것을 볼 수 있다.

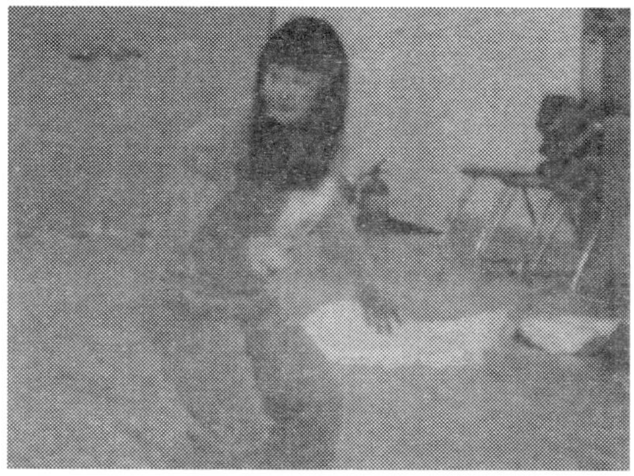

창의적 움직임 6 소품을 이용하여 창의적 움직임(춤) 만들기

- **활동 유형** : 창작 및 표현하기(창의적 움직임 : 춤)
- **활동 주제** : 자유 주제
- **활동 목표** : 사물을 자유롭게 변형시켜본다.
  변형된 사물을 토대로 창의적 움직임(춤)을 만들어 본다.
- **대상** : 모든 연령
- **활동자료 | 준비사항** : 줄넘기, 청소기, 모자, 야구방망이, 부채, 탱탱볼 등 일상적인 소품 3-5개
- **아이디어 참고 및 활동의 근거** : 사다리 연극놀이 연구소(2007)

활동 방법 및 과정

❶ 원으로 둘러선다.
❷ 소품을 중앙에 두고, 두 세 사람이 앞에 나와서 소품을 탐색하도록 한다. 소품이 지니는 물리적인 특성을 최대한 반영하여 움직임이 나타날 수 있도록 한다.
❸ 탐색이 끝나면 제자리로 들어가고 새로운 사람이 나와서 탐색을 시작한다. 개인 마다 입, 퇴장을 자유롭게 하도록 한다.

평가

소품에 대한 고정관념을 버리고 자유롭게 탐색하도록 한 결과 독특한 움직임이 많이 나타났으며 시간이 지날수록 사람들의 입장과 퇴장이 자유롭게 연결되어 마치 한 편의 즉흥 무용을 보는 것 같았다.

창의적 움직임 7 그림의 느낌, 의미를 창의적 움직임(춤)으로 표현하기

- **활동 유형 :** 창작 및 표현하기(창의적 움직임 : 춤)
- **활동 주제 :** 감정, 정서
- **활동 목표 :** 미술작품을 보고 떠오르는 이미지나 느낌을 창의적 움직임(춤)으로 표현해 본다.
- **대상 :** 모든 연령
- **활동자료 | 준비사항 :** 실사출력된 그림 3점(추상화)
- **활동의 개발**

활동 방법 및 과정

❶ 전체 학급에게 약 2분간 그림을 보여준다.

❷ 그림의 이미지, 색 등이 주는 인상을 정지 동작으로 표현하도록 한다.

❸ 그림에 대한 인상을 가능한 한 모든 움직임의 요소를 사용하여 표현하도록 한다.

❹ 그림의 이미지, 색 등이 주는 인상을 움직이는 동작으로 표현하도록 한다.

❺ 두 모둠으로 나누어 한 모둠씩 표현해 보게 한다. 감상 모둠은 상대 모둠의 표현을 수정해본다. 역할을 바꿔서 해본다.

평가

- 그림의 크기가 컸으면 좋을 것 같다. 실사출력해도 괜찮지만 비용에 대한 부담이 있으므로 빔프로젝터가 지원된다면 대형스크린에 투영하는 것이 가장 좋다.
- 두 모둠으로 나누어 표현과 감상의 기회를 준 결과 표현이 좀 더 풍부해지는 것을 볼 수 있었다.

[학생 평가]
- 느낌을 자유롭게 표현할 수 있어서 좋았다.
- 잠깐 본 그림의 느낌을 몸으로 표현해 보아서 즉흥적이었다.
- 추상적인 작품이라 표현하기 어려울 줄 알았는데 자신의 느낌이나 생각을 표현해보니 쉽고 재미있었다.
- 느낌을 표현해보는 것이 표현력을 길러주는 데 좋을 것 같다.
- 같은 그림을 보고 다른 느낌을 표현한다는 것이 재미있었다.

창의적 움직임 8

함께 춤을 추어요

- **활동 유형 :** 창작 및 표현하기(창의적 움직임, 춤)
- **활동 주제 :** 숲속
- **활동 목표 :** 숲속 풍경을 보고 떠오르는 이미지나 느낌을 즉흥적으로 표현해 본다.
  다른 사람의 움직임을 관찰하고 이와 어울리게 움직여 본다.
- **대상 :** 모든 연령
- **활동자료 | 준비사항 :** 스크린, 컴퓨터, 빔프로젝터, 숲속 풍경 사진 3, 4장, 경쾌한 음악CD
- **아이디어 참고 및 활동의 근거 :** 2007 문화예술교육박람회

활동 방법 및 과정

❶ 원으로 둘러선다.

❷ 스크린을 통하여 숲속 풍경 사진을 차례대로 보여준다.

❸ 떠오르는 이미지나 느낌을 즉흥적으로 표현해본다.

❹ 한 명씩 나와서 차례대로 사진 속의 사물, 생물을 표현해본다.

❺ 한 사람, 두 사람, 세 사람씩 나와서 움직인 후에 퇴장하면 새로운 사람들이 나온다.

유의점 및 추가 사항

- 다른 사람의 움직임을 주의 깊에 관찰하여 새로운 표현을 하도록 노력한다.
- 입장과 퇴장을 자유롭게 하되 표현하는 사람을 관찰할 수 있도록 인원을 세 사람 정도로 제한하고 한 팀이 끝나고 난 후에 입장하도록 한다.

평가

학생들이 활동에 몰입할 수 있도록 주위를 어둡게 하고 화면이 돋보이도록 한다. 교사는 학생들이 다른 사람의 표현을 주의 깊게 관찰하여 새로운 움직임을 만들어 낼 수 있도록 발문한다.

창의적 움직임 9

벽화가 만들어 지기까지

◎ **활동 유형 :** 창작 및 표현하기(창의적 움직임, 춤)
◎ **활동 주제 :** 벽화(부조작품)이 만들어 지는 과정
◎ **활동 목표 :** 부조작품이 만들어 지는 과정을 창의적 움직임(춤)으로 표현해 본다.
◎ **대상 :** 모든 유아
◎ **활동자료 | 준비사항 :** 마티스의 작품(춤, 음악) 및 피카소의 작품을 100x70cm 크기로 실사 출력한 천
◎ **아이디어 참고 및 활동의 근거 :** 2006 문화예술교육 박람회

◎ 활동 방법 및 과정

❶ 그림을 제시한다.
❷ 그림을 조각으로 만드는 방법에 대하여 이야기 나눈다.
- 어떤 재료를 사용할 수 있을까?
- 만약 흙/나무/철사/돌이라면 처음에는 어떤 상태로 있을까?
- 만약 흙으로 만든다면 어떤 과정을 거칠까?(반죽, 모양 만들기 등)
- (과정에 따라 발문) 물을 부어 반죽하면 어떤 상태가 될까?
- 모양이 만들어 지는 과정을 몸으로 나타내 볼 텐데 움직이면서, 4박자의 리듬을 주면서 할 거에요.
- 모양이 다 완성되면 거울에 붙어서 벽화가 될 거에요.

❸ 모둠별로 준비시간을 준 뒤(명화 및 재료선택, 제작과정 등을 의논) 발표한다.

◎ 유의점 및 추가 사항

• 4박자에 동작을 하고 한 박자에 정지를 하도록 한다.
• 조각가는 따로 두지 않고 모든 조원이 재료가 되도록 한다.
• 시작에서 끝나는 시간은 30초 정도로 제한한다.

◎ 평가

학생들이 네 박자에 맞추어 움직이는 것을 어려워했다. 반주음악을 넣어주거나 자체적으로 박자를 정하도록 하는 것이 좋을 것 같다.

[학생 평가]
• 재료에 대한 생각과 벽화라는 결과에 대한 생각이 창의적인 표현을 만든 것 같다.
• 벽화가 만들어지는 과정을 표현할 수 있어서 좋았다.
• 무에서 유를 창조하는 것을 몸으로 표현하는 것이 유익했다.

78

참고문헌

교육부(1998). 제 6차 유치원 교육과정.

구명옥(2000). 교육연극의 실제적 방법론 in 민병욱, 심상교(2000). 교육이론의 이론과 실제. 서울 : 연극과 인간. 365-386.

김경신, 김미자, 김주자, 배소심, 이숙재(1987). 유치원 아동을 위한 무용교육. 서울 : 녹원출판사.

김말복(2003). 무용 예술의 이해. 서울 : 이화여자대학교 출판부.

김선(2000). 장애 아동과 일반 아동이 통합된 場에서의 연극놀이 in 민병욱, 심상교(2000). 교육이론의 이론과 실제. 서울 : 연극과 인간, 201-236.

김선, 한정혜, 제인현, 이송은(2007). 유아를 위한 연극놀이. 서울 : 창지사.

김신일(2006). 모던댄스의 탄생에서 현대까지. 서울 : 금광.

김운미(2003). 무용교육의 발달 in 한국무용교육학회(2003). 무용교육이란 무엇인가. 서울 : 한학문화. 30-51.

김은심(1994). 통합적 동작교수방법이 유아의 기본동작능력과 창의적 사고 및 신체표현능력에 미치는 효과. 중앙대학교 박사학위논문.

김은심(2004). 유아-교사를 위한 창의적 동작교육. 서울 : 정민사.

김화숙(2003). 창작무용 in 한국무용교육학회(2003). 무용교육이란 무엇인가. 서울 : 한학문화. 110-128.

나경아(2007). 무용의 원리. 서울 : 보고사.

류진희, 황환옥, 최명희, 정희정, 김유림(2003). 유아의 신체발달에 적합한 신체활동. 서울 : 양서원.

민병욱(2000). 교육연극의 기본 원리 in 민병욱, 심상교(2000). 교육이론의 이론과 실제. 서울 : 연극과 인간, 49-76.

민병욱, 심상교(2000). 교육이론의 이론과 실제. 서울 : 연극과 인간.

박대근, 이철수(2005). 유아기 움직임의 개념 및 분류. 열린유아교육연구, 10(2), 169-192.

박은희(2000). 교육연극이란 무엇인가 in 민병욱, 심상교(2000). 교육이론의 이론과 실제. 서울 : 연극과 인간, 31-48.

박승원, 남혜령(1997). 유아무용. 서울 : 문지사.

박휘락(2006). 미술감상과 미술비평교육. 서울:시공아트.

배인자, 한규령(2006). 유아를 위한 동작교육의 이론과 실제. 서울 : 양서원.

사다리 연극놀이 연구소(1998). '98 사다리 연극놀이 연구소 활동사례 모음집 "열려라, 연극놀이" 사다리 연극놀이연구소.

소꿉놀이(2006). 아이들과 함께하는 교육연극. 서울 : 우리교육.

양미숙(2002). 한국마임발달사. 서울 : 엠-에드.

여성가족부(2007). 표준보육과정.

육완순(1979). 현대무용. 서울 : 이화여자대학교 출판부.

이영숙(1988). 창작무용학습지도. 서울 : 금광.

이정순(2000). 교육연극론의 성과와 전망 in 민병욱, 심상교(2000). 교육이론의 이론과 실제. 서울 : 연극과 인간, 139-181.

임효재(2005). 창의력을 키우는 몸짓놀이. 서울 : 우리교육.

전경원(2005). 동서양의 하모니를 위한 창의학. 서울 : 학문사.

전경희(2006). 유아를 위한 탐구활동의 운영. 경기 : 21세기사.

정봉석(2000). 교육연극의 연출 원리와 기법. in 민병욱, 심상교(2000). 교육이론의 이론과 실제. 서울 : 연극과 인간, 91-108.

조선희(2004). 유아철학놀이. 서울:창지사.

한국무용교육학회(2003). 무용교육이란 무엇인가. 서울 : 한학문화.

한국무용교육학회(2006). 초등학교 무용 교수-학습 과정안. 서울 : 한국문화예술교육진흥원.

한유미(2007). 영유아 수과학 교육. 서울 : 창지사.

황정현(2007). 동화교육의 이론과 실제-교육연극(Drama in Education)을 중심으로. 서울 : 박이정.

Andrews, G.(1954). Creative rhythmic movement for children. Englewood Cliffs, NJ:Prentice-Hall.

던롭, V. 프레스턴(1994). 움직임 교육의 원리(김주자, 김경신, 김미자, 배소심, 이숙재 공역). 서울 : 현대미학사.

Gabbard, C.(1988). Early childhood physical education : the essential elements. Journal of Physical Education, Recreation and Dance. 59(7), 65-69.

Gabbard, C.P.(2000). Lifelong Motor Development. Allyn and Bacon.

Gallahue, D.L.(1982). Understanding Motor Development in Children. John Wiley & Sons, Inc.

Gallahue, D.L. & Ozmun, J.C.(2002). Understanding Motor Development. New York : McGraw-Hill.

Gilbert, A.G.(2002). 다함께 즐기는 창작무용(변재경, 김화숙, 신은경, 한혜리 공역). 서울 : 대한미디어(원본 출판년도 1992).

Kassing, G. & Jay, D.M.(2005). 무용 교수법과 교육과정 설계(양정수, 신은경, 김운미 공역). 서울 : 대한미디어(원본 출판년도 2003).

Laban, R.(1987). 현대의 무용교육(김주자 역). 서울:백록출판사(원본 출판 년도 1948).

Logsdon, B., 등(1997). Physical education unit plans for preschool-kindergarten. Champaign. IL : Human Kinetics.

Nigel, T. & Prendiville, F.(2006). 전래동화를 활용한 드라마 만들기 : 어린이를 위한교육연극 수업모델(김유미, 이경미 역). 서울 : 연극과 인간(원본 출판년도 2000).

Paulette S.(1998). 현대무용 : 12가지 창조적 문제와 해결실험(황문숙 역). 서울 : 금광.

Purcell, T.M.(2001). 어린이들을 위한 무용 교육(김두련 역). 서울 : 금광.

부록 1 : 7차 교육과정(건강생활영역, 표현생활영역)

1 건강 생활 영역

1] 성격

건강 생활은 긍정적 자아 개념과 일상생활에 필요한 기초 체력을 기르며, 유아의 심신을 조화롭게 발달시키기 위한 영역이다. 이 영역은 '나의 몸 인식하기', '나의 몸 움직이기', '건강하게 생활하기', '안전하게 생활하기'의 네 가지 내용으로 구성한다. '나의 몸 인식하기'는 기본적인 감각 기능을 기르고 자신의 신체를 긍정적으로 인식하도록 하는 데 중점을 둔다. '나의 몸 움직이기'는 유아기에 해야 할 운동을 체계적이고 규칙적으로 실시하여 기본적인 운동 능력을 기르고 기초 체력을 증진하는 데 중점을 둔다.

'건강하게 생활하기'는 청결, 영양, 질병 예방, 휴식을 통한 신체 건강뿐 아니라 정신 건강을 유지하고 건강한 생활 습관을 형성하는 데 중점을 둔다. '안전하게 생활하기'는 자신과 타인의 몸을 소중히 여기고, 우리 주변에서 발생할 수 있는 위험을 예방하며, 재난에 대비하는 데 필요한 지식과 기능 및 태도를 기르는 데 중점을 준다.

건강 생활 영역의 교육 활동에서는 다양한 감각 및 신체 활동을 통하여 생활 교육으로 이루어지게 하며 다른 영역의 내용과 통합해 다루도록 한다. 특히 감각 기관을 적극적으로 활용하고 다양한 방법으로 몸을 활발하게 움직일 수 있는 기회를 규칙적으로 제공한다. 또한 실내·외 신체 활동을 통해 긴장감을 해소하고 즐거움을 느끼게 하며, 안전하고 쾌적한 환경을 제공하여 건강한 생활을 할 수 있게 한다.

2] 목 표

자신의 신체를 긍정적으로 인식하고 생활에 필요한 기초 체력을 기르며, 건강하고 안전한 생활 습관을 가진다.

가. 자신의 몸과 주변 세계를 긍정적으로 인식한다.

나. 기본 운동 능력과 기초 체력을 기른다.

다. 건강한 몸과 마음을 기른다.

라. 안전한 생활 습관을 가진다.

3] 내 용

가. 내용 체계

내 용	하위 내용
나의 몸 인식하기	감각 기관을 활용하기 나의 몸을 인식하고 움직이기
나의 몸 움직이기	이동하며 움직이기 제자리에서 움직이기 도구 및 놀이 시설을 활용하기 바깥에서 신체 활동하기
건강하게 생활하기	몸과 주변을 깨끗이 하기 바른 식생활 하기 질병 예방하기 즐겁게 생활하기
안전하게 생활하기	나와 다른 사람의 몸을 소중히 하기 안전하게 놀이하기 교통안전 규칙 지키기 위험한 상황을 알고 대처하기 환경오염이나 재난에 대비하기

나. 수준별 내용

내용	하위 내용	수준별 내용	
		I	II
나의 몸 인식하기	감각 기관을 활용하기	• 감각 기관을 활용해본다.	• 감각 기관을 협응하여 활동한다.
	나의 몸을 인식하고 움직이기	• 몸의 각 부분에 관심을 가지고 움직인다.	• 몸의 각 부분의 특성을 활용하여 움직인다.
		• 자신의 신체 능력을 긍정적으로 인식하고 움직인다.	
	이동하며 움직이기	• 걷기, 달리기, 뛰기 등을 하면서 몸을 움직인다.	• 걷기, 달리기, 뛰기 등을 하면서 제시된 조건에 따라 몸을 움직인다.
	제자리에서 움직이기	· 제자리에서 몸을 다양하게 움직인다.	• 제자리에서 제시된 조건에 따라 몸을 균형감 있게 움직인다.
	도구 및 놀이 시설을 활용하기	• 공, 리본, 후프, 평균대, 매트 등 도구와 놀이 시설을 활용하여 신체 활동을 한다.	

내용	하위 내용	수준별 내용 I	수준별 내용 II
	바깥에서 신체 활동하기	• 규칙적으로 바깥에서 신체 활동을 한다.	
건강하게 생활하기	몸과 주변을 깨끗이 하기	• 이를 깨끗이 한다.	• 스스로 이를 깨끗이 하는 습관을 기른다.
		• 손과 몸을 깨끗이 한다.	• 스스로 손과 몸을 깨끗이 하는 습관을 기른다.
		• 자기 주변을 깨끗이 한다.	• 스스로 자기 주변을 깨끗이 하는 습관을 기른다.
	바른 식생활 하기	•음식물의 필요성을 알고 골고루 먹는다.	• 몸에 필요한 음식을 적당한 양으로 골고루 먹는다.
		• 음식을 소중히 여긴다.	
		• 음식을 바른 자세로 즐겁게 먹는다.	
	질병 예방하기	• 질병의 위험성을 알고 주의한다.	• 질병을 예방하는 방법을 알고 실천한다.
		• 날씨와 상황에 알맞게 옷을 입는다.	
		• 놀이 후에는 적절한 휴식을 취한다.	
	즐겁게 생활하기	• 다양한 신체 활동을 통해 긴장감을 해소하고 즐거운 마음으로 생활한다.	
안전하게 생활하기	나와 다른 사람의 몸을 소중히 하기	• 나와 다른 사람의 몸이 소중함을 안다.	
		• 다른 사람이 나의 몸을 함부로 만지지 않도록 한다.	
	안전하게 놀이하기	• 놀잇감, 도구, 시설물의 사용법을 알고 안전하게 사용한다.	
		• 안전한 장소에서 안전한 방법으로 놀이한다.	
			• 미디어에는 유익한 것과 유해한 것이 있음을 알고 바르게 사용한다.
	교통안전 규칙 지키기	• 보행 안전 규칙을 지킨다.	
		• 교통수단을 안전하게 이용한다.	
	위험한 상황을 알고 대처하기	• 위험한 물건과 상황에 대해 알고, 대처한다.	
		• 위험한 상황에서 도움을 요청하여 자신을 보호한다.	
	환경오염이나 재난에 대비하기	• 환경오염의 위험성을 알고 안전하게 생활하는 방법을 실천한다.	
		• 환경오염을 예방하는 방법을 알고 실천한다.	
		• 인적 재난이나 자연 재난에 대해 알아보고 정기적으로 대피 훈련에 참여한다.	

4] 지도상의 유의점

교사는 다음 사항에 유의하여 지도하도록 한다.

첫째, 감각을 통해 자신의 몸과 주변 세계를 바르게 인식하도록 유아의 발달 수준을 고려한다. 이를 위해 다양한 수준의 도구와 활동을 마련하여 제공한다.

둘째, 넓은 공간이나 바깥에서 규칙적으로 활동함으로써 유아기에 필요한 기본 운동 기능과 기초 체력을 기르도록 한다. 교사는 유아의 흥미와 관심이 자연을 향하도록 바깥놀이 활동 범위를 점차 확대하여 계획하고, 안전한 장소에서 유아가 충분히 뛰어놀 수 있도록 한다.

셋째, 대근육 활동 시 교사는 체계적 활동을 통해 유아가 몸을 움직임으로써 신체를 조절하고

성취감을 맛볼 수 있도록 지도한다. 이를 위해 교사는 발달에 적합한 활동을 구성하여 유아의 흥미와 관심을 높여 적극적으로 활동에 참여할 수 있도록 한다.

넷째, 유아의 건강 생활은 일과 중 활동을 통해 생활 교육으로 이루어지게 해야 한다. 무엇보다 유아의 건강 상태와 신체 리듬을 고려하여 규칙적인 생활을 할 수 있도록 지도하며, 스스로 이 닦기와 손 씻기, 주변을 깨끗이 하기, 바른 식생활과 옷 입기 등을 실천함으로써 건강하고 안전한 생활 습관과 태도를 갖도록 한다.

다섯째, 교사는 유아가 안전하게 놀이할 수 있도록 유의해야 한다. 활동 공간에 따른 적절한 인원 수, 기구의 견고성, 공간 바닥 등에 대해 정기적으로 안전 점검을 실시하고, 기구나 도구의 안전한 사용법을 지도하여 유아 스스로 자신의 안전을 지킬 수 있는 능력과 태도를 갖도록 한다.

여섯째, 유아기는 신체를 조절하거나 환경을 지각하는 능력이 부족한 시기이므로 안전사고를 예방해야 한다. 이를 위해 위험한 장소, 위험한 놀이, 여러 가지 재난에 대해 유아가 자신을 보호할 수 있는 지식, 기능, 태도를 기르도록 지속적으로 지도한다.

2 표현 생활

1] 성격

표현 생활은 풍부한 감성과 심미적 태도 및 창의적 표현력을 기르며, 다양한 예술 표현 방식을 존중하고 즐기는 태도를 기르기 위한 영역이다. 이 영역은 '자연과 생활에서 아름다움 찾아보기', '예술적 표현 즐기기', '감상하기'의 세 가지 내용으로 구성한다. '자연과 생활에서 아름다움 찾아보기'는 유아가 자연과 주변 환경에서 자연스럽게 접할 수 있는 소리나 음악, 움직임, 조형물에 관심을 기울이며, 예술 활동의 기본이 되는 다양한 요소를 찾아보는 경험에 중점을 둔다.

'예술적 표현 즐기기'는 유아가 다양한 예술 활동에 참여하여 생각과 느낌을 자유롭게 표현하는 데 중점을 둔다. 또한 음악, 움직임과 춤, 조형 활동, 극놀이를 통합적으로 경험하며 예술 활동 과정을 즐기는 데 중점을 둔다. '감상하기'는 유아나 다른 사람이 표현한 예술 작품 및 자연과 생활 속의 아름다움, 우리 전통 예술에 유아가 관심을 가지고 즐기도록 하는 데 중점을 둔다.

표현 생활 영역의 교육 활동에서는 특정한 예술적 개념이나 기능 습득 보다는 생각과 느낌을 자유롭고 창의적으로 표현해보는 경험을 중심으로 한다. 직접 보고, 듣고, 만지고 느껴보는 능동적인 활동 과정을 강조하고 유치원의 일과 중 자연스럽게 다양한 탐색 및 감상활동의 기회를 제공하며, 대·소집단 활동과 자유선택활동에서 골고루 경험하도록 통합적으로 다루도록 한다.

2] 목 표

생각하고 느낀 것을 예술적으로 표현하고 감상함으로써 심미적 태도와 창의적 표현력을 기른다.

가. 자연과 생활 속에서 예술적 요소를 찾아본다.

나. 생각과 느낌을 음악, 움직임과 춤, 조형, 극놀이 및 통합적 활동으로 표현하는 과정을 즐긴다.

다. 자연과 사물, 다양한 예술 작품과 우리 전통 예술 등을 감상함으로써 풍부한 감성과 심미적 태도를 기른다.

3] 내 용

가. 내용 체계

내용	하위 내용
자연과 생활에서 아름다움 찾아보기	소리 · 움직임 · 조형물에 관심 가지기 예술적 요소 찾아보기
예술적 표현 즐기기	음악으로 표현하기 움직임과 춤으로 표현하기 조형 활동으로 표현하기 극놀이로 표현하기 통합적으로 표현하기 창의적인 표현 과정 즐기기
감상하기	아름다움 느끼기 예술적 표현 존중하기 우리 전통 예술 감상하기

나. 수준별 내용

<table>
<tr><th rowspan="2">내용</th><th rowspan="2">하위 내용</th><th colspan="2">수준별 내용</th></tr>
<tr><th>I</th><th>II</th></tr>
<tr><td rowspan="4">자연과 생활에서 아름다움 찾아보기</td><td>소리·움직임·조형물에 관심 가지기</td><td colspan="2">• 자연과 주변 환경의 소리, 음악, 움직임, 조형물에 관심을 가진다.</td></tr>
<tr><td rowspan="3">예술적 요소 찾아보기</td><td colspan="2">• 목소리, 신체, 사물, 악기로 소리의 빠르기·세기·리듬 등을 찾아본다.</td></tr>
<tr><td colspan="2">• 자연과 주변 환경에서 움직임의 모양·힘의 세기·빠르기·흐름 등을 찾아본다.</td></tr>
<tr><td colspan="2">• 자연과 주변 환경에서 색·형태·질감 등을 찾아본다.</td></tr>
<tr><td rowspan="12">예술적 표현 즐기기</td><td rowspan="3">음악으로 표현하기</td><td>• 노래를 즐겨 부른다.</td><td>• 노래로 자신의 생각과 느낌을 표현한다.</td></tr>
<tr><td colspan="2">• 전래 동요를 즐겨 부르며 관련된 놀이를 한다.</td></tr>
<tr><td>• 체나 리듬 악기를 사용하여 간단한 리듬 패턴을 만들어 본다.</td><td>• 단순한 즉흥 연주를 해본다.</td></tr>
<tr><td rowspan="3">움직임과 춤으로 표현하기</td><td>• 신체를 이용하여 친숙한 대상의 움직임을 표현한다.</td><td>• 신체를 이용하여 주변의 움직임을 다양하게 표현한다.</td></tr>
<tr><td colspan="2">• 도구를 활용하여 창의적으로 움직인다.</td></tr>
<tr><td colspan="2">• 움직임과 춤을 통해 생각과 느낌을 자유롭게 표현한다.</td></tr>
<tr><td rowspan="3">조형 활동으로 표현하기</td><td colspan="2">• 조형 활동을 통해 자신의 생각과 느낌을 창의적으로 표현한다.</td></tr>
<tr><td></td><td>• 협동적인 조형 활동을 통해 생각과 느낌을 표현한다.</td></tr>
<tr><td>• 조형 활동에 필요한 재료와 도구에 관심을 가지고 사용한다.</td><td>• 조형 활동에 필요한 재료와 도구를 다양하게 사용한다.</td></tr>
<tr><td>극놀이로 표현하기</td><td>• 경험이나 간단한 이야기를 극놀이로 표현한다.</td><td>• 소품, 배경, 의상 등을 계획하여 협동적으로 극놀이를 한다.</td></tr>
<tr><td>통합적으로 표현하기</td><td colspan="2">• 주제에 대한 자신의 생각과 느낌을 음악, 춤, 조형 활동, 극놀이 등을 통합하여 표현한다.</td></tr>
<tr><td>창의적인 표현 과정 즐기기</td><td>• 예술 활동에 참여하여 표현 과정을 즐긴다.</td><td>• 다양한 예술 활동을 스스로 선택하여 시도한다.</td></tr>
<tr><td rowspan="4">감상하기</td><td rowspan="2">아름다움 느끼기</td><td colspan="2">• 자연과 다양한 음악, 춤, 조형물, 극놀이 등을 듣거나 보고 즐긴다.</td></tr>
<tr><td></td><td>• 자연과 다양한 음악, 춤, 조형물, 극놀이 등을 감상하고 생각과 느낌을 나눈다.</td></tr>
<tr><td>예술적 표현 존중하기</td><td>• 나와 다른 사람의 예술 표현을 소중히 여긴다.</td><td>• 나와 다른 사람의 예술 표현의 차이를 느낀다.</td></tr>
<tr><td>우리 전통 예술 감상하기</td><td>• 전통 예술에 관심을 갖고 친숙해진다.</td><td>• 전통 예술을 즐긴다.</td></tr>
</table>

4] 지도상의 유의점

교사는 다음 사항에 유의하여 지도하도록 한다.

첫째, 유아를 둘러싼 자연이나 주변 환경에서 친근하게 접할 수 있는 대상에서 예술적 요소를 자발적으로 찾아보도록 한다. 소리, 음악, 움직임 및 조형물에 대해 관심을 가지고 찾아보는 경험은 유치원의 일과 중에 자연스럽게 이루어지도록 지도한다.

둘째, 유아가 예술적 활동에 대해 개별적인 생각과 느낌을 표현하는 과정을 즐기도록 자유로운 분위기를 조성한다. 교사는 유아가 소리와 음악, 움직임과 춤, 만들기와 그리기, 극놀이 활동의 자유로운 표현 과정에서 자신의 생각이나 느낌을 좀 더 풍부하게 확장해 나가도록 지도한다. 교사가 미리 정해 놓은 활동을 유아가 그대로 따라하게 하거나, 한 가지 정답이나 모델만을 제시하고 언어적으로 표현하도록 하기, 만들어진 결과물에 대해서만 격려하고 전시하기 등은 유아의 창의적인 표현을 감소시킬 수 있으므로 유의한다.

셋째, 소집단·대집단 활동뿐 아니라 자유선택활동에서 예술적 표현활동을 수시로 제공하되 유아가 개별적으로 활동과정에 몰입하도록 적극 지원한다. 유아가 표현활동에 지속적으로 참여함으로써 점차 자신만의 독특한 표현 방식을 시도하고 즐기도록 지도한다.

넷째, 유아가 사전경험이나 흥미에 따라 활동을 스스로 선택하여 자기 나름의 의미를 갖도록 지도한다. 이를 위해 생활 속에서 친근하게 자주 접하는 자연, 음악, 조형작품 등을 자연스럽게 보고, 듣고, 만지는 경험을 통해 아름다움을 느끼고, 표현하며, 이를 즐겨 감상할 수 있도록 배려한다.

다섯째, 교사는 유아의 창의적인 표현을 존중하는 태도를 지닌다. 유아가 창의적이고 개별적으로 표현한 음악, 움직임, 춤, 조형작품, 극놀이에 대해 표정, 몸짓, 언어 등을 이용하여 긍정적으로 지지해 준다.

여섯째, 음악, 춤, 조형, 극놀이 활동 등은 가능한 통합적으로 이루어지도록 한다. 예를 들면 세찬 바람 소리를 그림으로 표현한 후에 이를 움직임이나 춤으로 나타낼 수 있다. 다양한 예술적 요소를 찾아보고 표현하며 감상하는 것은 정해진 순서 없이 한 활동에서 통합적으로 경험되도록 지도한다.

부록 2 : 수업계획안 예시

아래의 예는 저자의 수업을 받았던 학생들이 작성한 것이다.

이 중에서 세 번째와 네 번째 예시는 교사와 유아간의 상호작용이 자세하게 기록되어 있으며, 다섯 번째와 여섯 번째 예시는 교수자료가 구체적으로 계획되어 있다.

[예시 1]

1. **동작 주제** : 비눗방울
2. **시간/ 장소** : 20분, 활동실
3. **대상연령(연령, 인원수)** : 만5세, 10명의 유아
4. **목표**

   1) 신체 : 크기가 다양한 비눗방울의 모양을 전신과 신체의 각 부분을 이용하여 움직이기.
   비눗방울 표면의 느낌을 신체의 전신 혹은 부분을 이용하여 표현하기(끈적거림, 매끄러움, 부드러움 등).

   2) 공간 : 개인공간과 전체 공간, 높이의 수준(높은, 중간, 낮은)과 방향(전/후, 좌/우, 상/하, 45도 8방향)을 다양하게 변화시키면서 비눗방울을 표현하기.

   3) 노력 : 바람이 부는 강도에 따라 비눗방울 움직임의 속도를 조절하면서 비눗방울이 떠다니는 모습을 표현하기.

   4) 관계 : 다른 사람과 협동하여 비눗방울 표현하기.
   도구를 이용하여 비눗방울 표현하기.

5. 교수자료

실물

■ 비눗방울 용액 만들기
= 비눗방울 용액을 만들 수 있는 여러 가지 재료(주방용 세제, 글리세린, 꿀 등)를 보여주고 직접 만든다.
■ 비눗방울을 만들기
= 빨대로 비눗방울을 부는 도구를 만드는 방법과 비눗방울의 크기를 변화시킬 수 있는 여러 가지 틀을 소개하고 이것을 이용해 유아가 직접 비눗방울을 불어보게 한다.

시청각 자료

■ 동영상 – 대형 비눗방울, 풍선 플러버
= 유아들이 들어갈 수 있는 대형 비눗방울과 비눗방울을 불어서 풍선처럼 만질 수 있게 한 풍선 플러버를 보여준다.
■ 동영상 – 비눗방울을 이용한 놀이
= 비눗방울 튕기기 놀이, 비눗방울 속에 비눗방울 넣기, 빨대를 이용한 여러 가지 놀이를 보여준다.

비눗방울

인터넷

■ http://www.eico.co.kr
= 비눗방울에 관한 여러 가지 자료와 비눗방울 만드는 방법에서부터 많은 종류의 비눗방울을 볼 수 있다.
■ http://www.kids-shop.co.kr
= 유아들의 관심을 끌 만한 많은 종류의 비눗방울이 있다.

음악

■ 비눗방울의 움직임에 맞는 경쾌한 음악, 통통 튀는 음악, 부드러운 음악으로 비눗방울이 떠다니는 모습을 음악과 함께 표현하게 한다.

6. 주제에 관한 브레인스토밍

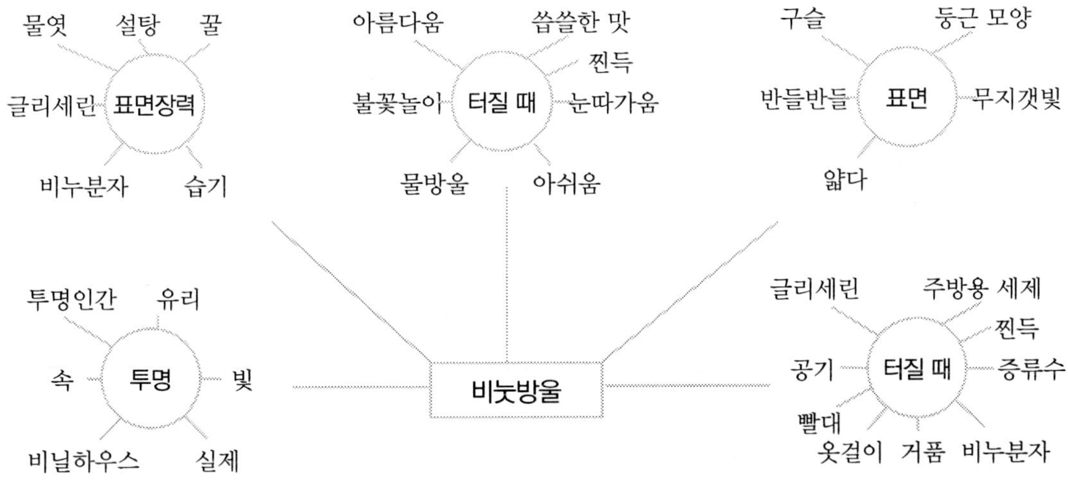

= 지저분함, 아이, 축구공, 농구공, 투명풍선, 달콤함, 자유, 감옥, 새, 약한 존재, 사진, 그리움, 눈, 겨울, 열매, 총, 생각풍선, 하늘, 추억, 귀여움, 바람개비, 우주선, 보호막, 타임머신, 비행기, 여행, 둘리, 뽕뽕이, 방구, 거품, 천사, 구름,

7. 움직임 목록화

1) 움직임 브레인스토밍

- 비눗방울을 불기 전의 용액의 모습
- 빨대로 비눗방울에 공기를 넣는 모습
- 빨대에서 비눗방울이 조금씩 나오는 모습
- 빨대에서 비눗방울이 떨어져 나가는 모습
- 빨대로 비눗방울을 불다가 터지는 모습
- 비눗방울이 하늘로 올라가는 모습
- 여러 종류의 비눗방울이 빨대에서 나오는 모습
  = 빨대에서 나오는 여러 종류의 비눗방울의 모습
  = (비눗방울들이 바람에 날려서 여기저기로 흩어지는 모습)
- 세찬 바람이 불어서 비눗방울이 터지는 모습
- 비눗방울이 중력에 의해 바닥에 떨어져서 사라지는 모습
- 다른 물체에 부딪쳐서 터지는 모습
- 비눗방울을 손으로 쳐서 터뜨리는 모습
- 비눗방울이 터져서 물방울처럼 변해서 흩어지는 모습
- 큰 비눗방울대를 통하여 거대한 비눗방울이 나오는 모습
- 거대한 비눗방울이 하늘 위를 두둥실 떠다니는 모습
- 비눗방울이 머리카락 위에서 터지지 않고 앉아 있는 모습
- 분무기로 물방울을 뿌렸을 때 모습
- 손의 비누거품을 이용하여 만든 비눗방울의 모습
- 비눗방울과 비눗방울이 만났을 때의 모습
- 비눗방울의 막이 점점 얇아지면서 터지는 모습
- 큰 비눗방울대를 이용하여 하늘에 비눗방울을 길게 늘어뜨린 모습
- 대형 비눗방울이 아이들의 몸을 감싸고 있는 모습

2) 움직임과 기본요소 및 기본 움직임의 조합

움직임 요소		빨대에서 나오는 여러 종류의 비눗방울의 모습
신체	전신움직임	• 비눗방울이 빨대에서 나오는 모습을 몸을 구부렸다 펴면서 표현하기 • 비눗방울이 빨대에서 나오는 모습을 걸어가면서 표현하기 • 비눗방울이 빨대에서 나오는 모습을 뛰어가면서 표현하기 • 비눗방울이 빨대에서 나오는 모습을 온몸을 흔들면서 표현하기 • 비눗방울이 빨대에서 나오는 모습을 엎드려서 표현하기
	신체 부분움직임	• 비눗방울의 시각적인 표면의 느낌을 손과 손가락을 이용하여 표현하기 • 여러 가지 크기의 비눗방울의 모양을 발을 이용해 바닥에 그려보며 표현하기
	신체형태	• 신체를 이용해 비눗방울 표면의 무지개빛이 대칭이 되게 표현하기 • 신체를 이용해 비눗방울 표면의 무지개빛이 비대칭이 되게 표현하기 • 신체로 원형을 만들 수 있는 부분을 이용해 둥근 비눗방울 모양 만들기

움직임 요소		빨대에서 나오는 여러 종류의 비눗방울의 모습
	균형	• 약한 바람이 불어서 비눗방울이 하늘을 두둥실 떠다니는 모습 표현하기 • 강한 바람이 불어서 비눗방울이 터질듯이 불안정하게 날아가는 모습 표현하기
공간	장소, 영역	• 비눗방울이 빨대에서 나와 다른 물방울과 부딪치지 않고 땅으로 가라앉는 모습 표현하기 • 비눗방울이 빨대에서 나와 다른 물방울과 부딪쳐서 양쪽으로 날아가는 모습 표현하기
	높이, 수준	• 비눗방울이 땅으로 가라앉는 모습 표현하기 • 비눗방울이 앞으로 쭉 날아가는 모습 표현하기 • 비눗방울이 하늘로 높이 날아가는 모습 표현하기
	방향	• 비눗방울이 바람에 날려 앞과 뒤로 날아가는 모습 표현하기 • 비눗방울이 바람에 날려 좌, 우로 날아가는 모습 표현하기 • 비눗방울이 바람에 날려 땅으로 떨어지고 하늘로 날아가는 모습 표현하기 • 비눗방울이 바람에 날려 45도 8방향 측면으로 날아가는 모습 표현하기
	경로	• 비눗방울이 직선으로 곧게 뻗어나가는 모습 표현하기 • 비눗방울이 양쪽으로 바람이 불어 곡선으로 이리저리 흔들리는 모습 표현하기
	범위, 크기	• 혼자서 신체를 가까이 모아서 비눗방울 작게 표현하기 • 혼자서 신체를 멀리 해서 비눗방울 크게 표현하기 • 여럿이서 손을 잡고 멀리 떨어져서 큰 모양의 비눗방울을 표현하기
	초점	• 하늘로 날아가는 비눗방울 보는 모습 표현하기 • 땅으로 떨어지는 비눗방울 보는 모습 표현하기
노력	시간	• 거센 바람에 비눗방울이 빠르게 날아다니는 모습 표현하기 • 약한 바람에 비눗방울이 천천히 떠다니는 모습 표현하기 • 잠깐 부는 바람에 의해 비눗방울이 조금 날아가다 땅으로 떨어지는 모습 표현하기 • 바람이 오래 불어서 비눗방울이 계속해서 하늘로 날아가는 모습 표현하기
	힘, 무게	• 비눗방울이 하늘을 날아다니는 것처럼 가볍게 비눗방울 표현하기 • 비눗방울이 땅으로 가라앉는 것처럼 무겁게 비눗방울 표현하기
	흐름	• 비눗방울이 넓은 공간에서 자유롭게 날아가는 모습 표현하기 • 비눗방울이 아주 좁은 공간에서 날아가지 못하고 터지는 모습 표현하기
관계	신체부분과 부분의 관계	• 여러 개의 비눗방울이 모여 뭉치는 것처럼 신체를 하나씩 뭉치면서 표현하기 • 팔 다리를 멀리 향하게 하여 비눗방울이 커지는 모습 표현하기 • 상체를 숙여 비눗방울이 작아지는 모습 표현하기
	파트너나 집단간의 관계	• 비눗방울의 시각적인 표면의 느낌을 친구와 서로 손바닥을 맞대어 표현하기 (손바닥을 맞대고 찐득하면 찐득한 느낌으로 표현, 미끄러우면 미끄럽게 표현) • 여러 가지 크기의 비눗방울의 모양을 친구와 양손을 잡고 표현하기 • 혼자서 큰 비눗방울을 표현하고 여럿이서 큰 비눗방울 표현하기 • 비눗방울 표면의 무지개빛 모양을 여럿이서 이어서 만들어 표현하기 • 비눗방울 시각적 표면의 느낌을 거울되기를 통해 표현하기 • 각 개인이 하나의 비눗방울이라 생각하고 여러개의 물방울이 뭉치는 것처럼 여러명이 모여서 뭉친 비눗방울 표현하기
	물체와의 관계	• 훌라우프를 이용하여 비눗방울이 땅 위를 아슬아슬 날아다니는 모습 표현하기 • 비눗방울이 나무 사이로 날아다니는 모습 표현하기 • 비눗방울이 벤취 위에 터지지 않고 접속하여 위에 있는 모습 표현하기

[예시 2]

1. 생활 주제 : 자연

2. 동작 주제 : 민들레

- 기본요소를 활용하여 민들레를 자유롭고 다양한 움직임으로 표현하기

3. 시간/장소 : 10시~10시35분(35분) / 교실

4. 대상(연령, 인원수) : 만 5세, 10~15명

5.목표

1) 신체

- 민들레의 변화과정을 인식하며, 자신의 몸을 이용하여 민들레를 다양한 방법으로 표현하기
- 자신이 생각하는 민들레의 모습을 전신 혹은 신체의 각 부분을 이용하여 자유롭게 표현하기
- 다양한 방법으로 민들레를 표현해 봄으로써, 움직임의 기본요소와 기본 움직임을 익히고 자유로운 표현 방법을 즐기기

2) 공간:

- 다른 사람과 공유된 전체 공간에서 다양하게 움직이기
- 개인 공간 내에서 조절 된 행동으로 창의적인 움직임을 표현하기

3) 노력:

- 신체의 길이와 높낮이에 변화를 주어 움직이기
- 상황에 따라 힘을 조절하여 신체를 움직이기

4) 관계 : 자연의 소중함을 알기

- 여러 명이 함께 민들레를 표현 해 봄으로써, 관계요소를 익히기
- 신체 각 부분의 관계를 이해하고 협응하여 움직이기

6. 교수자료

- 실물(민들레 꽃)
  - 민들레를 관찰하여 본다.
- 홀씨가 된 민들레
  - 민들레의 씨를 관찰한다.
  - 민들레는 바람을 통해 씨를 퍼트린다는 것을 이해한다.
- 그림책(강아지 똥)
  - 그림책 속의 민들레가 되어본다.
  - 그림책의 장면을 극으로 표현해 본다.
- 그림책 한 장면의 대본
- 민들레변화과정을 담은 사진 또는 그림
  - 민들레의 변화과정을 보고 느낌이나 동작을 직접 표현한다.
- 스크린
- 배경음악

– 이루마 피아노곡(홀씨가 되어 바람을 타고 날아다니는 느낌을 표현할 때)

7. 주제에 관한 브레인스토밍

1) 주제 : 민들레

2) 관찰 및 분석

- 활동 : 민들레 차, 다른 꽃잎 차 마시기, 홀씨불기, 민들레 키우기, 화분에 옮겨심기, 민들레 바라보기
- 날씨 : 봄날, 화사한, 따스한, 바람, 우중충한, 구름 낀
- 색 : 노란색, 초록색, 흰색, 푸른색, 누런색, 갈색, 회색, 하늘색, 쪽빛, 보라 빛
- 느낌 : 외로운, 쓸쓸한, 끈기, 희망, 노력, 군센, 고요한, 고립감, 이질감, 흔한, 날카로움, 친근함, 아름다움, 조그맣다, 유치원, 귀여움, 자유로움, 하늘, 날아다님, 간지러움, 기침

3) 동작 단어 : 바람에 살랑이는, 혼자 외로워하는, 홀씨를 날리려고 바람을 부는, 추워 몸을 움츠리는, 따뜻한 볕에 몸을 활짝 펴는, 비를 맞아 오들오들 떠는, 꽃을 꺾는, 화분에 옮겨 심는, 창문가에 놓아두는, 민들레에게 물을 주는

4) 이미지, 떠오르는 생각 : 일편단심, 햇빛, 따스함, 아스팔트, 강아지 똥, 홀씨의 여행, 바람에 날리는 홀씨, 외로움, 흰색 털, 들펀, 벋, 톱니모양, 생명력, 흔한, 봄, 거름, 하얀 민들레, 서민, 쌍떡잎식물, 삼각형, 타원형, 실, 원형, 꿈, 민들레 영토, 여행, 감성

8.활동 과정

사전활동(5분)	몸풀기	우리집에 왜 왔니? 무궁화 꽃이 피었습니다.
본활동(27분)	도입	❶ 민들레에 관한 경험 이야기 나누기 –민들레의 꽃말 들려주기 –꽃과 관련된 꽃잎차들 이야기 해 주기 ❷ 민들레 관찰하기 –민들레의 일생과정(사진 또는 그림) 보여주기(주제탐색) –민들레의 탐색결과 이야기 나누기 –민들레의 입장이 되어보기
	전개	❶ 민들레의 관찰결과에 기초하여 움직임 탐색하기 –기본 요소를 활용하여, 몸을 움직여 민들레를 표현 할 수 있는 다양한 방법을 이야기하기 ❷ 탐색한 움직임 표현하기 –정지된 민들레의 한 장면 만들기(씨앗, 싹, 봉우리, 꽃, 꽃이 질 때, 홀씨를 맺을 때) –민들레의 움직이는 장면 만들기 –혼자, 파트너와, 여러 명이서 함께 민들레 만들기 ❸ 움직임 심화시키기 –움직이는 그림책 '강아지 똥' 동화 보여주기 –조별로 그림책의 장면을 극으로 표현하기 ❹ 타인의 움직임 관찰 및 감상하기
	정리	활동에 대하여 평가하기
사후활동(3분)	마무리	스트레칭 및 휴식

9.움직임 목록화

1) 움직임 브레인스토밍

<table>
<tr><td rowspan="28">움직임</td><td>▸바람에 흩날리는 민들레의 모습</td></tr>
<tr><td>▸봉우리 진 민들레의 모습</td></tr>
<tr><td>▸민들레꽃의 봉우리가 펼쳐지려는 순간</td></tr>
<tr><td>▸비를 맞아 봉우리가 흔들리는 모습</td></tr>
<tr><td>▸빗속에서 민들레꽃 한 송이가 오들오들 떠는 모습</td></tr>
<tr><td>▸꽃잎이 떨어지기 시작하는 모습</td></tr>
<tr><td>▸보슬비를 맞고 있는 민들레의 모습</td></tr>
<tr><td>▸장대비를 맞고 있는 민들레의 모습</td></tr>
<tr><td>▸홀씨가 날리는 모습</td></tr>
<tr><td>▸홀씨가 날아가는 모습</td></tr>
<tr><td>▸홀씨가 사뿐히 내려앉는 모습</td></tr>
<tr><td>▸바람을 타고 날던 홀씨가 바람이 갑자기 멈추자, 무겁게 툭 떨어지는 모습</td></tr>
<tr><td>▸민들레 꽃대가 꺾인 모습</td></tr>
<tr><td>▸민들레꽃이 활짝 핀 모습</td></tr>
<tr><td>▸꽃이 피다 만 모습</td></tr>
<tr><td>▸시멘트 위에 쓸쓸히 홀로 핀 민들레 모습</td></tr>
<tr><td>▸새싹이 자라나는 모습</td></tr>
<tr><td>▸민들레 씨의 새싹이 땅을 뚫고 나오는 모습</td></tr>
<tr><td>▸홀씨를 다 날려버린 후, 꽃대만 남은 모습</td></tr>
<tr><td>▸추운 겨울에, 볕을 조금이라도 더 받기 위해 잎을 땅위에 바짝 붙이는 모습</td></tr>
<tr><td>▸봄이 되자 잎을 들어 올리는 모습</td></tr>
<tr><td>▸잎 틈새로 꽃을 피우기 시작하는 모습</td></tr>
<tr><td>▸낭떠러지에 핀 민들레 모습</td></tr>
<tr><td>▸들판에 핀 민들레 한송이</td></tr>
<tr><td>▸여러 송이의 민들레가 함께 핀 모습</td></tr>
<tr><td>▸민들레차를 마시는 모습</td></tr>
<tr><td>▸민들레 차를 만드는 모습</td></tr>
<tr><td>▸여러 꽃잎차를 만드는 모습</td></tr>
</table>

2) 움직임과 기본 요소 및 기본 움직임의 조합

<table>
<tr><th>구분</th><th colspan="2">민들레의 다양한 움직임</th></tr>
<tr><td rowspan="2">신체</td><td>기본적인 신체동작</td><td>▸민들레의 변화과정을 몸을 최대한 움츠렸다 쭉 펴서 표현하기</td></tr>
<tr><td>전신 움직임</td><td>▸민들레 홀씨가 바람에 날려가는 모습 표현해 보기
▸민들레 홀씨가 사뿐히 내려앉는 모습 표현해 보기
▸민들레 꽃잎이 떨어지는 모습 표현해 보기
▸몸을 쭉 뻗어 민들레 꽃대를 표현해 보기</td></tr>
</table>

	신체 부분 움직임	▸하체를 고정시키고 상체로만 움직여 바람에 살랑이는 민들레 모습 표현해 보기 ▸하체를 고정시키고 씨앗에서 싹이 피는 모습 표현해 보기 ▸햇볕을 쬐기 위해 잎을 들어 올리는 모습 표현해 보기 ▸상체만 이용하여 비를 맞아 꽃잎이 흔들리는 민들레 모습 표현해 보기 ▸땅을 뚫고 싹이 나오는 모습 표현해 보기
	신체형태	▸겨울에 볕을 조금이라도 더 받기위해 잎을 땅위에 바짝 붙이는 모습 표현해 보기 ▸봄이 되자 잎을 들어 올리는 모습 표현해 보기 ▸볕이 많이 없는 추운 겨울에, 꽃대를 구부린 민들레의 모습 표현해 보기 ▸따뜻한 봄이 되어, 민들레꽃이 볕을 받기위해 펼치는 모습 표현해 보기 ▸민들레 홀씨들이 서로 얽히고 섥혀 꼬여있는 모습 표현해 보기
	균형	▸평지에 활짝 피어있는 민들레 모습 표현하기 ▸낭떠러지에 피어버린 불안정한 민들레 모습 표현하기
공간	장소/ 영역	▸민들레의 홀씨가 꽃대에 붙어 바람에 흔들리는 모습 표현해 보기 ▸홀씨가 바람을 타고 이동하는 모습 표현해 보기 ▸민들레 씨가 땅속으로 들어가는 모습 표현해 보기 ▸민들레 싹이 트는 모습 표현해 보기 ▸민들레가 자라나는 모습 표현해 보기 ▸민들레가 구석지에 뿌리박고, 바람에 살랑이는 모습 표현해 보기 ▸민들레가 홀씨가 되어, 바람을 타고 이곳저곳 날아다니는 모습 표현해 보기 ▸민들레 홀씨가 여러 홀씨들과 함께 여러 곳으로 날리는 모습 표현해 보기 ▸팔을 뻗어 친구와 닿지 않을 정도로 벌린 다음 제자리에서 몸을 최대한 낮게 표현해 씨앗의 모습 표현해 보기 ▸교실을 모두 이용하여 홀씨가 날라다니는 모습 표현해 보기
	높이/ 수준	▸씨가 땅으로 들어갈 때의 모습(낮은) 표현해 보기 ▸싹이 트기 시작한 모습(중간) 표현해 보기 ▸민들레꽃을 활짝 피운 모습(높은) 표현해 보기 ▸홀씨가 바닥으로 사뿐히 내려앉는 모습 표현해 보기 ▸민들레 꽃대가 꺾여버린 모습 표현해 보기
	방향	▸바람에 흔들리는 민들레의 모습을 8방향으로 다양하게 표현해 보기 ▸민들레꽃이 바람에 의해 뒤쪽으로 흔들리는 모습 표현해 보기 ▸민들레꽃이 앞쪽으로 흔들리는 모습 표현해 보기 ▸민들레 싹이 위쪽으로 자라나는 모습 표현해 보기 ▸민들레 홀씨가 옆쪽으로 날아가는 모습 표현해 보기 ▸홀씨가 아래쪽으로 떨어지는 모습 표현해 보기 ▸민들레꽃이 옆쪽으로 흔들리는 모습 표현해 보기
	경로	▸홀씨가 직선으로 날려가는 모습 표현해 보기 ▸홀씨가 바람을 타고 곡선으로 날아가는 모습 표현해 보기 ▸홀씨가 지그재그로 날려가는 모습 표현해 보기 ▸꽃잎이 져버릴 때, 직선으로 떨어지는 모습 표현해 보기 ▸꽃잎이 질 때, 바람을 타고 이쪽저쪽으로 날려 떨어지는 모습 표현해 보기
	범위/	▸꽃잎이 봉우리 져 있는 모습, 몸을 움츠리고 있는 모습 표현해 보기

	크기	▸꽃이 활짝 핀 모습을 크게 표현해 보기 ▸겨울에 추워 몸을 움츠린 민들레의 모습 표현해 보기 ▸봄이 되자 다시 몸을 활짝 핀 모습 표현해 보기
	초점	▸해를 쳐다보고 있는 민들레의 모습 표현해 보기 ▸고개를 떨군 민들레의 모습 표현해 보기
노력	시간	▸홀씨가 바람에 빠르게 날리는 모습 표현해 보기 ▸홀씨가 잔잔한 바람을 타고 천천히 여유롭게 날려가는 모습 표현해 보기 ▸굵은 비가 내려 꽃잎이 빠르게 흔들리는 모습 표현해 보기 ▸빗줄기가 규칙적으로 꽃잎에 떨어지는 모습 표현해 보기 ▸바람도 불지 않고, 주위에 아무것도 없는 정적인 민들레의 모습 표현해 보기 ▸날리던 홀씨가 바람이 더 이상 불지 않자 갑자기 떨어지는 모습 표현해 보기 ▸꽃잎이 서서히 떨어지는 모습 표현해 보기 ▸비로 인해 꽃잎이 갑자기 우수수 떨어지는 모습 표현해 보기
	무게/힘	▸날려가던 홀씨가 갑자기 무겁게 툭 떨어지는 모습 표현해 보기 ▸날려 온 홀씨가 사뿐히 내려앉는 모습 표현해 보기 ▸민들레꽃이 부드럽게 흔들리는 모습 표현해 보기 ▸민들레 꽃잎이 가볍게 떨어지는 모습 표현해 보기 ▸민들레 꽃잎이 날카롭게 꺾여버린 모습 표현해 보기
	흐름	▸홀씨가 자유롭게 날아다니는 모습 표현해 보기 ▸바람이 불다 안 불다 하는 날씨에, 홀씨가 떨어질듯 말듯하며 날리는 모습 표현해 보기
관계	기구 및 소도구	사용하지 않음
	파트너나 집단간의 관계	▸파트너와 함께 위에서 바라 본 민들레의 모습 표현해 보기 ▸여러 명의 집단이 함께 하나의 민들레의 모습 표현해 보기 ▸홀씨들이 함께 날려가는 모습 표현해 보기 ▸하나의 홀씨가 먼저 날려가고, 나머지 홀씨들이 따라 날려가는 모습 표현해 보기
	신체 부분과 부분의 관계	▸손을 머리로 감싸, 봉우리의 모습 표현해 보기 ▸손가락을 이용해 홀씨들이 바람에 날리는 모습 표현해 보기 ▸팔과 손을 이용해 바람에 날리는 민들레의 모습 표현해 보기
	다른 관계들	▸배경음악을 들으며, 홀씨가 된 듯이 바람을 타고 하늘을 날아 새로운 뿌리를 내릴 곳을 찾는 모습을 표현해 보기 ▸사진이나 그림을 보고 표현해 보기 ▸동화책의 내용을 극으로 꾸며보기

[예시 3]

1. **생활주제** : 강한 몸과 마음
2. **동작 주제** : 빨래
3. **시간 / 장소** : 30분 / 교실
4. **대상** : 만 5세 / 10명
5. **목표**
   - 신체 : 신체의 모든 부분 또는 한 부분만 사용해 빨래가 세탁기 속에서 돌아가는 움직임 표현해 보기
   - 공간 : 개인 공간과 전체 공간에서 조절된 행동으로 다양하게 표현하기
   - 노력 : 신체의 높낮이에 변화를 주어 움직이기
     빠르게, 느리게 등을 인식하고 움직이기
   - 관계 : 사람과 다른 사람과의 관계에서 적절하게 움직이기
     신체의 부분 부분의 관계를 이해하고 움직이기
6. **교수자료**
   - 시청각 자료 : 순서대로 빨래를 하는 모습이 담긴 영상(빨래가 되는 과정을 표현해본다.)
   - 음악 : 다양한 빠르기, 다양한 분위기의 여러 음악(음악의 장단과 강약에 따라 표현한다.)
     여러 가지 효과음(물 나오는 소리, 세탁기 돌아가는 소리 등)
7. **주제에 관한 브레인스토밍**
   - 세탁기, 버튼, 빨래세제, 물, 세탁소, 옷, 양말, 때, 얼룩, 세탁, 탈수, 헹굼, 빨래순서, 빨래줄, 빨래집게, 빨래바구니, 빨래판, 비비기, 발로 밟기, 손빨래, 빠른 회전, 가속도, 물 짜기, 비틀기, 꼬임, 세탁망, 건조대, 증발, 옷걸이, 드라이, 속옷, 바지, 티, 청소, 미백, 색을 선명하게, 다리미, 다림질, 옷장, 빨래개기, 방망이, 빨랫비누, 거품, 빨래터, 흐르는 시냇물, 새 옷, 빨래 삶기, 끓는 물, 보송보송, 향기
8. **활동과정**
   - 도입

     ❶ 인사 나누기

     ❷ 빨래하는 모습이 담긴 동영상(빨래를 하는 과정을 알 수 있고, 과정마다 빨래의 모습은 어떠한지 볼 수 있는)을 보며 이야기 나눈다.

     T : 오늘 여러분들과 빨래가 세탁기 안에서 돌아가는 모습을 몸으로 표현해 보는 활동을 해 볼 거예요. 그 전에 먼저 빨래가 어떻게 되는 지 빨래의 모습을 영상으로 한 번 볼까요?

     C : 네!!(빨래가 세탁되는 모습을 유아들이 잘 관찰· 탐색할 수 있도록 교사가 영상을 보는 중에 적절하게 발문한다.)

     T : 지금 저렇게 세탁기가 돌아가기 시작하니까 빨래의 모습이 어떻게 되고 있나요?

     T : 물살이 세지니까 빨래들의 모습은 어떻게 되고 있나요?
   - 전개

❶ 활동을 소개하고 약속을 정한다.

T : 우리가 본 것처럼 빨래가 세탁기 안에서 돌아가는 모습을 몸으로 표현해 볼 거예요. 이때, 말은 하지 않고 몸으로만 표현 해 보는 거예요~

❷ 빨래가 돌아가는 모습을 움직임의 기본요소에 따라 표현하기

T : 자, 그럼 지금부터 세탁기 안에서 돌아가는 빨래가 되어보아요.

- 빨래가 세탁기 안에서 돌아가는 모습을 걸으면서 표현하기

T : 걸어가면서 표현해 볼까요?

- 빨래가 돌아가는 모습을 몸을 빙글빙글 돌리면서 표현하기

T : 빨래가 돌아가는 모습을 빙글빙글 돌아가면서 표현해 볼까요?

- 빨래가 돌아가는 모습을 양손과 양팔로만 표현하기

T : 이번에는 양손과 양팔로만 표현해 봐요~

- 빨래가 각 지게 돌아가는 모습

T : 이번엔 빨래가 각 지게 돌아가는 모습을 표현해 볼까?

- 빨래가 물속에서 떠오르며 돌아가는 모습

T : 자~ 빨래가 물속에서 떠오르며 돌아가는 모습을 표현해 보는 거예요. 어떤 모습일까?

- 빨래가 물속으로 가라앉으며 돌아가는 모습

T : 이번엔 물속으로 가라앉으며 돌아가는 모습을 표현해보자~

- 빨래가 물살에 밀려 앞으로/뒤로/좌/우/아래/위로 가는 모습

T : 자, 물살이 뒤에서 밀려옵니다~

물살이 앞에서 다가옵니다~ 옆에서 밀려옵니다~ 위에서 밀려옵니다~

- 빨래가 느리게/빠르게 돌아가는 모습

- 빨래가 멈췄다가 갑자기 돌아가는 모습

T : 선생님이 음악을 바꿀 거예요. 지금 나오는 음악을 듣고 빨래가 돌아가는 모습을 느~리게 표현해보자.

T : 자, 이번에는 또 다른 음악이에요.

이 음악을 들으면서 빨래가 돌아가는 모습을 빠르게 표현해 보자. 빠르게 움직이다가 선생님이 그만! 하면 재빨리 멈추는 거예요. 자~ 그만! 자! 다시 빠르게 움직여 보자.

- 빨래가 갑자기 들이닥친 강한 물살에 돌아가는 모습

T : 자 지금 어디선가 아주 거센 물살이 몰려오고 있어요! 자 빨래들이 어떻게 될까요?

- 양팔과 양 다리를 사용해서 빨래가 돌아가는 모습 표현하기

T : 우리가 지금까지 온 몸을 사용해서 빨래가 돌아가는 모습을 표현해 보았어요. 꼭 온 몸을 사용해야 할까?

C : 아니요. 팔로만 할 수 있어요.

T : 그래요. 온 몸을 사용하지 않고 우리 몸의 한 부분만 사용해서 표현 할 수 있어요. 어느 부분으로 표현해 볼까요?

C : 눈으로요. 팔로만 해요. 손가락으로 해요.

T : 자, 그럼 우리 양팔과 다리로만 빨래가 돌아가는 모습을 표현해 볼까?

- 빨래가 돌아가다가 뒤엉키는 모습을 여러 명이서 만나 표현했다가 헤어지면서 풀어지기

T : 혼자서만 표현하지 말고, 여러 명이서 함께 돌아가는 빨래의 모습을 표현해 봐요. 자, 5명씩 모여 보아요. 5명이서 돌아가는 빨래가 되어 서로 뒤엉켰다가 풀어져보는 거예요~

❸ 가상의 상황을 주고 표현해 보기

T : 이번에는 선생님이 말하는 것을 빨래가 된 여러분들이 생각나는 대로 바로 표현해 보는 거예요.

C : 네~!

T : 어느 날, 엄마는 더러워진 옷들이 너무 많아서 세탁기를 돌려야만 했어요.
"빨래바구니가 가득 찼네? 세탁기에 부어야지."
그리고 버튼을 눌렀더니, 세탁기가 돌아가기 시작했어요!
세탁기가 돌아가니까 물도 나오고 세제도 나오고~
빙글빙글 계~속 돌기도 하고 물살이 앞에서 밀려오기도 하고~
뒤에서 밀려오기도 하고~ 옆에서도, 밑에서도, 위에서도 밀려오고..
세탁기 안에 있는 빨래들은 이리 갔다 저리 갔다 왔다 갔다 하느라 바쁘게 움직였어요.
움직이느라 서로서로 뒤엉키기도 했다가~ 다시 풀어지기도 했다가...
바쁘게 움직인 만큼 빨래들은 아주 새하얗게 깨끗해 졌답니다.

• 마무리

❶ 활동에 대하여 평가하기

T : 오늘 어떤 활동을 해 보았죠?

C : 빨래가 되어 보았어요. 빨래가 세탁기 안에서 돌아가는 모습이요.

T : 그래요. 빨래가 돌아가는 모습을 표현해 보는데 어려운 점은 없었나요?

C : 빨리하는 거요, 꼬이는 거요. 힘들었어요. 갑자기 하니까 놀랬어요.

T : 아, 그랬구나. 오늘 활동 어땠나요?

C : 재밌었어요. 또 하고 싶어요.

9. 움직임 목록화

1) 움직임 브레인스토밍

- 더러워진 빨래가 늘어져 있는 모습
- 더러운 빨래들이 빨래통으로 쏟아지는 무습
- 빨래가 물에 젖어가는 모습
- 빨래가 세탁기 안에서 돌아가는 모습
- 빨래가 세탁기 안에서 여러 방향으로 비틀리는 모습
- 세탁기 안에 있던 물이 빠져나간 후의 빨래 모습
- 빨래가 세탁기 안에서 탈수되는 모습

- 탈수될 때 점점 빠르게 돌아가는 모습
- 탈수완료 된 빨래의 꼬인 모습
- 드럼 세탁기 안에서 빨래가 돌아가는 모습
- 빨래가 건조대에 널린 모습
- 빨래가 옷걸이에 걸린 모습
- 빨래가 마른 후의 모습
- 빨래를 손으로 비빌 때의 모습
- 빨래를 발로 밟아 빨 때의 모습
- 빨래를 끓는 물에 삶을 때의 모습
- 빨래가 빨랫줄에 널린 모습
- 빨래를 빨래판에 대고 비벼 빨 때의 모습
- 빨래를 주물러 빨 때의 모습
- 빨래의 물기를 손으로 짤 때의 모습
- 빨래를 방망이로 두드릴 때의 모습
- 빨래를 물에 담가 두었을 때의 모습
- 빨래가 흐르는 시냇물에 있을 때의 모습
- 빨랫줄에 걸린 빨래에 바람이 불 때의 모습
- 빨랫줄에 걸린 빨래에 비가 올 때의 모습
- 빨래를 갤 때의 빨래 모습
- 빨래를 다릴 때의 빨래 모습
- 거대한 이불 빨래의 모습
- 인형 빨래의 빨래하는 과정 모습

2) 움직임과 기본 요소 및 기본 움직임의 조합

구 분		빨래가 세탁기 안에서 돌아가는 모습
신체	기본적인 신체동작	• 빨래가 세탁기 안에서 돌아가는 모습을 몸을 비틀거나 꼬아가며 표현하기
	전신의 움직임	• 빨래가 돌아가는 모습을 제자리에 서서 표현하기 • 빨래가 돌아가는 모습을 걸으면서 표현하기 • 빨래가 돌아가는 모습을 달리면서 표현하기 • 빨래가 돌아가는 모습을 점프하면서 표현하기 • 빨래가 돌아가는 모습을 몸을 뻗어 표현하기 • 빨래가 돌아가는 모습을 제스처로 표현하기 • 빨래가 돌아가는 모습을 몸을 빙글빙글 돌리면서 표현하기
	신체부분 움직임	• 빨래가 돌아가는 모습을 양손과 양팔로만 표현하기 • 빨래가 돌아가는 모습을 다리로만 표현하기 • 빨래가 돌아가는 모습을 양팔로 이끌면서 표현하기 • 빨래가 돌아가는 모습을 한발로만 신체를 지지하면서 표현하기
	신체형태	• 빨래가 각지게 돌아가는 모습 • 빨래가 꼬이면서 돌아가는 모습

구 분		빨래가 세탁기 안에서 돌아가는 모습
		• 빨래가 부드러운 곡선으로 돌아가는 모습 • 빨래가 좁게 돌아가는 모습 • 빨래가 넓게 돌아가는 모습 • 빨래가 꼬이며 돌아가는 모습에서 정지된 모습
	균형	• 빨래가 돌아가는 모습을 안정된 자세로 표현하기 • 빨래가 돌아가는 모습을 비틀거리듯 불균형한 자세로 표현해보기
공간	장소·영역	• 빨래가 혼자서 돌아가는 모습 • 빨래가 다른 빨래들과 꼬이면서 돌아가는 모습
	높이	• 빨래가 낮은 드럼통 세탁기 안에서 돌아가는 모습 • 빨래가 중간에서 돌아가는 모습 • 빨래가 키가 큰 세탁기 안에서 돌아가는 모습 • 빨래가 물속에서 떠오르며 돌아가는 모습 • 빨래가 물속으로 가라앉으며 돌아가는 모습
	방향	• 빨래가 물살에 밀려 앞으로 가는 모습 • 빨래가 물살에 밀려 뒤로 가는 모습 • 빨래가 물살에 밀려 좌/우 옆으로 가는 모습 • 빨래가 물살에 밀려 아래로 가는 모습 • 빨래가 물살에 밀려 위로 가는 모습 • 빨래가 물살에 밀려 45도 측면으로 가는 모습
	경로	• 빨래가 직선으로 돌아가는 모습 • 빨래가 곡선으로 돌아가는 모습 • 빨래가 각지게 돌아가는 모습 • 빨래가 지그재그로 돌아가는 모습 • 빨래가 꼬이게 돌아가는 모습을 이동하며 표현
	확장/범위/크기	• 빨래가 크게 돌아가는 모습 • 빨래가 좁게 돌아가는 모습
	초점	• 빨래가 돌아가는 모습을 한 곳을 보며 표현하기(좌, 우, 앞, 45도 측면) • 빨래가 돌아가는 모습을 여러 곳을 번갈아 보며 표현하기
노력	시간	• 빨래가 빠르게 돌아가는 모습 • 빨래가 느리게 돌아가는 모습 • 빨래가 서서히 빠르게 돌아가는 모습 • 빨래가 서서히 느리게 돌아가는 모습 • 빨래가 멈췄다가 갑자기 돌아가는 모습 • 빨래가 오랫동안 계속 돌아가는 모습 • 빨래가 규칙적으로 돌아가는 모습(빠르게 4박자, 느리게 4박자를 반복) • 빨래가 불규칙적으로 돌아가는 모습
	무게/힘	• 빨래가 강한 물살에 돌아가는 모습 • 빨래가 약한 물살에 돌아가는 모습 • 빨래가 가볍게 돌아가는 모습 • 빨래가 무겁게 돌아가는 모습 • 빨래가 부드럽게 돌아가는 모습 • 빨래가 갑자기 들이닥친 강한 물살에 돌아가는 모습
	흐름	• 빨래가 자유롭게 돌아가는 모습
관계	신체부분과 부분의 관계	• 팔과 다리를 사용해서 빨래가 돌아가는 모습 표현하기 • 손과 팔을 사용해서 빨래가 돌아가는 모습 표현하기 • 손가락을 사용해서 빨래가 돌아가는 모습 표현하기 • 양팔과 양 다리를 사용해서 빨래가 돌아가는 모습 표현하기

구 분		빨래가 세탁기 안에서 돌아가는 모습
	파트너나 집단 간의 관계	• 두 명이 함께 빨래가 돌아가는 모습 표현하기 • 여러 명이서 빨래가 서로 엉켰다가 풀리며 돌아가는 모습 표현하기 • 한 사람의 빨래가 돌아가는 모습을 보고 뒤따르는 사람이 앞사람의 모습을 똑같이 표현하기 • 빨래가 돌아가는 모습을 두 명 이상이 위-아래로 표현하기 • 빨래가 돌아가는 모습을 다함께 표현하기 • 빨래가 돌아가는 모습을 한 사람이 표현하면 앞사람의 표현을 이어받아 가며 표현하기 • 빨래가 돌아가는 모습의 그림자 되기 • 빨래가 돌아가는 모습을 두 명이서 거울처럼 표현하기 • 빨래가 돌아가다가 뒤엉키는 모습을 여러 명이서 만나 표현했다가 헤어지면서 풀어지기
	물체와의 관계	• 훌라후프를 통과하며 빨래가 돌아가는 모습 표현하기 • 공이나 인형 등을 늘어놓고 그 사이로 빨래가 돌아가는 모습 표현하기

[예시 4]

1. **생활주제** : 가족과 이웃
2. **동작주제** : 나뭇잎이 물 위에 떠다니는 모습
3. **시간 / 장소** : 11:00~11:30 / 교실
4. **대상** : 만 5세 예쁜반 / 10명
5. **목표**
   - 움직임의 기본 요소에 대해 알 수 있다.
   - 나뭇잎이 물 위에 떠다니는 모습을 몸으로 표현할 수 있다.
   - 나뭇잎이 물 위에 떠다니는 모습을 움직임의 기본 요소를 적용하여 표현할 수 있다.
6. **교수자료** : 다양한 음악, 나뭇잎이 물 위에 떠다니는 모습이 담긴 동영상, 베일
7. **주제에 관한 브레인스토밍** : 바람, 나무, 낙엽, 줄기, 잎, 꽃, 초록색, 은행 나뭇잎, 나뭇가지, 이슬, 새싹, 비, 여름, 봄, 가을, 단풍, 연두색, 노란색, 빨간색, 이파리, 그늘, 싱그러움, 산, 정원, 거름, 아름다움, 물방울, 그물맥, 벌레, 곤충, 개구리, 오동잎, 거미줄 모양, 떡잎
8. **활동과정**
   • 도입
   ❶ 인사 나누기
   ❷ 나뭇잎이 물 위에 떠다니는 모습이 담긴 동영상을 보며 함께 이야기 나눈다.
   T : 오늘 '나뭇잎이 물 위에 떠다니는 모습'을 몸으로 표현해 보는 활동을 해볼 거예요. 그 전에, 나뭇잎이 물 위에 떠다니는 모습이 어떤지 한 번 볼까요?
   C : 네!! (나뭇잎이 물 위에 떠다니는 모습을 유아들이 잘 관찰·탐색할 수 있도록 교사가 영상을 보며 적절하게 발문한다.)
   [예 : 여러분~ 지금 나뭇잎이 어떻게 움직이고 있죠?
   그래요~ 천천히 물 위를 떠다니고 있어요.

지금은 나뭇잎이 빠르게 움직이고 있네요.
우와~ 나뭇잎이 뱅글뱅글 돌면서 춤을 추는 것 같다. 그죠?]

• 전개

❶ 활동을 소개하고 약속을 정한다.

T : 우리가 본 것처럼, 물 위에 떠다니는 나뭇잎을 몸으로 표현해 볼 거예요.
이 때, 말은 하지 않고 몸으로만 표현 해 보는 거예요.
모두 약속할 수 있죠?

C : 네!!

❷ 나뭇잎이 물 위에 떠다니는 모습을 움직임의 기본 요소에 따라 표현한다.

T : 자, 그럼 지금부터 물 위에 떠다니는 나뭇잎이 되어보아요.
- 나뭇잎이 물 위에 떠다니는 모습을 걸으면서 표현하기

T : 걸어가면서 표현해 볼까요?
- 나뭇잎이 물 위에 떠다니는 모습을 빙글빙글 돌면서 표현하기

T : 자~ 나뭇잎이 빙글빙글 돌면서 물 위를 떠다니고 있네요.
- 나뭇잎이 물 위에 떠다니는 모습을 양손과 양팔로만 표현하기

T : 나뭇잎이 물 위에 떠다니는 모습을 두 손과 두 팔로만 표현해 보자~
- 나뭇잎이 물 위를 떠다니다가 바위에 부딪치는 모습 표현하기

T : 나뭇잎이 물 위를 떠다니다가 바위에 부딪치는 모습을 몸으로 표현해볼까요?
- 나뭇잎이 물 위를 지그재그로 떠다니는 모습 표현하기

T : 나뭇잎이 물 위를 이리저리, 지그재그로 왔다 갔다 하는 모습을 표현해볼까요?
- 나뭇잎이 물 위에 떠다니는 모습을 크게 표현하기

T : 여러분~ 나뭇잎이 크~게 물 위를 떠다니는 모습을 표현해보자.
- 나뭇잎이 물 위에 떠다니는 모습을 작게 표현하기

T : 이번에는 나뭇잎이 작게 물 위를 떠다니는 모습을 표현해보자.
- 나뭇잎이 물 위를 빠르게 떠다니는 모습 표현하기

T : 선생님이 음악을 바꿀 거예요. 지금 나오는 음악을 듣고, 나뭇잎이 물 위에 떠다니는 모습을 빠르게 표현해보자.
- 나뭇잎이 물 위를 느리게 떠다니는 모습 표현하기

T : 자, 이번에는 또 다른 음악이에요.
이 음악을 들으면서 나뭇잎이 물 위에 떠다니는 모습을 느리게 표현해보자. 자, 느리게~ 아주 천~천히 몸을 움직여보아요.
- 나뭇잎이 물 위에 떠다니는 모습을 여러 명이서 표현하기

T : 이번에는 혼자서 하지 말고, 친구들과 함께 물 위에 떠다니는 나뭇잎을 표현해 봐요. 3명씩 해볼까요? 그러면, 세 친구가 하나의 나뭇잎이 되어 물 위를 자유롭게 떠다녀보자.

❸ 도구(베일)를 사용하여 나뭇잎이 물 위에 떠다니는 모습을 표현한다.

T : 여러분~ 선생님이 베일을 하나씩 나누어 줄꺼에요.

이번에는 이 베일을 가지고, 나뭇잎이 물 위에 떠다니는 모습을 표현해 봐요.

❹ 가상의 상황에 따라서 표현해 보기

T : 와~ 모두 잘해주었어요. 이번에는 선생님이 말하는 것을 잘 듣고, 여러분이 생각나는 대로 바로 몸으로 표현해 보는 거예요. 할 수 있겠죠?

C : 네~!

T : 자~ 그러면 시작합니다.~

시냇가에 물이 졸졸졸 흐르고 있었어요. 그 때, 커다란 나무에서 나뭇잎 하나가 포르르 떨어져 물 위에 살포시 내려앉았어요. 나뭇잎은 물이 흐르는 대로 천~천히, 살랑살랑 움직였어요.

물을 따라 뱅그르르 돌기도 하고, 이리저리 지그재그로 움직이기도 했지요. 그렇게 한참을 떠다니다가, 커다란 바위에 부딪치고 말았죠. 아이쿠!

하지만 나뭇잎은 다시 물 위를 자유롭게 떠다니며, 멀리멀리 여행을 떠났답니다.

• 마무리

❶ 활동에 대해 평가하기

T : 여러분~ 오늘 어떤 활동을 해 보았죠?

C : 나뭇잎이 움직이는 거요. 나뭇잎이 물에 떠다니는 거요.

T : 그래요~. 물 위를 떠다니는 나뭇잎을 표현해 보는데 어려운 점은 없었나요?

C : 빨리하는 거 힘들었어요. 친구들이랑 할 때 조금 힘들었어요.

뱅글뱅글 도는 거 어지러웠어요.

T : 아~ 그랬구나. 오늘 활동 어땠어요?

C : 재밌었어요. 또 하고 싶어요.

9. 움직임 목록화

1) 움직임 브레인스토밍

- 나뭇잎이 떨어지는 모습
- 나뭇잎이 바람에 흔들리는 모습
- 나뭇잎이 점점 커지는 모습
- 나뭇잎에 물방울이 떨어지는 모습
- 나뭇잎이 비에 젖는 모습
- 나뭇잎이 시든 모습
- 벌레가 나뭇잎을 갉아먹는 모습
- 나뭇잎이 밟히는 모습
- 나뭇잎이 멀리 날아가는 모습
- 나뭇잎에 눈이 쌓이는 모습
- <u>나뭇잎이 물 위에 떠다니는 모습</u>
- 나뭇잎이 찢어지는 모습

2) 움직임과 기본 요소 및 기본 움직임의 조합

구분		나뭇잎이 물 위에 떠다니는 모습
신체	전신의 움직임	• 나뭇잎이 물 위에 떠다니는 모습을 걸으면서 표현하기 • 나뭇잎이 물 위에 떠다니는 모습을 달리면서 표현하기 • 나뭇잎이 물 위에 떠다니는 모습을 제자리에 서서 표현하기 • 나뭇잎이 물 위에 떠다니는 모습을 점프하면서 표현하기 • 나뭇잎이 물 위에 떠다니는 모습을 몸을 뻗어 표현하기 • 나뭇잎이 물 위에 떠다니는 모습을 몸을 빙글빙글 돌리면서 표현하기
	신체부분 움직임	• 나뭇잎이 물 위에 떠다니는 모습을 양손과 양팔로 표현하기 • 나뭇잎이 물 위에 떠다니는 모습을 어깨로만 움직임을 이끌면서 표현하기 • 나뭇잎이 물 위에 떠다니는 모습을 한발로만 신체를 지지하면서 표현하기
	신체형태	• 나뭇잎이 물 위에 각지게 떠다니는 모습 • 나뭇잎이 물 위에 둥글게 떠다니는 모습 • 나뭇잎이 물 위에 대칭으로 떠다니는 모습 • 나뭇잎이 물 위에 비대칭으로 떠다니는 모습
	균형	• 나뭇잎이 물 위에 떠다니는 모습을 균형감 있게 표현하기
공간	장소. 영역	• 나뭇잎이 물 위에 떠다니다가 바위에 부딪치는 모습 • 나뭇잎이 바위에 부딪치지 않고 물 위에 떠다니는 모습
	방향	• 나뭇잎이 물 위에 앞으로 떠다니는 모습 • 나뭇잎이 물 위에 옆으로 떠다니는 모습 • 나뭇잎이 물 위에 45도 측면으로 떠다니는 모습
	경로	• 나뭇잎이 물 위에 곡선으로 떠다니는 모습 • 나뭇잎이 물 위에 지그재그로 떠다니는 모습 • 나뭇잎이 물 위에 각지게 떠다니는 모습
	확장/범위/크기	• 나뭇잎이 물 위에 크게 떠다니는 모습 • 나뭇잎이 물 위에 작게 떠다니는 모습
	초점	• 나뭇잎이 물 위에 떠다니는 모습을 좌, 우, 앞, 45도 측면 방향을 보며 표현하기 • 나뭇잎이 물 위에 떠다니는 모습을 여러 곳을 번갈아 보며 표현하기
노력	시간	• 나뭇잎이 물 위에 빠르게 떠다니는 모습 • 나뭇잎이 물 위에 느리게 떠다니는 모습 • 나뭇잎이 물 위에 서서히 빠르게 떠다니는 모습 • 나뭇잎이 물 위에 서서히 느리게 떠다니는 모습 • 나뭇잎이 물 위에 계속 떠다니는 모습 • 나뭇잎이 물 위에 규칙적으로 떠다니는 모습 • 나뭇잎이 물 위에 불규칙적으로 떠다니는 모습
	무게/힘	• 나뭇잎이 물 위에 강하게 떠다니는 모습 • 나뭇잎이 물 위에 약하게 떠다니는 모습 • 나뭇잎이 물 위에 가볍게 떠다니는 모습 • 나뭇잎이 물 위에 부드럽게 떠다니는 모습
	흐름	• 나뭇잎이 물 위에 자유롭게 떠다니는 모습
관계	신체부분과 부분의 관계	• 팔과 다리를 사용해서 나뭇잎이 물 위에 떠다니는 모습 표현하기 • 손과 팔을 사용해서 나뭇잎이 물 위에 떠다니는 모습 표현하기
	파트너나 집단 간의 관계	• 두 명이 함께 나뭇잎이 물 위에 떠다니는 모습 표현하기 • 나뭇잎이 물 위에 떠다니는 모습을 여러 명이 표현하기 • 한 사람이 나뭇잎이 물 위에 떠다니는 모습을 표현하고, 뒤따르는 사람이 앞사람의 모습을 똑같이 표현하기 • 나뭇잎이 물 위에 떠다니는 모습을 함께 표현하기 • 나뭇잎이 물 위에 연속적으로 떠다니는 모습을 여러 명이 표현하기

[예시 5]

1. 생활주제 : 우리나라
2. 동작 주제 : 탈
3. 시간 | 장소 : 30분, 강당
4. 대상 연령 : 만 5세 유아
5. 목표
   1) 신체 : 탈의 모양을 인식하며 팔,다리를 굽히거나 세워서 움직이기
      탈의 표정을 인식하며 신체의 전신 혹은 부분을 이용하여 표현하기
   2) 공간 : 다른 사람과 공유된 공간에서 다양하게 움직이기
      자기 공간을 확보하여 다양한 창의적 움직임을 표현하기
      일반 공간(행렬의 간격 등)을 인식하고 조절 하여 움직임을 나타내기
   3) 노력 : 상황에 따라 동작의 힘을 조절하여 신체를 움직이기
      위, 아래 공간에서 손과 팔의 움직임을 천천히, 빠르게 하여 다양한 탈을 표현하기
   4) 관계 : 방향, 위치를 적절하게 이용하여 다른 사람과 부딪치지 않고 움직이기
      다른 사람과 협동하여 다양한 탈의 표정 표현 하기
6. 교수자료

탈

OHP.슬라이드

- 슬라이드 – 여러가지 액자 배경 : 액자에 걸린 다양한 탈의 모습을 표현
- OHP–탈 얼굴의 눈 부분만 보여주고, 아랫부분을 유아가 표현하게 하여 다양한 표정 만들기

비디오

- 『봉산 탈춤』–봉산탈춤 비디오를 보고 난 후, 등장하는 탈의 모양을 표현, 탈의 주인공이 되어 움직임 표현
- 『탈 몸짓극』–안동국제탈춤페스티벌 비디오 중 탈 몸짓극을 보고 다양한 몸짓을 표현

사진 및 그림

- 『탈』–엽서 사진
  탈의 여러 가지 모양과 특징, 탈의 여러 가지 표정 표현
- 『탈춤』 : 탈춤의 여러 가지 동작을 포착한 사진을 보여주고 사진의 느낌이나 동작을 직접 표현
  탈 만들기 : 탈을 만드는 과정의 사진을 제시하고 몸으로 표현

인터넷

- www.maskdance.com
  안동탈춤페스티벌 홈페이지로 여러 가지 탈의 모습과 탈춤 동영상이 있다.
- www.myhome.nave.com/greenwinter/
  여러 가지 탈의 모습을 보고 탈의 모양과 탈의 특성, 탈의 표정 등을 다양하고 창의적으로 표현하기

음 악

- 『탈춤 놀이』–음악이 리듬에 맞추어 탈춤을 춰 본다.
- 『국악 장단』–자진모리, 굿거리, 중중모리 등 다양한 장단에 맞추어 탈춤을 춰본다.

미굴감상

- 김홍도 『춤추는 아이』–춤을 추고 있는 아이의 동작을 보고 표현해 본다,
- 만화(무제)–탈춤을 추는 장면의 그림을 보고 그리속의 탈과, 탈춤 동작을 표현해 본다.

그림책

- 『할아버지의 탈』–여러 가지 탈을 탐색한 후, 탈을 만들어 보고 탈춤을 춰본다.

교수자료 양식참고 : 김은심(1994), 176쪽.

7. 주제에 관한 브레인스토밍

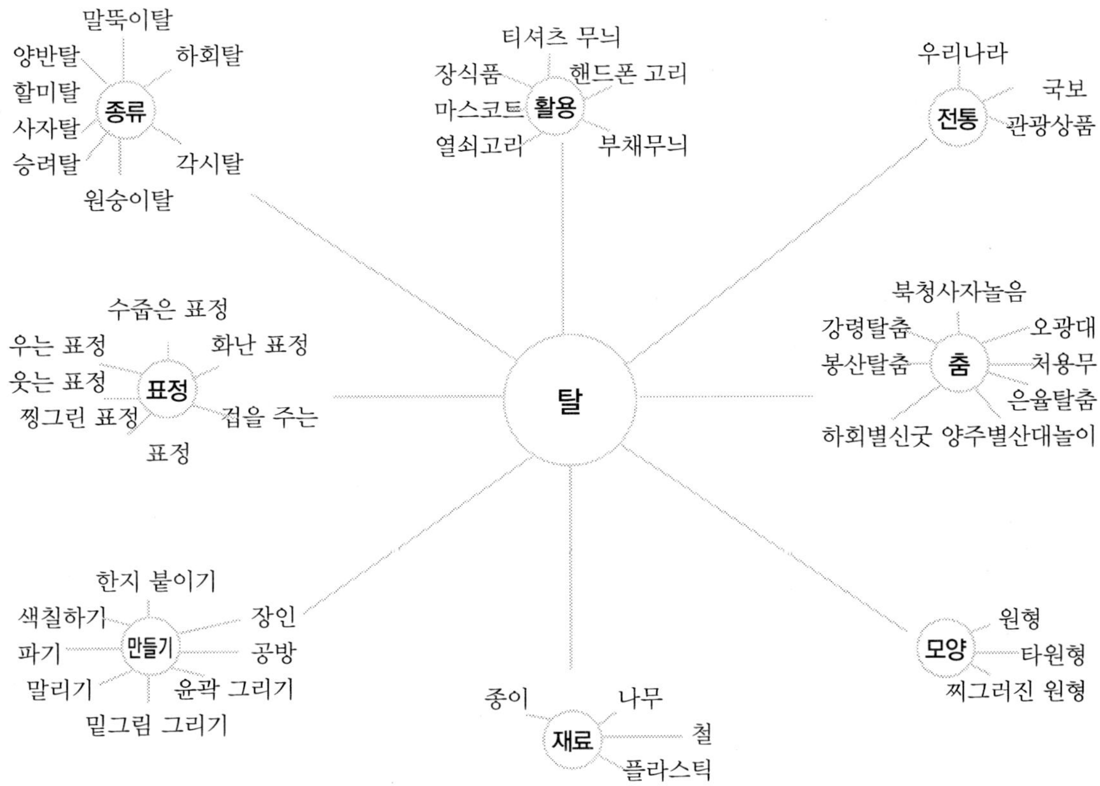

8. 움직임 목록화 : 움직임 브레인스토밍

1) 움직임 브레인스토밍

- 웃는 모습
- 우는 모습
- 화난 모습
- 수줍은 모습
- 찡그린 모습
- 짜증난 모습
- 원형을 띈 탈의 모습
- 타원형을 띈 탈의 모습
- 원의 한 쪽이 찌그러진 탈의 모습
- 각시탈의 연지 곤지 모습
- 하회탈의 주름 모습
- 양반탈의 감투 쓴 모습
- 노인탈의 수염 모습
- 탈에 다양하게 감겨있는 끈의 모습
- 그 외에 다양한 탈의 독특한 모습
- 할머니가 걸어가는 모습
- 양반이 걸어가는 모습
- 양반이 말뚝이를 혼내는 모습
- 각시가 수줍어하는 모습
- 승려가 염불외우는 모습
- 승려가 시주를 받는 모습
- 사자가 움직이는 모습
- 원숭이가 움직이는 모습
- 사자와 원숭이가 싸우는 모습
- 탈을 쓰고 춤을 추는 모습
- 탈을 만드는 사람의 모습
- 나무속에 숨어있는 탈의 모습
- 탈에 한지가 붙여지는 모습
- 색을 칠하고 마르는 탈의 모습
- 다른 종류의 탈들과 액자에 걸리는 탈의
- 점점 나무가 깍여 모양을 갖추는 탈의 모습
- 핸드폰 줄에 매달려 흔들리는 탈의 모습
- 열쇠고리줄에 매달려 바지안에 있는 탈의 모습
- T셔츠가 움직여 모양이 변하는 탈의 모습

[예시 6]

1. **생활주제** : 계절 (추석)
2. **동작 주제** : 떡
3. **시간 l 장소** : 20분, 활동실
4. **대상** : 만 5세 15명
5. **목표**

1) 신체 : 신체의 한 부분만 사용해 떡의 질감, 모양 표현해보기
떡의 질감, 모양을 몸 전체를 이용해서 표현하기-구부리기, 펴기, 좁게, 넓게, 둥글게, 꼬기 등

2) 공간 : 개인 공간과 전체 공간에서 조절 된 행동으로 다양하게 표현하기

3) 노력 : 신체의 길이와 높낮이에 변화를 주어 움직이기
빠르게, 느리게 등을 인식하고 움직이기

4) 관계 : 사람과 다른 사람과의 관계에서 적절하게 움직이기
신체의 부분 부분의 관계를 이해하고 움직이기

6. **교수 자료**

떡

실 물

- 실물-「 다양한 종류의 떡」
: 인절미, 송편, 꿀떡, 찰떡 등의 떡을 직접 보고 먹어봄으로써 떡의 다양한 모양을 표현해 본다.
- 실물-「절구통」
: 절구 통 안에 쌀을 넣고 찧어봄으로써 가루가 되는 것을 관찰하고 표현해 본다.

사진 및 그림 자료

- 사진-「 떡 문향」
: 떡에 찍힌 다양한 문향을 관찰하고 여러 가지 무늬가 되어 보기
- 사진-「다양한 종류의 떡」
: 다양한 종류의 떡을 사진을 통해 알아보고 표현해 본다.

시청각 자료

- 비디오-「민속 박물관」
: 물레방아를 가지고 어떻게 떡을 찧는지 모습을 보고, 직접 동작해 보기
- 비디오-「떡 만드는 과정」
: 떡이 만들어 지는 과정을 보고 자신이 직접 떡이 되어서 과정을 표현해 본다.

동화·동시

- 그림동화책-「방아 찧는 호랑이」
서정오 : 호랑이가 오누에게 혼이나 방아 찧는 것처럼 보이는 장면을 표현해 보기

음 악

: 음악을 듣고 장단과 강약에 따라 몸을 흔들거나 위아래로 움직이기

7. 주제에 관한 브레인스토밍

떡 케이크, 떡집, 쌀, 떡방아, 방앗간, 잔치, 이사, 시루떡, 송편, 추석, 떡국, 설날, 무지개떡, 돌잔치, 절구, 포만감, 나눠 먹기, 한석봉 어머니, 해님과 달님, 호랑이, 하얗다. 백설기, 조그맣다. 크다, 콩고물, 깨, 팥, 꿀물, 콩, 밤, 잣, 찹쌀, 예쁘다, 다양하다. 떡볶이, 떡갈비, 끈적 끈적거린다, 먹고 싶다. 인절미, 우리나라 대표 음식, 꿀떡, 후식, 한 끼 식사, 꿀떡, 떡 하나 주면 안 잡아먹지, 행사, 계피, 떡 파는 사람들, 절편, 시루떡, 솔잎, 떡시루, 가래떡, 떡매, 떡판, 조혜련, 쫄깃쫄깃하다, 떡 사세요, 앙금, 절, 제사, 이바지 떡, 경단, 누워서 떡먹기, 그림의 떡, 굿이나 보고 떡먹기, 백일 떡, 찹쌀떡, 방아타령, 구절판, 떡 문향, 쑥, 호박, 하얀 김, 뜨겁다, 물렁하다, 토끼, 떡 까페, 꿀, 궁중 떡볶이, 쫀득쫀득하다. 달콤하다, 고소하다, 당근, 대추, 바람 떡, 쑥떡, 송진 떡, 떡 박람회, 설탕, 호두, 축하, 찰싹 붙기, 입시, 수능시험, 떡 싫어하는 사람, 방아 찧는 소리, 각 지방의 유명한 떡, 밀가루, 포장 떡, 떡 기계, 나무 주걱, 은박지 접시, 협동, 딱딱해진 떡, 참기름, 윤기

8. 움직임 목록화 : 움직임 브레인스토밍

1) 움직임 브레인스토밍

- 방금 쪄낸 뜨거운 떡을 호호 불어가며 먹는 모습
- 찰떡에 콩고물을 이리 저리 굴리면서 묻히는 모습
- 찰떡이 길게 늘어지는 모습
- 송편을 빚기 위해 떡 반죽을 조금 떼어내는 모습
- 떡 반죽 안에 앙금을 넣는 모습
- 찰떡을 입에 넣고 오물오물 거리는 모습
- 찰떡이 입에서 잘 떨어지지 않아 씹기 힘든 모습
- 절구에 쌀을 넣고 찧는 모습
- 방아로 떡을 찧는 모습
- 손에 떡이 붙어 끈적거리는 모습
- 떡 반죽이 방아에 붙어 늘어졌다 떨어지는 모습
- 떡 케이크를 만들기 위해 다양한 종류의 떡을 층층이 쌓는 모습
- 가래떡을 들었을 때 축 쳐지는 모습
- 긴 가래떡이 떡국에 쓰일 떡국용 떡이 되기 위해 옆으로 비스듬히 잘리는 모습
- 떡을 손으로 잡았을 때 손으로 잡은 부분이 쏙 들어가는 모습
- 인절미에서 콩고물이 떨어지는 모습
- 떡에 찍힌 다양한 무늬 표현하기
- 떡을 길게 옆으로 늘여보는 모습
- 떡을 동그랗게 빚어보는 모습
- 떡을 바닥에 떨어뜨렸을 때 옆으로 푹 퍼지는 모습
- 방아 찧는 장단에 맞춰 떡 반죽이 움직이는 모습
- 입에 묻은 콩고물을 털어낼 때 콩고물이 날리는 모습
- 떡을 잡고 폈을 때 서서히 다시 원상태로 돌아가는 모습